KUBA

JAKUB BŁASZCZYKOWSKI & MAŁGORZATA DOMAGALIK

BUCHMANN

Wskazówki merytoryczne: Filip Adamus
Współpraca redakcyjna: Agnieszka Kaszuba
Projekt okładki i stron tytułowych: Tomasz Majewski
Zdjęcia na okładce: Zuza Krajewska
Projekt wnętrza i grafiki: Magdalena Antoniuk

Zdjęcia na wkładkach: © Alex Grimm/Bongarts/Getty Images (I g), © Dennis Grombkowski/Bongarts/Getty Images (I d), © Stuart Franklin/Bundesliga Collection/Getty Images (II), © Christof Koepsel/Bundesliga Collection/Getty Images (III g), © Alexandre Simoes/Borussia Dortmund/Getty Images (III d), ©Team 2 Sportphoto/ullstein bild via Getty Images (IV), © Shaun Botterill/Getty Images (V), ©Bartosz Siedlik /Fotorzepa/Forum (VII d), © Michał Tuliński/Forum (VIII g, d), © Alexandre Simoes/Borussia Dortmund/Getty Images (XIII g), © Boris Streubel/Getty Images (XIV) © fot. PAP/DPA (XIII d), ©Alexandre Simoes/Borussia Dortmund/Getty Images (XVII), ©Alexandre Simoes/Borussia Dortmund/Getty Images (XVIII), © Alexandre Simoes/Borussia Dortmund/Getty Images (XIX g), © fot. PAP/DPA (XIX d), ©Alexandre Simoes/Borussia Dortmund/Getty Images (XX), © PAP/DPA (XXI g), © PAP/DPA (XXI), ©Alexandre Simoes/Borussia Dortmund/Getty Images (XXII g, d), © Lars Baron/Bongarts/Getty Images (XXIII), fot. Leszek Ogrodnik, SZLACHETNA PACZKA (XXV, XXVI), © Michael Steele/Getty Images (XXIX), © fot. PAP/DPA (XXX), © Łukasz Dejnarowicz/Forum (XXXII), © Laurence Griffiths/Getty Images Sport (XXXVII), © Shaun Botterill/Getty Images Sport (XXXVIII), © fot. PAP/DPA (XXXIX g), © PAP/Adam Ciereszko (XL g), © Łukasz Dejnarowicz/Forum (XL d), pozostałe zdjęcia z archiwum rodzinnego autora

Redakcja: Jerzy Lewiński
Korekta: Joanna Kłos, Monika Buraczyńska

Skład i łamanie: TYPO Marek Ugorowski
Druk i oprawa: TZG Zapolex

Grupa Wydawnicza Foksal Sp. z o.o.
00-372 Warszawa, ul. Foksal 17
tel. 22 828 98 08, 22 894 60 54
biuro@gwfoksal.pl

ISBN 978-83-280-1943-0 (oprawa twarda)
ISBN 978-83-280-1215-8 (oprawa miękka ze skrzydełkami)
ISBN 978-83-280-1944-7 (oprawa miękka)

Wydanie poprawione

Warszawa 2015

KUBA

Książkę tę dedykujemy Annie Błaszczykowskiej,
bez miłości której nie byłoby jej syna Kuby.
A także tym wszystkim,
którzy nie przestraszyli się życia.

SPIS TREŚCI

WSTĘP

Dlaczego on? Dla kibica, który wolny czas odlicza od meczu do meczu, to pytanie retoryczne. **On**, czyli jeden z najwybitniejszych polskich piłkarzy ostatnich lat, przez trzech kolejnych selekcjonerów wybierany na kapitana polskiej reprezentacji, dwukrotnie uznawany za piłkarza roku w Polsce. Filar niemieckiej drużyny BVB. Jeden z najszybszych bocznych pomocników w Europie. Uwielbiany (tak, to nie przesada) przez kibiców i szanowany przez wszystkich, którzy za Janem Pawłem II powtarzają, że „piłka nożna to najpoważniejsza z niepoważnych rzeczy tego świata". Gwiazda futbolu, która gwiazdą być nie chce. Piłkarz, o którym niemiecki hiphopowiec M.I.K.I rapuje, że to gracz, dla którego „liczy się tylko serce". Dlaczego **on**? Bo przyjaciele skoczyliby za nim w ogień, bo ma w sobie tajemnicę i to coś, co sprawia, że jestem ciekawa go jako człowieka, który przy okazji jest stuprocentowym facetem...

Dlaczego ja? Słyszę już zaskoczone głosy dziennikarzy, przede wszystkim tych sportowych. Nie mylę się, prawda? Że nie znam się na piłce nożnej, tak? Uprzedzam kolejne znaki zapytania... Rzeczywiście, nie jestem dziennikarzem sportowym – i dobrze, może nawet bardzo dobrze – zwłaszcza w kontekście historii, którą chcę na tych stronach opowiedzieć.

Miłość do futbolu, tak jak milionów ludzi na świecie, jest jedną z tych, której jestem przez całe życie najwierniejsza. Należę do pokolenia futbolowych fanów, którym dane było i nadal jest obserwowanie, ale i konfrontowanie ze sobą dwóch piłkarskich światów. Kolekcjonowanie anegdot z XX i XXI wieku, których bohaterowie przy każdej okazji lubią podkreślać, że za ich czasów to nie tylko profesjonalnie grało się w piłkę, miało wyniki, ale i w międzyczasie po prostu się... żyło. Bankietowało, grało w pokera do rana, nie wylewało za kołnierz i generalnie przesadnie się o siebie nie dbało. Tamci piłkarze, w przeciwieństwie do tych dzisiejszych graczy, z nowego stulecia, nie używali żelu do włosów, nie pozowali do sesji zdjęciowych i, co ważne – co na każdym kroku podkreślają – byli ze sobą na dobre i złe. Zawsze razem. A dziś? Żel, słuchawki Dr. Dre na uszach, playstation, no i te lukratywne kontrakty reklamowe. Jednym słowem, żyć nie umierać.

Subkulturze dzisiejszej piłki nożnej dostaje się z prawa i z lewa. Od prześmiewczych i wszechobecnych mediów po bezkompromisowe Żylety stadionów całego świata. Życie i styl bycia piłkarza upowszechniają, chociaż nie ułatwiają, Facebook, Twitter i Instagram. Każda mina, gest, każdy kawałek pizzy w ustach zostaje utrwalony w milionach sekwencji. Czy jednak z medialnego punktu widzenia istnieje lepszy bohater masowej wyobraźni niż nieobliczalny Balotelli, wampiryczny Suárez czy wreszcie boski Messi? Niż – często wyssane z palca sensacyjne opowieści o ich celebryckim życiu?

Ale chociaż kobietom, nie tylko tym, które interesują się piłką nożną, podobają się „niegrzeczni" chłopcy *à la* George Best czy wspomniany Balotelli, to jednak alkohol, używki i nieprzespane noce z najpiękniejszymi dziewczynami świata na piłkarski szczyt doprowadzają niewielu. Rację ma sir Alex Ferguson, kiedy mówi, że piłkarz stojący u progu kariery i sławy może pójść albo drogą wspomnianego George'a Besta i wybrać „ciemną stronę mocy", albo jasną, czyli naśladować na przykład Ryana Giggsa (jak się potem okazało – gwiazdor Manchesteru United przez osiem lat romansował z żoną własnego brata). Tak czy inaczej chłopięce marzenia o byciu „kimś", o byciu wybitnym piłkarzem rozpalają tylko najlepsi spośród nich. Współcześni gladiatorzy (ulubionym filmem Błaszczykowskiego jest *Gladiator* – kwestia przypadku?) uosabiają, jak mało kto – może poza gwiazdami rocka – ambicje, emocje i wyobrażenia o życiu spełnionym. Chcesz zostać kimś, czyje imię skandują tłumy na całym świecie? Zostań piłkarzem. Wojownikiem ze słuchawkami na uszach i godną pozazdroszczenia muskulaturą. Siłaczem, który będzie walczył także w imieniu kibica o zwycięstwo na boisku.

Wystarczy sięgnąć po biografie tych najwybitniejszych, żeby zrozumieć, że oprócz nieprzeciętnych umiejętności i talentu, fizycznego wysiłku i setek godzin spędzanych na treningach, kandydat na piłkarskiego gladiatora musi mieć jeszcze to coś. Coś, co sprawia, że to na niego, a nie na innego piłkarza, zwrócone są oczy piłkarskiego świata. Że to koszulki z jego numerem noszą na plecach i że to jego imię z nabożeństwem wypowiadają fani futbolu. Dzieje się tak wówczas, gdy stawiają oni znak równości między tym, jakim graczem, a i jakim człowiekiem jest ich ulubiony zawodnik. Świetny piłkarz, ale i równie fajny gość.

Mam szczęście, że na swojej zawodowej drodze spotykałam mężczyzn, którzy fascynowali mnie intelektem, ale i imponowali mi siłą woli i determinacją w realizowaniu własnych pomysłów na życie. Także tych, którym było w nim pod górę i którzy urodzeni pod krzakiem agrestu osiągali to, na czym najbardziej im zależało. Nigdy nie zapomnieli, skąd są, a porażki przekuwali w wygraną. Nad samym sobą także. Tak, tych lubię najbardziej.

O jednym z nich i wspólnie z nim napisałam książkę. Zatytułowaliśmy ją *Kuba*.

A zaczęło się tak... Pewnego wieczoru usłyszałam, jak mój siedzący przed telewizorem niemiecki mąż mówi: „Świetny jest ten nasz Kuba". „Wasz?" – zapytałam. „No tak, ten z Borussii" – padła odpowiedź. Z dziennikarskiego obowiązku, ale i ze zwykłej ciekawości zainteresowałam się Polakiem, o którym Niemiec mówi „nasz". Wtedy jeszcze, jak to w życiu bywa, nie wiedziałam, że już wkrótce spotkam kogoś, kto rozmawiając z dziennikarzem, patrzy prosto w oczy, ma poczucie humoru i nieraz zaskakuje błyskotliwą ripostą. Kogoś, kto nie lawiruje, odpowiada na trudne pytania i nigdy nie wycofuje się z tego, co powiedział wcześniej. Dotrzymuje słowa.

Dobiegało końca Euro 2012, w którym nasz bohater, ówczesny kapitan polskiej reprezentacji w piłce nożnej, mógł pochwalić się niezwykłej urody bramką strzeloną lewą nogą w meczu z Rosją (1:1). Oglądało ją ponad trzynaście milionów Polaków. Zadzwoniłam i zaproponowałam wywiad. Błaszczykowski, jak się później okazało, długo namawiany przez Jerzego Brzęczka, swojego wuja, niechętnie, ale w końcu zgodził się na rozmowę. On Mistrz, ja Małgorzata (tak nazywa się cykl autorskich wywiadów, jakie od dziesięciu lat przeprowadzam w prowadzonym przeze mnie magazynie „Pani"). Piłkarz i dziennikarka. Chociaż niezajmująca się na co dzień sportem.

Dziś, kiedy mogę już powiedzieć, że „trochę" poznałam, a może nawet znam Kubę Błaszczykowskiego (widzę, jak uśmiecha się pod nosem), nie mam wątpliwości, że opowieść o nim jako o człowieku jest równie interesująca, jak ta o piłkarzu. To historia życia, która sprawdziłaby się jako materiał na scenariusz filmowy. Chodzą słuchy, że taki raczej prędzej niż później powstanie. Spotkaliśmy się w warszawskiej redakcji „Pani" (lipiec 2012 r.) i nie przypominam sobie, żeby kiedykolwiek wcześniej pojawienie się innego gościa wywołało wśród moich kolegów takie poruszenie. Na Błaszczykowskiego czekały piłki, zdjęcia i kartki papieru. Kuba za każdym razem pytał, dla kogo ten autograf. Uśmiechnął się, gdy usłyszał, że jeden z jego fanów, którego tym razem reprezentowała mama, ma dopiero trzy miesiące.

Sama rozmowa? Uważna i niełatwa. Jak przekonać Błaszczykowskiego, że zadając mu takie, a nie inne pytania, jestem ciekawa tego, jakim jest człowiekiem, i że medialne sensacje z nim związane właściwie mnie nie obchodzą?

Pamiętam moment, w którym się zawahał, gdy zapytałam o jego skomplikowane relacje z ojcem. Odpowiedział. To chyba wtedy zaczęła się nasza książka, chociaż my, jej współautorzy, jeszcze o tym nie wiedzieliśmy. Z tego spotkania zapamiętałam jeszcze, że poprosił o herbatę „z cytrynką" i że miał na sobie koszulkę z Tysonem.

Kuba zadzwonił po kilku miesiącach z zaproszeniem na mecz Polska–Anglia (w październiku 2012 r.) w eliminacjach do Mistrzostw Świata 2014, a potem już coraz częściej rozmawialiśmy przez telefon i za pośrednictwem esemesów: „Panie Kubo, gratuluję świetnej gry", „Pani Małgosiu, nie zapamiętuje się tych, którzy świetnie grają, ale tych, którzy strzelają gole" itd. W końcu, zaproszona przez Błaszczykowskiego, poleciałam do Dortmundu na legendarny już mecz BVB–Real Madryt 4:1 (24 kwietnia 2013 r.), który przybliżył niemiecką drużynę do finału Ligi Mistrzów. Mieszkałam w tym samym hotelu, w którym rezyduje przed meczami Borussia. Obserwowałam piłkarzy, chłonęłam atmosferę skupienia i napięcia, jakie unosiło się wtedy w powietrzu. A już wieczorem słyszałam, jak na stadionie Signal Iduna Park osiemdziesiąt tysięcy kibiców skandowało imiona Kuby Błaszczykowskiego i Roberta Lewandowskiego. Ja też to robiłam. Obok mnie siedziała Anna Stachurska (dziś Lewandowska) i tego wieczoru cztery razy padałyśmy sobie w ramiona, kiedy jej ówczesny narzeczony cztery razy pokonał hiszpańskiego bramkarza.

A Błaszczykowski? Też grał świetnie. Wtedy po raz pierwszy zobaczyłam, jak reagują na niego kibice, a pewna starsza pani w windzie nie mogła uwierzyć, że przed chwilą wsadził mnie do niej sam Błaszczykowski. „To pani naprawdę zna Kubę?" – pytała z wypiekami na twarzy. – A więc ta pani też uważa, że on jest ich? – pomyślałam. No bo w końcu jak to z nim jest? On jest ich czy nasz? Dziś już wiem, że on jest „wspólny", w równym stopniu oddany polskiej reprezentacji, jak i niemieckiej drużynie. Nic na pół gwizdka. Wszystko na maksa.

Decydujące dla powstania tej książki było jednak nasze kolejne spotkanie. W pewien czerwcowy wieczór 2013 roku Kuba kręcił w Warszawie reklamę dla jednego ze światowych klientów. Czekamy na niego z Jurkiem Brzęczkiem przed warszawskim hotelem Marriott. Rozmawiamy o ewentualnych planach transferowych Kuby, o kontuzji Łukasza Piszczka. Potem wspólnie jemy kolację w jednym z najpopularniejszych miejsc w stolicy. To tego wieczoru narodził się pomysł na książkę. Kuba mówi, że jej pomysłodawcą był Jurek, ale że to on „wyznaczył" współautora. A ja...? No, to już inna historia. Wtedy też zdecydowaliśmy, że w trakcie pisania wyłączamy autocenzurę. Nie limitujemy się ani z pytaniami, ani z odpowiedziami. Szczerość i zaufanie to odtąd nasze drogowskazy...

Rozmowy z Kubą bywały różne i, jak było do przewidzenia, wiele z nich do prostych nie należało. Błaszczykowski (można to nazwać syndromem wyparcia) zwłaszcza na początku mówił często „nie pamiętam". Konsekwentnie oddzielając w swojej biografii to, co wydarzyło się przed dniem i po nim, gdy w dramatycznych okolicznościach w jednej chwili stracił ukochaną mamę i ojca, który na lata trafia do więzienia.

Dziś po kilkunastu miesiącach wspólnej pracy wiem, że dziennikarz na takie spotkanie i takiego bohatera czeka czasami całe życie.

Nie przewidzieliśmy jednak, że życie napisze kolejny niespodziewany rozdział w karierze trzydziestoletniego piłkarza. Inaczej ułoży w nim zdarzenia, sekwencje, a i jemu samemu da inne role do zagrania. Kiedy to w meczu BVB z FC Augsburg (25 stycznia 2014 r.) Błaszczykowski doznał najpoważniejszej jak dotąd w swojej karierze kontuzji – zerwania w prawym kolanie więzadeł krzyżowych przednich.

Po tym zdarzeniu polski pomocnik rozegrał w 2014 roku tylko trzy oficjalne mecze. Ani razu nie zagrał w reprezentacji Polski, w której dodatkowo odebrano mu opaskę kapitana. W tym czasie jego Borussia zsunęła się po rundzie jesiennej na przedostatnie miejsce w tabeli Bundesligi i wiosną 2015 roku musiała walczyć o utrzymanie. Dla wielu piłkarzy, także tych najwybitniejszych, uraz, jakiego doznał Błaszczykowski, to być albo nie być. Mimo to, a może właśnie dlatego tuż po tym fatalnym zdarzeniu odbieram esemesa: „Zaczynam walkę, ja się nie poddaję! Możemy też pisać naszą książkę, będzie więcej czasu". Po tygodniu przychodzi kolejny, tym razem od Agaty, żony Kuby: „Już po operacji, wszystko się udało".

W tych najtrudniejszych dla Błaszczykowskiego chwilach ani razu nie usłyszałam: odłóżmy nasze pisanie na kiedy indziej. I za to mu w tym miejscu dziękuję.

W tym czasie poznałam najbliższych i przyjaciół Kuby. Charyzmatyczną Felicję Brzęczek, jego babcię, której hart ducha wart jest co najmniej kilku rozdziałów. Spotykałam tych, z którymi Błaszczykowski związany jest zawodowo. Graczy i trenerów... To oni swoimi opowieściami, ich temperaturą i językiem, jakim mówią o Kubie, zbudowali i nakreślili jego portret w tej książce: przyjaciela, męża, ojca, piłkarza i wreszcie człowieka. Godzinami rozmawialiśmy o piłce, o życiu, o sukcesach, o marzeniach Kuby, ale i o demonach, które do dziś nie zawsze pozwalają mu spokojnie zasnąć. Dziś jeden z ostatnich wysłanych przez niego esemesów brzmi: Z nogą wszystko dobrze, najważniejsze, że nic nie boli! Czas na uważanie się skończył, teraz trzeba walczyć! Strzelił już wtedy dwa gole w meczach sparingowych. Z karnego i bezpośrednio z akcji. Czekał na nie ponad rok.

PS Jeszcze do niedawna nie znałam piłkarskiego świata od podszewki. Jego zakulisowych rozgrywek, rankingu najbardziej pożądanych wags, prawdziwych czy też wyssanych z palca obyczajowych sensacyjek. Trochę przy okazji powstawania tej książki się o nim dowiedziałam. I nadal uważam, że dobrze zagrany mecz to jak pasjonująca partia szachów i że chociaż łatwo być piłkarzem gwiazdorem, to normalnym gościem na boisku i w życiu – już znacznie trudniej.

Jurek Brzęczek

(były kapitan polskiej reprezentacji, trener Lechii Gdańsk, wuj Kuby Błaszczykowskiego):

Wiem, że ludzie, którzy czytają książki o sportowcach, szukają w nich sensacji. Nasze życie, moje i Kuby, nie było usłane różami, że każdy z nas był wycackany, że przywozili nas do szkoły, zawozili na trening, śniadanie do łóżka itd. Ciekawa wydaje mi się historia człowieka, który mimo tego, co przeżył, dotarł na sam szczyt.

Eldo

(polski raper):

Błaszczykowski zdaje sobie sprawę, że jest jednym z tych piłkarzy, którzy mają ogromne oddziaływanie na rzeczywistość młodych graczy w Polsce. I wie, że to, co opowie o swoim życiu, może mieć wpływ na to, jak niektórzy z nich zaczną postrzegać realizowane przez siebie pasje. Można być najbardziej skromnym człowiekiem świata, ale w momencie, w którym widzi się na stadionie kibiców w koszulkach z twoim nazwiskiem na plecach, a kilkadziesiąt tysięcy ludzi skanduje twoje nazwisko, to mimo wszystko, nawet jeśli nie przewraca ci się od tego w głowie, to masz świadomość, że tak się dzieje. Wiesz, że dzieciaki na podwórkach w Truskolasach, w Warszawie, w Poznaniu po bramce krzyczą: Błaszczykowski.

Fajnie, że Kuba zgodził się na tę książkę i że to będzie biografia człowieka, a nie tylko opowieść z tyłu autokaru. W formie zbioru dowcipów i anegdot z lat kariery.

Nie widzę żadnego problemu w tym, że nie jesteś dziennikarzem sportowym. Wątpiącym poleciłbym udanie się do jakiegoś archiwum z gazetami z lat na przykład trzydziestych i poczytanie tak zwanych kronik towarzyskich, gdzie bywalcami salonów również byli sportowcy, którzy się z całą elitą ówczesnego świata znali i prowadzali po mieście. Sport zawsze będzie dziedziną życia dla ludzi z artystycznym nastawieniem do rzeczywistości.

Mats Hummels

(gracz BVB, obrońca, mistrz świata z 2014 r.):

Na początku byłem zdziwiony, że ktoś pisze książkę o tak młodym zawodniku. Z drugiej strony Kuba ma na swoim koncie tak dużo doświadczeń życiowych i sportowych, że jest o czym pisać. To na pewno człowiek ze swoją historią. To dobrze, że nie jesteś dziennikarzem sportowym, bo dziennikarze, którzy zajmują się sportem, sfokusowani są przede wszystkim na sporcie, a nie na człowieku. Nie na jego charakterze.

Sebastian Kehl

(obrońca i długoletni kapitan BVB):

Wiele osób nie zna jego historii i jeśli Kuba zdecydował się teraz o niej powiedzieć, to ta odwaga odróżnia go od innych graczy. Słyszeliśmy, co przeszedł – czasami pisały o tym bulwarówki – ale nikt z nim o tym nie rozmawiał. Szanujemy go i nie chcieliśmy go urazić. Wiele rzeczy, które dziś robi, to konsekwencja tego, co stało się w jego życiu wcześniej. Ma silny charakter, że zdecydował się o tym mówić. Myślę, że Kuba potrzebował czasu, żeby sobie poradzić z przeszłością, i wreszcie zdecydował: ten czas nadszedł.

Jürgen Klopp

(trener BVB):

Często pytają mnie, kiedy w końcu napiszę książkę o sobie? Odpowiadam: Ja? A co ja bym miał o sobie napisać? Chociaż nie, może mógłbym napisać o półmetku sezonu 2014/2015 BVB, kiedy robisz wszystko, jak najlepiej potrafisz, i nic z tego nie funkcjonuje na boisku. Życie Kuby to historia warta opowiedzenia. Przeczytam tę książkę na pewno, bo Kuba nigdy nie mówił mi o tym tragicznym momencie swego życia. Nigdy też nie dał znaku, że chce o tym rozmawiać.

Ksiądz prof. Jurek Kostorz

(opiekun duszpasterstwa akademickiego w Opolu i przyjaciel rodziny):

Nam się zawsze mówi, że nie pisze się książki o kimś, kto jest czynny zawodowo, lub o tym, kto jeszcze żyje. Ja się z tym nie zgodzę. Wielu ludzi potrzebuje biografii Kuby, żeby uwierzyć w to, co w życiu robią, żeby zobaczyć, że nie ma w życiu takich wydarzeń, po których nie można się podnieść. Podziwiam cię, że się na to zdecydowałaś. Bo tu można popaść w skrajność, w sensację, ale można też tą książką budować Kubie pomnik. Dlatego to trzeba wypośrodkować. To ma być prawdziwa historia trzydziestoletniego życia. To musi być gdzieś po środku.

Franciszek Smuda

(selekcjoner polskiej reprezentacji w latach 2009–2012):

Wie pani, w tej książce powinna być prawda. Musi być wszystko.

MD Zgodziłeś się na tę książkę, bo...?

KB Bo moja historia może komuś pomóc i dodać wiary w siebie?

MD Kiedy spotkaliśmy się pierwszy raz, to nie byłeś zbyt rozmowny...

KB Jak widzę kogoś pierwszy raz, to najpierw staram się go poznać, to chyba normalne? Ale pierwsze odczucia są ważne. Czasami nawet decydujące. *(śmiech)* Najważniejsze, żeby mówić sobie prawdę. Nie z każdym to się udaje.

MD W prawdzie są limity?

KB Jeżeli ufam, to ufam naprawdę. To nie przypadek, że się spotkaliśmy. Uważam, że tak po prostu musiało być. Zawsze kiedy szedłem do mamy na cmentarz, to modliłem się o to, żeby mieć wokół siebie ludzi, których ona mi zsyła. Ktoś może się z tego śmiać. Jest mi to obojętne. Chociaż czasami zastanawiam się, czy takie rzeczy mówić publicznie, bo ludzie to różnie odbierają. Ale tej książki chyba nie kupi ktoś, kto mi źle życzy, jak myślisz? *(śmiech)*

MD Mam nadzieję, że też kupi. *(śmiech)*

KB To bardzo ważne, żeby ci, którzy będą ją czytali, uwierzyli, że zawsze jest światełko w tunelu i że nie musisz żyć w ciągłym strachu. O tym też jest ta książka, prawda? O tym, że obojętnie, jaka jest prawda, nie wolno się jej wstydzić. I to też twoja rola, Małgosiu, żeby to wszystko opisać. Sama wiesz, ile jest takich rodzin, jaką była moja... Wiem, że nie zbawię całego świata. Ale jeśli będą tacy, którzy nabiorą wiary w to, że im też, tak jak mnie, może się udać, to to będzie mój wielki sukces. Kiedy nie zrezygnują z walki o siebie i o normalne życie. Sam jestem ciekaw, jak to wszystko, o czym będziemy rozmawiali, zostanie odebrane. Pewnie Dawid [brat Kuby] już ci dużo rzeczy opowiadał?

MD Dawid mówił o tym, o czym ty na początku nie mówiłeś...

KB Wiesz, że nieraz zadawałem sobie pytanie, czy gdybym był starszy, to bym do tego, co stało się w naszym domu, dopuścił? Obwiniałem się, że nie dałem rady nic zrobić. Krótko przed śmiercią mamy układałem puzzle w salonie, a ona rozwiązywała krzyżówki. Coś mnie tknęło, podszedłem do niej i mówię: Mamo, ja nie wiem, co zrobię, jak cię stracę. Zacząłem płakać. A mama wtedy powiedziała: Przy was to nic dobrego mnie nie czeka. I to mi zostało w pamięci. Nie wiem, czy ja podświadomie coś przeczuwałem? To, co mi zostało w głowie do dziś, to zapach jej perfum... W sobotę wieczór mama robiła murzynka i był szum odkurzacza, jak dziś Agata piecze murzynka i czasami jeszcze włączy odkurzacz, to... od razu kładę się na kanapie i chciałbym zasnąć... Jak „to" się stało, to był szok. Niedowierzanie, ale dalej to było tylko jeszcze gorzej. Nie tyle fotografie, ale właśnie zapachy, odgłosy, dźwięki, muzyka, której mama słuchała. To wszystko stale przypomina mi, że już jej ze mną nie ma.

I.

CHARAKTER PLUS UMIEJĘTNOŚCI RÓWNA SIĘ GRACZ

„Jasne, że musiałem się przebijać.
Byłem małym blondynkiem,
wśród wyrośniętych chłopaków".

ERIC CANTONA

MD Ile w Błaszczykowskim talentu, a ile pracy?

KB Pięćdziesiąt na pięćdziesiąt?

MD Przecież u ciebie nic nie jest na pół gwizdka.

KB Sto procent talentu i sto procent pracy? Tak, to jest najbardziej trafne wyliczenie. *(śmiech)*

Odrobiłam zadanie domowe i przygotowując się do pisania tej książki, przeczytałam setki, jeśli nie tysiące stron poświęconych ludziom związanym z piłką nożną. Piłkarzom i ich trenerom. Od Pepa Guardioli, Alexa Fergusona, Zlatana Ibrahimovica i Ikera Casillasa począwszy, a na Ryanie Giggsie i Ericu Cantonie skończywszy. Zwłaszcza biografia tego ostatniego zrobiła na mnie duże wrażenie. Na boisku genialny prawy pomocnik. W życiu bezkompromisowy, nieobliczalny, pijący szampana, gdy inni gracze sięgali po piwo – czy też odwrotnie – no i zakochany do szaleństwa w piłce Francuz. Nie przypominam sobie, żeby któryś ze znanych mi piłkarzy mówił tak jak on o futbolu, że: „Perfekcyjnie wykonany rzut wolny może wymagać tyle samo godzin ćwiczeń, ile musi poświęcić muzyk, trenując uwerturę do *Czarodziejskiego fletu* Mozarta". Co równocześnie nie przeszkadzało mu uchodzić za jednego z najbardziej męskich i twardych graczy.

Na liście moich lektur obowiązkowych znalazły się autobiografie polskich piłkarzy, między innymi Wojciecha Kowalczyka, Igora Sypniewskiego, Andrzeja Iwana. Przyznaję, że mniej interesowały mnie w nich gołe fakty, matematyczne wyliczenia, strzelone i niestrzelone gole (może te bardziej), statystyki, a całą uwagę koncentrowałam na człowieku jako takim. Jak to się fachowo nazywa: na jego psychologicznym portrecie.

Gdy rozeszło się już, że piszemy razem z Błaszczykowskim książkę, natychmiast pojawili się – co było do przewidzenia – bezinteresowni doradcy. Za to im w tym miejscu dziękuję, bo niektóre z ich wskazówek okazały się naprawdę przydatne.

Najczęściej jednak powtarzały się głosy: o tym pisz, a tego lepiej nie tykaj. Nie chwal, bo usłyszysz, że jesteś nieobiektywna (w jakimś sensie nie jestem, ale to prawo każdego autora i każdego kibica). Po co się narażać i pisać: to dobre, a to nieciekawe. Były też i rady większego kalibru: tylko nie zrób mu krzywdy, oraz podszyte ironią znaki zapytania: ty naprawdę piszesz książkę z piłkarzem?

Trzymałam się więc na tych stronach faktów faktów i nie przeinaczałam słów, którymi moi rozmówcy miesiącami malowali portret Kuby. Nie raz subiektywne spojrzenie walczyło z tym obiektywnym. Nie ukrywam, że lubię, podziwiam i szanuję swojego bohatera. Cenię go za to, co dotąd zrobił ze swoim życiem. Mimo to na każdym kroku starałam się, żeby profesjonalizm brał górę nad osobistymi sympatiami.

Dostrzegałam więc u Błaszczykowskiego cechy charakteru, które do łatwych nie należą, mimo że paradoksalnie czynią go bardziej ludzkim. Wyrazistym. Trójwymiarowym. Dlaczego o tym piszę? Ponieważ im bardziej zagłębiałam się w faktograficzny, a przede wszystkim statystyczny przebieg piłkarskiej kariery Kuby, tym częściej towarzyszyło mi poczucie, że gdzieś po drodze gubię go jako człowieka. A przecież to, że strzela takie, a nie inne bramki, ma asysty, to, ile kilometrów przebiega podczas meczu i to, że jest takim, a nie innym piłkarzem to wypadkowa nie tylko jego umiejętności, ale i charakteru. Dlatego już wkrótce najważniejsze w opowieści o tym, jakim piłkarzem jest Kuba, stało się dla mnie to proste i ułożone na użytek tego rozdziału równanie: charakter plus umiejętności równa się gracz. Dowodem na to, że teza ta da, jak mało która się obronić, stała się dla mnie postać Erica Cantony.

Podążając za życiorysami Cantony i Błaszczykowskiego, znajdowałam coraz więcej podobieństw między tymi dwoma piłkarzami, ale i ludźmi. Wiem, że dla wielu porównanie to może wydać się zaskakujące, ale może też nie wszyscy wiedzą, że ten groźny francuski pomocnik był kiedyś niepozornym blondynkiem, który chciał jednego: grać w piłkę. „Kiedy byłem małym chłopcem, marzyłem o tym, żeby kiedyś zagrać na osiemdziesięciotysięcznym stadionie” – wspominał po latach Cantona. Błaszczykowski na takim dzisiaj gra. A tak pół żartem, pół serio, to dziś mimo różnicy wieku obaj piłkarze nawet zarost mają prawie identyczny. Groźne spojrzenie też. A charaktery?

Tak jak w każdej sferze życia, tak i w piłce nożnej charakter i osobowość, w tym wypadku piłkarza, może pomóc, ale może i bardzo utrudnić dochodzenie do celu.

Im bardziej charakterny zawodnik, tym większe również wyzwanie dla tych, którym przyjdzie się spotkać z nim na zawodowej ścieżce. O dużym szczęściu może mówić każdy z tych prawdziwie wybitnych zawodników, gdy jego nauczycielem zawodu był i jest ktoś, kto nigdy nie przestraszy się gwiazdora i po prostu da sobie z nim radę. Będzie dla niego przyjacielem, nawet ojcem, a gdy trzeba – katem. Równie ważne jest to, żeby kandydat na świetnego piłkarza trafił na kogoś, kto zobaczy w nim talent, zanim ktoś inny zdąży mu powiedzieć, że takiego nie posiada.

Stale odkładałam wyjazd na mecz BVB do Dortmundu. Kiedy jednak w ćwierćfinałowym rewanżowym spotkaniu Borussia (9 kwietnia 2013 r.) w dziewięćdziesiątej trzeciej minucie strzela zwycięskiego gola, pokonując zespół Malagi 3:2, a tym samym wchodząc do półfinału Ligi Mistrzów, dostaję od Kuby esemesa: „Teraz to już musisz przyjechać". To po tym meczu wśród kibiców popularne stało się powiedzonko, że nigdy nie powinno się opuszczać stadionu w dziewięćdziesiątej minucie meczu. Wszystko się jeszcze zdarzyć może.

Po kilkunastu dniach lecę więc do Dortmundu na pamiętny, dramatyczny i porywający mecz BVB z Realem Madryt (24 kwietnia 2014 r.). To był fantastyczny sukces Borussii i Roberta Lewandowskiego, którego cztery gole strzelone Królewskim przeszły do historii. Po zakończonym meczu czekamy w vipowskim saloniku stadionu Signal Iduna Park na zwycięzców. Są ich bliscy i znajomi. W rogu siedzi śliczna Ewa Piszczek. Wszyscy są szczęśliwi i mają poczucie, że dzięki bohaterom wieczoru uczestniczyli w historycznym wydarzeniu. Finał Ligi Mistrzów coraz bliżej. Pojawia się Lewandowski. Także hiszpańscy kibice nie szczędzą mu braw i słów podziwu. A on? Wyciszony, prawie że przezroczysty. Robert robi sobie kilka zdjęć, krótko rozmawiamy i za chwilę prosi narzeczoną, żeby pojechali do domu. To tak wygląda świętowanie, i to takiego sukcesu? Pewnie wyglądałoby inaczej, gdyby bohaterowie nie byli tak zmęczeni... Po kontroli antydopingowej pojawia się Kuba i siada przy naszym stole. Gdzie? Oczywiście z boku (dzisiaj by mnie to już nie zaskoczyło)... Czy przysłuchuje się toczącej się rozmowie – nie wiem. Jest ówczesny selekcjoner polskiej reprezentacji Waldemar Fornalik, jest Andrzej Gołaszewski – teść Błaszczykowskiego i wiele osób, które Kubę dobrze znają. A on? Cieszy się, jest dumny ze swoich kolegów, ale... no właśnie. Było, minęło. Odespać, udzielić wywiadów i... pamiętać, że to, co najważniejsze, dopiero przed nimi. To wtedy pierwszy raz zauważyłam, że Błaszczykowski wydaje się być mistrzem w umniejszaniu własnych sukcesów. Ten największy, ale już odniesiony, natychmiast traci na wartości, i to tylko dlatego, że jest już za nim. Było, minęło i... znowu wszystko zaczyna się od nowa.

Wielokrotnie słyszałam, gdy dzielił się tą refleksją z innymi. To taka jego kolejna umowa z samym sobą. Zawarta zresztą na czas nieograniczony. Nie zapomnieć, że to, co dziś pomaga w byciu profesjonalnym piłkarzem, kiedyś przyda się na to późniejsze, dorosłe życie. To bez piłki.

Trzeba ciężkiej pracy od najmłodszych lat, bo w wieku dwudziestu jeden czy dwudziestu trzech lat na naukę jest już za późno. Obserwuję to na przykładzie polskiej ligi. Europa wciąż nam ucieka. Kiedy osiem lat temu wyjeżdżałem do Bundesligii, aż takiej przepaści nie było. Polakom o wiele łatwiej jest dziś wyjechać za granicę, a występy naszej trójki w finale Ligii Mistrzów w maju 2013 podniosły markę naszych piłkarzy w Europie. Teraz sztuką jest to wykorzystać, a nie zepsuć. Jeszcze raz wrócę do podstaw – ciężko pracować należy nie tylko po wyjeździe z kraju, lecz już w polskiej lidze, gdziekolwiek się gra, nawet będąc najlepszym graczem swego zespołu. W Borussii nikt nikogo do niczego nie namawia. Wchodzę na siłownię przed treningiem, a tam ćwiczy już połowa drużyny. Mimo że nie musi. Bierze górę świadomość, że mnóstwo konkurentów czyha na nasz słabszy moment. Dlatego zabierasz się do pracy, by ten słabszy moment nigdy nie przyszedł. Proste, prawda? Mniej narzekania, więcej pracy proponuję („Przegląd Sportowy", styczeń 2014 r.). Błaszczykowski dodaje po tym: Jako zawodowy piłkarz możesz zarobić mnóstwo pieniędzy, ale one kiedyś prawdopodobnie zostaną wydane. Wywalczonych tytułów nie zabierze ci nikt.

To zdanie sytuuje Błaszczykowskiego w gronie graczy, którzy z samego grania czynią coś więcej niż tylko kopanie piłki, nawet jeśli robią to za ogromne pieniądze. Te są ważne, ale nie zrobią ze mnie wybitnego piłkarza... Chcę być najlepszy i tylko ode mnie zależy, co osiągnę na piłkarskim Olimpie.

Gdyby zabawić się w uproszczoną wersję numerologii, to numer 16 na koszulce Kuby Błaszczykowskiego symbolizuje 7 (1+6), liczbę szczęśliwą. Ale gdyby pójść jeszcze dalej, to właśnie w wieku siedmiu lat zaczęła się kariera małego piłkarza (siódemkę na swojej koszulce nosił też Cantona). Sam Kuba – zapytany o numer, który nosi na plecach, mówi przewrotnie: Wybierając go, nigdy nie wzorowałem się na innych zawodnikach. Piłkarze często przykładają do swoich wyborów dużą wagę, a wybierane liczby mają dla nich jakieś szczególne znaczenie, lecz w moim przypadku tak nie było. Ale też nigdy nie chciałem go zmieniać. Nie ukrywam, że przyzwyczaiłem się do tego numeru i nie wyobrażam sobie, żebym kiedyś zagrał z inną liczbą na koszulce (ze strony internetowej JB, kubablaszczykowski.pl).

Dziennikarz idzie za ciosem, podejrzewając, że zmiana napisu na koszulce na „Błaszczykowski" spowodowana jest tym, iż Kuba z sezonu na sezon gra coraz lepiej i może pozwolić sobie w klubie na więcej: „Ale przecież media niemieckie piszą, że Błaszczykowski zawsze jest dobry, ale że teraz jest genialny to...".

Powoli... zagraliśmy dwa mecze, a ja jeden z kawałkiem. Geniuszy w dzisiejszej piłce jest może dwóch–trzech i na pewno mnie w tym gronie nie ma. *(śmiech)* Tak czy inaczej wierzę, że jeszcze wiele pięknych chwil przede mną, a mój numer nieraz pojawi się na liście strzelców – przyznaje z uśmiechem.

Na tym też Błaszczykowskiemu zależy, żeby – jak mówi – w końcowym rozrachunku wyszło na jego. W tym jego chłopięcym podejściu do wielu wydarzeń w życiu, także tym zawodowym, jest wiele wdzięku. Nawet jeśli tym razem to subiektywna uwaga współautorki.

Leo Beenhakker porównywał go do Cristiana Ronaldo, Zbigniew Boniek mówił o nim, że to mały Figo, i dodawał, że każdy dzień spędzony w polskiej lidze to dla Błaszczykowskiego dzień stracony. A angielski piłkarz Gary Neville nazwał go cholernie dobrym piłkarzem.

Jurek:

Jak Kuba się urodził w 1985 roku, to już grałem w juniorskiej reprezentacji Polski. A kiedy w 1992 roku graliśmy na igrzyskach w Barcelonie, byłem kapitanem reprezentacji olimpijskiej. Wszyscy je oglądali i moi siostrzeńcy wiedzieli, że ten gość, którego widzą w telewizji, to ich wujek, który tu, w Truskolasach mieszka, tu się urodził. Jest kapitanem reprezentacji i zdobywa medal na igrzyskach olimpijskich. Kuba i Dawid zaczęli mieć własne marzenia. Chcieli kiedyś znaleźć się na moim miejscu. Dla nich największą radością było to, jak przyjeżdżałem na urlopy. Zimą chodziliśmy grać na salę, a latem na boisko. Graliśmy ze starszymi i na początku nie zawsze Kubę dobieraliśmy do składu. Miał wtedy dziesięć lat i był bardzo rozczarowany, że go nie dopuszczamy do gry, ale mieliśmy obawy, żeby mu krzywdy nie zrobić. Pamiętam moment, kiedy zaczęliśmy go dobierać do składu, i wtedy zawsze starałem się, żeby grał ze mną w drużynie. Jego zachowanie na boisku, poruszanie się, zmysł gry już wtedy świadczyły o tym, że pomimo bardzo wątłych warunków fizycznych nie miał żadnych problemów, żeby przewidywać grę i odpowiednio zagrywać. Radził sobie z techniką. Ale było widać, że nie lubi przegrywać. Był mniejszy, ale nie bał się wchodzić w starcia z większymi, silniejszymi rywalami.

Dawid Błaszczykowski (brat Kuby):

Kiedy miał szesnaście lat, w sumie taki młody łepek, to tak naprawdę robił już całą robotę w tej czwartej lidze. Jak jechali na mecz do lidera tabeli, to potrafił strzelić dwie–trzy bramki. Robił z przeciwnikami wiatrak, jak to popularnie się mówi, czyli robił z nimi, co chciał. Był szybki, zwinny, nie mogli sobie z nim dać rady. Pamiętam, chyba w Tychach wygrali 4:2. Nawet „Gazeta Wyborcza" napisała, że szesnastolatek z czwartej ligi wygrał mecz z liderem. Jego najpiękniejsze bramki? Jak bym miał wybierać tę najpiękniejszą i ważną, to ta z Rosją na Euro strzelona lewą nogą. Słabszą. To chyba też dlatego, że jak w młodości graliśmy w siatkonogę, to on zawsze grał lewą, dlatego tak ładnie strzelił z Rosjanami.

Eldo:

Eric Cantona, uznany za jednego z najlepszych piłkarzy, kiedyś został zdyskwalifikowany za kopnięcie kibica, który ubliżał mu straszliwie. Owszem, wyczyn niezbyt chwalebny dla sportowca, niemniej się zdarzył. Jedyne zdanie jego komentarza na temat rocznej dyskwalifikacji, którą wtedy dostał, brzmiało: „Sardynkę weźmiesz za ogon i wrzucisz z powrotem do oceanu, wieloryby umierają na plaży". I wyszedł z konferencji. Ja od dziecka fascynowałem się piłką nożną i graczami, którzy mieli w sobie charakter. Gracz, który mógłby być najlepszym piłkarzem świata, jeśli chodzi o umiejętności, to było dla mnie mało, jak za tym nie szedł ciekawy człowiek. Świat o takich pamięta. A gracze, którzy mają jedno i drugie, to jak idą dwadzieścia lat po zakończeniu kariery po mieście, w którym grali, to w każdej knajpie dostaną kawę za darmo. Wszyscy się do nich uśmiechają i machają do nich rękoma. To jest tak zwany status legendy. I tylko nieliczni do tego mogą pretendować.

Błaszczykowski jest już w BVB osiem lat. To taki związek na dobre i na złe, a reguły gry między nim a drużyną, trenerem, kibicami i niemieckimi dziennikarzami wydają się ustalone raz na zawsze. Gdy się nie układa, to pytań ze strony tych ostatnich jest mniej, gdy przychodzi wysoka forma, asysty, gole, dziennikarze natychmiast chcą wiedzieć, czy aby polski piłkarz nie ma jakiś propozycji przejścia do innego klubu. Dlatego Błaszczykowski podobno był już widziany w Manchesterze City, w Liverpoolu i jeszcze gdzieś...

Każdy podejmuje decyzje, za które ponosi konsekwencje. Dobre czy złe, życie pokaże. Jeden ma marzenia, by grać w pięciu ligach, drugi dobrze czuje się w jednym klubie. Piłkarz sam wybiera drogę i inni, niezależnie od tego, czy im się podoba, czy nie, powinni to szanować, dalej żyć i walczyć. To chyba najzdrowsze podejście, prawda? „A nie kręcą cię nowe wyzwania?" – pyta dziennikarz. Nigdy nie wiesz, co przyniesie życie, w Dortmundzie czuję się bardzo dobrze, dlatego przedłużyłem kontrakt na kolejne pięć lat. Mam swoje wartości i plan („Przegląd Sportowy", luty 2014 r.).

Kuba Błaszczykowski oprócz lojalności wobec klubu, któremu tak dużo zawdzięcza, ceni sobie też stabilizację. Ta daje mu szeroko rozumiane poczucie bezpieczeństwa, którego przez wiele lat tak bardzo mu brakowało. Zwłaszcza w życiu rodzinnym.

Wrzesień 2014 roku, Dortmund, Hotel L'Arrivee

Sebastian Kehl (piłkarz BVB i jej długoletni kapitan. W nowym sezonie 2014/2015 po sześciu latach przekazał opaskę kapitana Matsowi Hummelsowi). Siła spokoju – to to, co po pierwszych wypowiedzianych przez niego słowach rzuca się w oczy. Nie dziwię się więc, gdy mówi, że przez lata do jego zadań należało, by inni gracze w drużynie czuli się potrzebni. Zaskakuje mnie, jak analitycznie podchodzi do gracza z numerem 16. Mówi o nim jak ktoś, kto już zawsze będzie czuł się odpowiedzialny za jego losy. Zresztą wszyscy niemieccy piłkarze, z którymi rozmawiam, traktują temat Kuby serio. Jeśli nawet śmieją się z jakiejś o nim anegdoty, to zaraz podkreślają, jak bardzo go szanują i jak jest dla ich drużyny ważny. I wtedy już się nie śmieją.

Sebastian Kehl:

Kiedy osiem lat temu Kuba przyszedł do nas, kapitanem był Christian Wörns. Nowego kolegę przyjęliśmy serdecznie, pokazując, że jest dla nas ważny. Kuba nie znał dobrze niemieckiego i integracja z drużyną nie była dla niego łatwa. Bardzo szybko nauczył się niemieckiego i teraz mówi w nim bardzo dobrze... ale też dlatego, że chciał się nauczyć i chciał być częścią drużyny nie tylko na boisku, ale i poza nim. To był zmotywowany młody człowiek, który bardzo chciał się rozwijać, i nie ukrywam, że dlatego też tak chętnie mu pomagałem. Od razu starał się nam pokazać, co potrafi na boisku. Zawsze był głodny gry i czasami prawie gryzł trawę. Nieprawdopodobnie się rozwinął. Kiedy do nas przyszedł, był talentem, a po krótkim czasie wyrósł z niego znakomity gracz. Dojrzał. Nabrał poczucia własnej wartości. Wiem, że u Kuby nie jest łatwo o zaufanie, może to jest po prostu część jego osobowości, ale jeśli traktuje się go serio i uczciwie, to wtedy on się otwiera. Jego przeszłość, to, przez co przeszedł, sprawia, że stał się bardzo silnym człowiekiem, ale wiesz, jestem pewien, że gdzieś tam w środku zachował delikatność. Jego wrażliwość to immanentna cecha kogoś, kto w rzeczywistości jest silny. To jest ta inna strona Kuby, nawet jeśli sam powie, że to nieprawda. Jest absolutnie pozytywnie myślącym człowiekiem. Jeśli chodzi o jego spóźnianie się, to wyraźnie się poprawił i pod tym względem nie jest już na pierwszej pozycji w klubie. *(śmiech)* Kuba jest szalonym chłopakiem i jak się wygłupiają z Piszczkiem, to czasami gadają głupoty. Są jak bracia. On jest jak gladiator. Tak? Nie wiedziałem, że to jego ulubiony film. Wiem, że Kuba w młodości często się bił. Rozmawialiśmy na ten temat. On ma nieprawdopodobną siłę. Jest jak maszyna. Nie chciałbym z nim walczyć. Talent ma wielu, ale to połączenie potrzeby rywalizacji, nienasycenia grą i mądrej głowy, jakie ma Kuba, stanowi rzadkość. Myślę, że kiedyś wróci do domu, do Polski, bo ją kocha, chociaż nikt nie wie jeszcze, kiedy to się stanie. Chciałbym kiedyś tam pojechać z nim, na przykład do jego Kubatury [Centrum Rozrywki w Opolu, którego właścicielem jest Błaszczykowski].

Franciszek Smuda:

– rozmowa przeprowadzona w grudniu 2014 r.

Jego cechą była zawsze dynamika, a ta w powiązaniu z talentem powodowała, że potrafił sam wygrać mecz. To jest zawodnik nietuzinkowy.

Zawsze zbierał dużo ciosów od przeciwników na boisku, ale jest tak ruchliwy, szybki, że często jak ktoś chciał go trafić, to po prostu nie mógł. Bardzo w niego wierzyłem, i w Piszczka też, i wiedziałem że na tych dwóch graczach można budować reprezentację, bo Lewandowski dopiero wtedy raczkował. Oni u mnie w trójkę grali i zawsze sobie pomagali. Na boisku nikt nie czuł tego, czy się prywatnie lubią, czy nie. Nigdy nie widziałem między nimi nawet cienia złośliwości. Kuba dla mnie, dla piłki nożnej, dla drużyny narodowej zrobił bardzo dużo. Klasa. On nigdy nikomu krzywdy nie zrobił, nawet nie potrafi jej zrobić.

Ciągle dąży do sukcesu, to nie jest chłopak, że jak ma przekroczyć jakąś barierę: czy wysiłkową, czy życiową, to się zraża. Nie, on musi osiągnąć to, co sobie zaplanował. To dobra cecha. Jeżeli chodzi o piłkarskie umiejętności, to porównywalny był do niego Kevin Keegan z Manchesteru United. Te same dryblingi. Kuba, sam meczu nie wygrasz. Trenerze, ale chociaż zremisuję – mówił pani o tym żarcie? Tak, to cały Kuba.

Kuba to człowiek, który za wszelką cenę chce wygrywać, chce mieć sukces. Jak ktoś, kto ciągle idzie na wojnę. Trochę uparty jest, bo jak ma o co walczyć, to walczy do końca. Ma duże poczucie humoru. Lubi żarty. I przede wszystkim lubi pracować w dobrej atmosferze. Jak opowiadał o mamie, to byłem bardzo wzruszony, bo ja też przeżyłem tragiczne rzeczy w życiu. Facet da sobie radę. Nie był wychowany w dobrobycie. Stąd ta motywacja, że muszę pokonać słabości, że muszę mieć lepiej, muszę coś zdobyć. On ciągle dąży do sukcesu. U niego nie ma tak, że jak napotyka na przeszkody w życiu czy sporcie, to się zraża. Nie, on nadal prze do przodu. Chłopak wychowany bardzo dobrze przez babcię. Miał możliwość odejścia do innego wielkiego zagranicznego klubu, ale został w Dortmundzie i będzie ikoną Borussii. Zobaczy pani.

Dawid Błaszczykowski:

Ze swoją determinacją jest typowym fighterem, który nigdy nie odpuszcza. A poza tym dla niego każda sytuacja kryzysowa, po pierwsze, musiała się wydarzyć, a po drugie, trzeba z niej wyciągnąć pozytywne wnioski. On jest tak silny psychicznie, że się nie załamuje... Pozazdrościć... Tym bardziej że już miał kilka takich sytuacji, że nie było kolorowo. Przecież wiesz.

Listopadowy wieczór 2014 roku, Dortmund

Siedzimy w dortmundzkim domu Błaszczykowskich: Agata, Kuba i ja. Gramy w kości. Jest już bardzo późno. Kuba przyleciał w nocy z Polski.

Nasz mistrz szybko wychodzi na prowadzenie, bo to, jak rzuca – lekko, od niechcenia, ale za każdym razem tak jak chce – jest wręcz nieprawdopodobne (stwierdzenie w stu procentach obiektywne). Nie dziwi to jego żony, a mnie zaczyna wkurzać. Sam Kuba zaczyna się nudzić. Wstaje od stołu, przerzuca telewizyjne kanały. Nasłuchuje, czy jego córki już śpią. Chyba kończymy... ale ja, niespodziewanie także dla samej siebie, rzucam pięć piątek z ręki. Kuba natychmiast wraca do gry. Pojawił się przeciwnik... Zaczyna się to, co Błaszczykowski lubi najbardziej... rywalizacja. Dwadzieścia cztery godziny na dobę, i tak przez blisko trzydzieści lat... Czy jednak o samą rywalizację tu chodzi? To byłoby za proste. Za każdym razem gra toczy się o to samo: udowodnić, że będzie się najlepszym... że jest się najlepszym... Komu? Innym? Przede wszystkim samemu sobie.

Felicja Brzęczek, babcia Kuby:

Kiedy Kubuś przestał rosnąć, to mu mówiłam: Zobacz, jaki Maradona był mały, a jak grał. Nie martw się, do swojego wymiaru dorośniesz. Bo przez tę tragedię on był zablokowany i nie rósł w ogóle. Kreski sobie pisał na futrynie. Potem, w Górniku Zabrze, Jurek mu treningi załatwił, ale on nie chciał tam być w internacie. Mówił: Babciu, tam jak w kolejce po jedzenie stoisz i nie chcesz iść na koniec, to od razu dostajesz. Ja mam na to sobie pozwolić? Potem dostaliśmy list, że nie chodził do szkoły. Trudno, bierzemy go stamtąd. Kuba był w szkole na murarza, ale nagle dostaję kartkę od jego brygadzisty z Częstochowy. Kubuś, co się stało? – pytam. Babciu, musisz tam jechać. Już myślałam, że coś zrobił, bo on ciągle mówił: Taczek nie będę woził, ja idę grać w piłkę. Pojechałam i mówię do tego brygadzisty: Wie pan, on na pewno nie pójdzie w tym kierunku, byle tylko tę szkołę skończył. Niech mu pan da szansę. Na drugi dzień Kuba mówi: Babciu, pan brygadzista powiedział: Z taką babcią to daleko zajdziesz!

Dawid Błaszczykowski:

Pewnego dnia (na pewno to było już po śmierci mamy) wróciliśmy w nocy do domu, bo jak zwykle graliśmy w piłkę na dworze, i kiedy poszliśmy się kąpać, to mówię do Kuby: Wiesz, nie wierzę, żebyś ty kiedyś nie grał w piłkę. A w ekstraklasie to będziesz grał na pewno. On miał wtedy jedenaście lat, to był taki smród mały. I sprawdziły się te słowa.

We dwójkę mnóstwo czasu spędzaliśmy, kopiąc w piłkę. Ja, starszy o trzy lata brat, nie, że odstawałem w tych pojedynkach, ale patrząc na różnicę wieku między nami, to on ją nadrabiał sprytem. Był niesamowicie dynamiczny i waleczny. Nawet jak wygrywałem dwa czy trzy razy, on nie odpuszczał. Zresztą nie tylko piłkarsko, nawet jak graliśmy w szachy czy warcaby. Wygrałem dwa razy i mówię: Kończymy. A on: Nie, siadaj, gramy, dopóki z tobą nie wygram. No jak, będziemy grać do rana? Tak, wróć, ja muszę wygrać.

Spokojniejszy od niego byłem na pewno. Jeżeli przegrałem, to mówiłem: Dobra, kończymy, bo mama woła do kąpieli czy do lekcji. U niego było wprost przeciwnie. Nigdy nie odpuścił. Do dzisiejszego dnia ta rywalizacja u niego występuje. *(śmiech)*

Nawet ta nasza rodzinna gra w kości. Sylwester dwa lata temu, wszyscy siedzieli przy stole, a my jeszcze parę partii w kości zaliczyliśmy. I mogę się pochwalić, że wtedy wygrałem. *(śmiech)*

Ostatnio z nim grałem w Dortmundzie i niestety przegrałem, ale rzucał tak niesamowicie. Na sto osób, które obstawię, nie wiem, czy jedna byłaby w stanie tak rzucić jak on. Rzucał wszystko to, co musiał rzucić. Rzuty niewiarygodne, i to tak przeważnie z nim wygląda. Nie wiem, czy to szczęście, wiara, umiejętności?

Jak gramy w kości, on jest w jakiejś euforii: zaraz cię ogram, ja nerwy, i przegrywam. A jak odwrotnie, ja wygrywam, to ja na luzie, śmieję się, on się nie odzywa.

Pamiętam, jak graliśmy niedawno przed moim odlotem do Polski i musiałem się już pakować. Przegrałem i mam osiemdziesiąt pompek do zrobienia.

Ale wierz mi, że to na pewno nie zostanie odpuszczone. Zrobię te pompki, nawet jak minie miesiąc czy dwa. Zrobię je, tak żeby moja żona widziała, że zrobiłem. Przegrałem, należy mi się. Kości to tak bardziej my, w naszym rodzinnym kręgu, jego koledzy mniej grają. Mało kto umie grać w kości. Ostatnio, na wakacjach na Sardynii, był też z nami Piszczu, we czterech graliśmy prawie non stop, i kary były takie, że na przykład robiliśmy dwadzieścia pompek, a potem trzeba było wskoczyć do basenu, przepłynąć go, wyjść i zrobić kolejnych dwadzieścia pompek. *(pokazuje zdjęcie)* Potem dodawało się do tego jakieś przepłynięcie czy skok po rozgrzaniu do wody. Bo siedzieliśmy na słońcu. Czasem graliśmy do dwudziestej drugiej czy dwudziestej trzeciej i też trzeba było wejść do basenu. Jak to nawet raz zliczyłem, to przez jeden dzień zrobiliśmy po dwieście czy trzysta pompek.

Bardzo lubię układać puzzle. Mama nas nauczyła. Tak samo jak Kuba. I często z nim układam. Jedno jest pewne, że z Kubą to na pewno na czas układaliśmy. Kto pierwszy.

Kuba jak już coś robi, to od razu jest rywalizacja i każdy zdaje sobie sprawę, że ten, który przegra, będzie narażony na złośliwości.

marzec 2014

MD Umiesz przegrywać?

KB Kiedyś nie umiałem, teraz łatwiej mi to przychodzi. Moment, w którym przegrywasz, to zawsze pytanie, co zrobiłeś źle. Rozgrywałem wiele meczów, które były bardzo dobre, a mimo to przegrywałem. A także wiele takich, które były słabe, a mimo to wygrywałem. Potrzebne jest szczęście. Ale na końcu najważniejszy jest wynik, bo jednak zawsze grasz o zwycięstwo. Poza tym to naturalna cecha naszego charakteru, że nienawidzimy przegrywać.

MD A więc nie umiesz?

KB Nauczyłem się. Podchodzę do tego tak, że kiedy przegrywam, to myślę, że dzisiaj byłem słabszy, ale w następnym meczu będę lepszy.

MD A w życiu prywatnym?

KB Odpowiem wymijająco: Nie lubię przegrywać. Jestem mistrzem uników. *(śmiech)* Ale jak już się tak zdarzy, to wtedy chcę rewanżu. Najgorsze jest to, że to ja najczęściej wygrywam, ale jak oni wygrają ze mną raz czy dwa, to wtedy to zwycięstwo tak celebrują. *(śmiech)* Pokazują mi: o, przegrałeś...

MD Ty nie celebrujesz?

KB Celebruję, ale sam. A jak przegram, to celebrują wszyscy. *(śmiech)*

MD No wiesz, wreszcie wygrać z mistrzem... w tym twoim rzucaniu kośćmi jest jakaś metoda?

KB Bardziej szczęście. Metoda jest w zapisywaniu i może odegrać rolę w tym, czy wygrasz, czy nie. Dwa słupki możesz zrobić bardzo słabe, a pozostałe trzy czy dwa możesz zapisać tak, że będą mocne i wystarczą do wygrania.

MD Jesteś cierpliwy?

KB Niecierpliwy.

MD To jak możesz układać puzzle?

KB Na czas z córką układamy. Kto pierwszy. Zaskoczony jestem, że sobie bardzo dobrze radzi. Nie wiem, po kim to ma. *(uśmiech)*

Tak sobie siadamy. Ona ma swój mniejszy obrazek, a ja mam 260 kawałków i zawsze patrzę, ile i w jakim czasie ułożę. Całe moje życie obraca się wokół jednej wielkiej rywalizacji. Nie tylko z córką, ale i z sobą samym.

MD To może być męczące nie tylko dla innych, ale i dla ciebie.

KB Ale mnie to nie męczy. Nie mówię, że w każdej dziedzinie muszę wygrywać, ale nie lubię, jak robi się coś bez celu. A dla mnie wygrana to cel.

MD Masz w tych puzzlach jakieś ulubione obrazki?

KB Córka ma My Little Pony, a mi daje puzzle z księżniczkami. Też fajne. *(śmiech)* Podchodzę to tego tak: przegrywasz, ale zawsze masz szansę wygrać. To, że od czasu do czasu się ze mnie pośmieją, to nic złego. Wcześniej, jak człowiek był młody, to się denerwował...

MD To już nie pytam, czym tu się denerwować.

KB Na pewno nie można porównywać gry w kości z grą w piłkę. *(śmiech)* Trochę inne nerwy. A ty nie lubisz wygrywać?

MD Lubię z silniejszymi od siebie... na przykład z tobą, bo wtedy nie umiesz ukryć rozczarowania.

KB I zadowolenie z wygranej jest jeszcze większe, prawda? *(śmiech)*

MD Często się śmiejesz?

KB Wydaje mi się, że tak. A ty?

MD Chciałabym częściej.

KB To musisz ze mną częściej rozmawiać.

MD Z siebie też potrafisz się śmiać?

KB W gronie najbliższych tak. Wtedy nie mam z tym problemu, nawet jak chcą mnie wyprowadzić z równowagi i robią sobie żarty: o, zawodnik się nie odzywa... Jak byłem młodszy, nie potrafiłem tego kontrolować, a teraz mam więcej luzu. Fajnie mieć do siebie dystans. To pozwala być normalnym. Możesz się śmiać na przykład z tego, że masz duży nos.

MD Masz duży nos?

KB No, mam taką delikatną kluchę. *(śmiech)*

MD Jak na trzy razy złamany, to...

KB Parę razy był przestawiony.

MD W pokera grasz?

KB Czasem z chłopakami lubię sobie pograć dla towarzystwa.

MD Na zapałki?

KB Różnie, na pieniądze też. Ale na symboliczne kwoty, tak do stu złotych. Sensacji nie będzie.

Dawid:

Jak Raków pod koniec lat 90. zaczął się sypać, Kuba (grał tam już z osiem lat) poszedł do Górnika Zabrze i był tam rok. Chodził tam do szkoły, ale sygnały były, że rzadko. *(śmiech)* Mieszkał w internacie i tam działy się różne rzeczy. Byłem bardzo zły na niego, kiedy postanowił, że wraca do domu. Dla mnie powrót do czwartej ligi to był duży krok w tył. Wkrótce okazało się, że się myliłem. Wrócił, bo w tym internacie kontroli nie było. Narkotyki, starsi okradali młodych z pieniędzy. Budzili po nocach, kazali po alkohol chodzić. Jak w niedzielę jechałem do niego na mecz, to widziałem, że jak trener wpuszczał go na boisko na dwadzieścia minut, to on robił na nim więcej niż inny piłkarz przez siedemdziesiąt minut. Ale zawsze było tłumaczenie, że tamci są lepsi i muszą grać. Były tam różne układy i układziki. Wrócił do Częstochowy i zaczął znowu w czwartej lidze grywać, aż dostał powołanie na konsultacje reprezentacji Polski do lat 19. Też w sumie przez przypadek, bo podobno miał je mieć jakiś chłopak z Bełchatowa, ale zachorował czy miał kontuzję i wcisnęli Kubę, jak to się mówi, na krzywy ryj. Na pierwsze konsultacje pojechał do Żywca i spodobał się. Potem dostał drugie i trzecie powołanie. Za czwartym razem trener Andrzej Zamilski powiedział mu, że z tej grupy tylko dwóch zawodników ma szanse pojechać na mistrzostwa Europy, i jemu się udało.

Jurek:

Zanim zaczął jeździć na testy do klubów w Polsce, grał w czwartej lidze w KS Częstochowa. Byłem też umówiony, że przyjedzie do nas, do Innsbrucka [Brzęczek grał w Tirolu Innsbruck], i że zacznie u nas trenować. Ale znowu do głosu doszło „przeznaczenie". W ligowym meczu przeciwnicy nie mogli sobie z nim poradzić, więc cały czas go kopali. Naciągnął trochę kolano. Przyjechał, wyszedł na trening i nie dał rady. Nie wiem, czy jego późniejsza kariera potoczyłaby się w takim tempie, gdyby wtedy u mnie został. Wrócił do Polski, wyzdrowiał, zaczął jeździć na testy do Bełchatowa, gdzie do dzisiaj plują sobie w twarz, że go wtedy nie docenili. Potem pojechał na testy do Lecha Poznań, bardzo się spodobał. Chcieli, żeby został, bo wypadł bardzo dobrze. Byli zainteresowani, my też, ale nie dogadaliśmy się finansowo. Sprawa rozbiła się o kilkaset złotych, bez których Kuba nie byłby w stanie utrzymać się w nowym mieście. W tym czasie rozmawiałem już z Grześkiem Mielcarskim, dyrektorem sportowym Wisły Kraków, i zaproponowałem mu: Weźcie go na próbę. I wzięli.

Tomek vel „Kicha"

(przyjaciel, były piłkarz, szef kuchni w Kubaturze w Opolu):

Jak poszedł do Wisły, to ludzie gadali, że Jurek mu to załatwił, ale kurczę, dlaczego nie piszą, że dziewięćdziesięciu procentom piłkarzy ktoś zawsze coś załatwia. Ale trzeba było jeszcze mieć charakter, umiejętności, żeby udowodnić, że to miejsce mu się należało. Dlaczego zawistni nie patrzą, że Kuba tyle czasu grał w czwartej lidze, bo nie chciał grać w Górniku Zabrze, gdzie go nie szanowano. Tam mu się po prostu nie podobało. I dlatego zdecydował się na powrót do czwartej ligi. Nie wiem, czy wielu piłkarzy by się na taki ruch odważyło.

Kuba ma siedem lat, gdy każdego dnia razem ze swoim starszym bratem jeździ dwadzieścia pięć kilometrów autobusem na treningi do klubu Raków Częstochowa. Żartuję, że być może kiedyś zawiśnie tam tabliczka informująca, że z tego właśnie przystanku honorowy mieszkaniec Truskolasów Jakub Błaszczykowski rozpoczął drogę na piłkarskie szczyty.

Dawid:

Kuba zawsze babci mówił: Jak będę grał dobrze w piłkę, to babcia pojedzie na superwakacje. A babcia: No, zobaczymy... On to mówił jako dwunastolatek, babcia to sobie przez palce brała, ale nasza mama też bardzo chciała, żeby spełniał swoje pasje. Żyła tym, jak zaczęliśmy trenować w Rakowie, był moment, że Kuba pojechał na turniej do Holandii, i jak wrócił, to trener powiedział, że się spodobał i że chcieliby, żeby tam przyjechał całą rodziną, żeby tam mieszkać i trenować. Oczywiście, jak to w życiu, stanęło na niczym. Ale mama bardzo się cieszyła, jak wracał z turniejów i zdobywał laury. Dużo częściej je zdobywał niż ja.

Felicja Brzęczek:

Na Majorkę mi pieniądze dał i mówi: Babciu, musisz wypoczywać. Ale jak? Ja nie mam takiego charakteru, usiądę i co będę robić?

Waldemar Fornalik

(selekcjoner polskiej reprezentacji w latach 2012–2013):

– rozmowa przeprowadzona w grudniu 2014 r.

Słyszałem o nim, zanim trafił do Wisły Kraków. Nie będę używał nazwy klubu, do którego wcześniej pojechał na testy, i chociaż zaprezentował się tam bardzo dobrze, to ktoś uznał, że to, że strzelił dwie bramki, to jeszcze za mało i musi do nich przyjechać jeszcze raz. Wisła Kraków to był prawdziwy strzał w dziesiątkę. Najmocniejszy wówczas klub w Polsce. Kuba miał niesamowity potencjał szybkościowy. To bardzo silny zawodnik i potrafił to wykorzystać w grze. Wisła była trampoliną do jego dalszej kariery. Kuba to dynamiczny, technicznie bardzo dobry piłkarz. Ma indywidualne umiejętności, czyli drybling, dośrodkowanie, ale nie powiem wszystkiego, bo przeciwnicy będą wiedzieli. *(śmiech)* Rzucę jednak kamyczek do jego ogródka. Śpioch straszny. Zawsze na zgrupowaniach był na ostatnią chwilę.

Śniadanie o dziewiątej, to Kuba o ósmej pięćdziesiąt dziewięć. Nigdy się nie spóźniał, ale zawsze był tylko dziesięć sekund przed czasem. A co jeszcze? Nie wiem, jak sobie przypomnę, to zadzwonię. *(śmiech)* Myślę, że dużo wiem o Kubie i go bardzo cenię, i szanuję. W wielu sytuacjach pokazał, że jest człowiekiem z wielkim sercem. Czytałem w „Pani" o tragedii, która go spotkała, ale nigdy nie rozmawiałem z nim o tym. Uważam, że to delikatny temat. Myślę, że nie wypada. Jako trener jestem zadowolony, że spotkałem takiego piłkarza jak Kuba. Znaliśmy się dużo wcześniej, ale potwierdził moje wcześniejsze spostrzeżenia, że tacy ludzie jak on, jeśli do czegoś dążą, to to osiągają.

À propos „kamyczka" wrzuconego przez byłego selekcjonera polskiej reprezentacji do ogródka Blaszczykowskiego, to anegdoty o tym, jak bardzo Kuba lubi spać, będą się na tych stronach powtarzały wielokrotnie. Z tego, co wiem, kiedyś z tego powodu o mało co nie spóźnił się na egzamin maturalny. Chociaż nigdy nie spóźnił się na mecz. Słyszę, jak komentuje te słowa: Są sprawy ważne i ważniejsze.

Nic jednak w życiu nie przychodzi samo. Nic samo się nie zrobi. O tym Błaszczykowski wie jak mało kto.

Jurek:

Kuba miał większe samozaparcie niż jego brat. Dawid też miał talent, ale bardziej siłowy, defensywny. Nie wiem, jak jego losy by się potoczyły, gdyby nie kontuzja. Miał problemy z kolanem i kilka operacji. Ale teraz to jest taka sytuacja, że to ja pomału zaczynam się od Kuby uczyć. On już ma takie doświadczenie, tyle przeżył, gra w piłkę na wyższym poziomie niż ja, i teraz, jak rozmawiamy, to ja zaczynam słuchać. Bardzo często to ja mu teraz zadaję pytania, chcę wiedzieć, jak coś ocenia. Czy to, co myślę jako trener, jest do zrealizowania z punktu widzenia zawodnika...

Szlifowanie charakteru zawodnika, jakim jest Kuba, to z pewnością żmudny proces. Także dla niego samego. To stawianie sobie niezliczonych pytań i kolejnych zadań do wykonania. Kim chcę być? Gdzie chcę dojść? Co muszę zrobić, żeby tak się stało? Zwłaszcza, że coś takiego jak taryfa ulgowa w jego harmonogramie bycia profesjonalnym piłkarzem zdaje się nie istnieć. Żeby być precyzyjną – nie istnieje.

Trzeba mnie czasami zobaczyć, jak wracam z treningu do domu. Mam wszystkiego dość, kładę się do łóżka i chcę zapomnieć o piłce. Do... rana. Wtedy zaczyna się ponownie pozytywne myślenie. Grzechem byłoby narzekać, skoro robi się to, co się kocha, świetnie za to płacą i jeszcze gra się w klubie, który od dwóch–trzech lat pisze nową historię. Nie chcę z tego zrezygnować (Sport.pl, styczeń 2013 r.).

wrzesień 2014

KB W Górniku Zabrze byłem w juniorach. Mieszkałem w internacie i nie podobało mi się tamtejsze towarzystwo. Do tej pory, jak przyjeżdżam do Krakowa, to się śmieję, że w ciągu dwóch i pół roku byłem dwa razy na imprezie. Głównie układałem puzzle w domu. Jak w seminarium.

MD To w seminarium układają puzzle? *(śmiech)* A co się stało, że agresja, z której byłeś wcześniej znany, nagle zaczęła ci przeszkadzać?

KB To nie była agresja. Chociaż byłem chyba jedynym, który bił się z chłopakami, i to ze starszymi od siebie o dwa–trzy lata. Mimo że nie jesteś w stanie oszukać fizyki. Był tam chłopak, który mi stale dokuczał i ubliżał, że na przykład mam dużą głowę, i takie rysunki z moją podobizną wieszał mi nad łóżkiem. Do czasu, bo kiedyś graliśmy na dworze i powiedział o jedno słowo za dużo. Dostał i od tamtej pory już się nie odzywał. Nie bałem się, tylko dla mnie to było psychiczne niszczenie człowieka. Przychodzili w nocy, darli się, to nie miało nic wspólnego z normalnym życiem. Ktoś powie: słaby charakter, ale g... prawda. Dziś może z tych, co się wtedy darli, tylko dwóch czy trzech gra w piłkę. Pozostali kariery nie zrobili, przepadli.

MD Bo?

KB Muszą sami sobie zadać pytanie, co robili w tamtym czasie.

MD Opowiedz mi jeszcze o tym internacie...

KB Byłem tam ze trzy miesiące... nawet nie. Pokoje były dwuosobowe. Ja byłem z Górnika, inni z Gwarka. To zawsze była między nami rywalizacja. Czyj tata wymieniał działaczom klubu opony w samochodzie, tego syn grał na boisku. Od początku wiedziałem, że to nie ma sensu, bo mnie nikt w wymienianiu opon nie mógł wesprzeć. Podjąłem decyzję o odejściu. Wszyscy w mojej rodzinie byli temu przeciwni, ale wiedziałem, że jak tego nie zrobię, to nic nie osiągnę. Postawiłem na swoim.

MD Ile miałeś wtedy lat?

KB Piętnaście. Wiedziałem, że to najlepsze, co mogę zrobić. To, co się działo w Zabrzu, nie miało nic wspólnego z piłką.

MD Sława tego klubu nie działała na twoją wyobraźnię?

KB Oczywiście, ale to już były inne czasy. Mieli problemy; to już nie był ten Górnik co wcześniej.

MD Wracasz więc do czwartej ligi i myślisz, że...?

KB Wracam i myślę, że znowu będę się cieszył z grania w piłkę. Do dzisiaj uważam, że działając pod wpływem intuicji, podejmujesz najlepsze decyzje w życiu. Jeżeli sugerujesz się czymkolwiek innym, to zaczynasz zbaczać z toru, który wcześniej sobie obrałeś.

MD Kiedy na to wpadłeś?

KB Ludzi, którzy ci podpowiadają i mówią, co powinieneś zrobić, jest mnóstwo. Ale jak zaczynasz dojrzewać, to zaczynasz decydować o sobie sam. Najfajniej jest, jak sam też ponosisz konsekwencje za wszystko, co w życiu robisz. I nie masz potem do nikogo żalu. Przeszedłem więc do KS Częstochowa. W międzyczasie pojechałem na testy do Tirolu Innsbruck; niestety, z kontuzją, i w ogóle tam nie trenowałem. Ale to też było po coś.

Jurek:

Taki charakter ma facet, którego nic nie jest w stanie złamać, a wszystkie późniejsze wydarzenia powodowały, że w takich kluczowych momentach trafiał na odpowiednich ludzi i że szedł w dobrą stronę. Dla mnie momentem, kiedy on otworzył się i pomału zaczął zrzucać balast tej tragedii, zaczął ujawniać emocje w stosunku do najbliższych, był moment, kiedy poszedł do Wisły Kraków. Przez lata wielu w tym naszym wiejskim środowisku odbierało Kubę negatywnie, i nagle on z czwartej ligi wyjeżdża do najlepszego klubu w Polsce. Najpierw presja i mówienie, że wujek mu załatwił, bo kolega wujka jest tam dyrektorem sportowym, co akurat było prawdą. Ale zaraz on swoimi umiejętnościami, charakterem i szacunkiem dla innych błyskawicznie przekonał ludzi do siebie.

Borussia Dortmund świętuje zwycięstwo i awans do półfinału Ligi Mistrzów, 09.04.2013, Dortmund

Fajną rzeczą było wygranie ćwierćfinału z Malagą w Lidze Mistrzów w 2013 r. To był kosmos, to, co się tam działo i jak szybko następowało jedno po drugim. Trudno byłoby to w scenariuszu wymyślić (Kuba).

Mecz z Malagą w ćwierćfinale Ligii Mistrzów, (3:2), 09.04.2013, Dortmund, Niemcy, Kuba Błaszczykowski (BVB), Martin Demichelis (Malaga)

Mecz z Hannoverem 96 – pierwsze pełne 90 minut Kuby (BVB) po kontuzji, 21.03.2015

Co go wyróżnia, to technika, swoboda operowania piłką. Do tego dochodzi olbrzymie zaangażowanie w pracę, no i doświadczenie (Adam Nawałka).

Sebastian Kehl, Oliver Kirch, Kuba Błaszczykowski, Shinji Kagawa i Pierre-Emerick Aubameyang, radość po pierwszym golu podczas meczu Bundesligi pomiędzy Hannover 96 i Borussią Dortmund 21.03.2015, Hanower

Zwycięstwo Borussii Dortmund w meczu Bundesligi pomiędzy Hannover 96 i Borussią Dortmund. Marco Reus, Sebastian Kehl, Jürgen Klopp i Kuba Błaszczykowski, 21.03.2015

Mats Hummels, Sebastian Kehl, mecz Borussia Dortmund-Borussia M'gladbach, sezon 2013/14

Mam z nim jedną z najlepszych relacji w drużynie. Nie jest arogancki i nigdy się w ten sposób nie zachowuje. Pierwsze, co przychodzi mi do głowy, to to, że Kuba to totalnie normalny gość (Mats Hummels).

Jego przeszłość, to, przez co przeszedł, sprawia, że jest bardzo silnym człowiekiem, ale wiesz, jestem pewien, że gdzieś tam w środku jest delikatny. Jego wrażliwość to immanentna cecha kogoś, kto w rzeczywistości jest silny (Sebastian Kehl).

Mecz Ligi Mistrzów pomiędzy Arsenalem i Borussią Dortmund.
Marco Reus, Robert Lewandowski, Kuba Błaszczykowski z proporcem kampanii „Nie dla rasizmu"
22.10.2013 Emirates Stadium, Londyn

Kuba w koszulce Wisły Kraków z kolegami i trenerami z byłego klubu, Częstochowa, grudzień 2006, hala Politechniki. U góry, od lewej: Mateusz Sieja, Michał Różycki, Dominik Płaza, Mariusz Warmuziński, Helena Karoń, Tomasz Karoń, trener Gothard Kokott, trener Mirosław Sieja; u dołu, od lewej: Marcin Gała, Dariusz Załecki, Paweł Karoń, Kuba Błaszczykowski

Juniorzy Rakowa Częstochowa, Zawiercie, luty 2001, Turniej Orlich Gniazd. U góry, od lewej: Michał Różycki, trener Mirosław Sieja, Mateusz Sieja, Piotr Masters, Marcin Gała, Karol Wojciechowski, Piotr Miedziński, Dominik Płaca. U dołu, od lewej: Tomasz Karoń, Mariusz Mazur, Piotr Andrzejewski, Mariusz Stępień, Rafał Lisowski, Kuba Błaszczykowski

Juniorzy Rakowa Częstochowa, Kuba Błaszczykowski czwarty z lewej w dolnym rzędzie, maj 2000
Stadion Rakowa Częstochowa, zdjęcie grupowe

Pierwsze zdjęcie z drużyną Wisły Kraków, 01.03.2005
U góry, od lewej: Kamil Kuzera, Sebastian Fechner, Temple Kelechi Omeonu, Vlastimil Vidlička, Jacek Kowalczyk, Marek Holocher (trener bramkarzy), Ryszard Szul (fizjolog), Bartosz Iwan, Kuba Błaszczykowski, Martins Ekwueme, Aleksander Kwiek, Mariusz Urban (lekarz); rząd środkowy, od lewej: Zbigniew Woźniak (masażysta), Marcin Kuźba, Nikola Mijailović, Marcin Juszczyk, Arkadiusz Głowacki, Michał Wróbel, Tomasz Kłos, Radosław Majdan, Radosław Sobolewski, Paweł Brożek, Janusz Trytek (fizjoterapeuta); u dołu, od lewej: Marek Zieńczuk, Mauro Cantoro, Maciej Żurawski, Kazimierz Moskal (kierownik drużyny), Werner Liczka (trener), Tomasz Kulawik (trener asystent), Tomasz Frankowski, Marcin Baszczyński, Maciej Stolarczyk

Faza grupowa pucharu,
mecz Wisła Kraków-FC Basel
30.11.2006, Kraków
Od lewej: Kuba Błaszczykowski, Paweł Brożek

Po jednym czy dwóch dniach Mauro Cantoro pytał: Skąd wy tego chłopaka wzięliście? To niemożliwe, żeby on grał w czwartej lidze. Tak się to wszystko zaczęło (Kuba).

Mecz 23 Lech Poznań-Wisła Kraków,
Samba Ba Pape, Kuba Błaszczykowski
08.04.2006, Poznań

Zapamiętałam odpowiedź, jakiej udzielił Kuba pytany o to, jak dostał się do Wisły Kraków: Nikt mi niczego na piękne oczy nie załatwił, bo takowych nie posiadam. Zawsze musiałem pokazywać, co potrafię. Trener powiedział mi, że jest zainteresowany moją grą. To samo powiedział Janusz Basałaj [ówczesny prezes Wisły Kraków]. Teraz muszą się dogadać kluby. Myślę, że nie będzie problemów – klub z czwartej ligi nie powinien robić problemów mistrzowi Polski (20 lutego 2005 r.).

W Wiśle Błaszczykowski szybko pokazał, co potrafi, i równie szybko zaczął odnosić w niej pierwsze sukcesy. Za tym poszło pierwsze powołanie do reprezentacji Polski. W marcu 2006 roku Kuba zagrał z orzełkiem na piersi w Rijadzie w meczu z Arabią Saudyjską. Ówczesny selekcjoner Paweł Janas szykował już dla niego miejsce w ścisłej kadrze biało-czerwonych na mistrzostwa świata w Niemczech w 2006 r., ale kontuzja wykluczyła Kubę z tej wielkiej imprezy. W międzyczasie, na stadionie krakowskiej Wisły coraz częściej pojawiali się skauci z europejskich klubów. Obserwowali polskiego piłkarza.

Jurek:

Pamiętam, jak rok wcześniej pojechał z Wisłą na pierwsze zgrupowanie. Był tam dwa czy trzy dni i trener Verner Lička podjął bardzo ważną decyzję dla jego przyszłych losów. Wisła właśnie wylatywała na obóz i zrezygnowali z innego zawodnika, i wzięli Kubę. Po powrocie powiedzieli, że go chcą, że jest super. Zaczęliśmy rozmawiać na temat kontraktu. Jak pomyślę, jakie on miał wtedy pieniądze dostawać... Przedstawiłem nasze warunki.

Ówczesny prezes mówi do mnie: Jurek, ja mam wrażenie, że my rozmawiamy o kontrakcie jakiejś gwiazdy. Panie prezesie, ten zawodnik z tych pieniędzy musi sam zapłacić za mieszkanie, wyżywienie i podatki. To tak na styk mu wystarczy. No ale OK, umówmy się, że jak wystąpi w tylu i tylu meczach w sezonie, to będzie miał podwyżkę. I chcę mu wstawić klauzulę, że jeśli zagra pięć meczów w pierwszej reprezentacji Polski, to dostanie dodatkową premię. Pamiętam, że dodałem wtedy: I wypłaci pan tę premię prędzej, niż pan myśli. Patrzyli na mnie jak na wariata. Kuba zaczął grać i grał bardzo dużo.

Dawid:

Ten człowiek wchodząc do szatni Wisły i widząc Głowackiego, Kosowskiego, Cantoro, Majdana... ludzi, którzy wcześniej wygrywali mecze w Pucharze UEFA, nie przestraszył się. Jak wyszedł na trening, to nie patrzył na to, kto jest kim, tylko robił swoje. Inni na jego miejscu baliby się kopnąć piłkę. Ambicja nigdy nie pozwala mu być słabszym. A przecież hierarchia w drużynie w tym momencie była dla niego niekorzystna. Wszedł do Wisły jako junior, zawodnik jeszcze nieukształtowany, i od razu pisali, że nie nadaje się nawet do drugiej drużyny Wisły Kraków. Szybko okazało się, że jest inaczej. Pokazał, że jest wielki. Nie wystraszył się tego, co zobaczył, i nieważne, w jakim klubie teraz by zagrał, to wtedy nie było takiego teamu w Polsce jak Wisła. Pokazuje to, jak silna jest jego głowa. Wchodząc do szatni, nie myślał: kurczę, co ja tu robię, tylko: jestem dobry, potrafię grać w piłkę, nadaję się do tego, żeby tu być.

Jurek:

Po kilku treningach już wiedzieli, kto to jest, jeżeli chodzi o jego umiejętności. Dobrze grasz, to jesteś mocnym punktem drużyny, a jak grasz słabo, to cię miażdżą. Taka jest psychologia szatni. Widząc, co Kuba wyczyniał na pierwszych treningach, mówili: to niewiarygodne.

Na pewno jest to piłkarz wyjątkowy. Gdyby to pokolenie piłkarzy miało jeszcze kilku zawodników jego pokroju, to mielibyśmy reprezentację, która byłaby czołówką światową. W tamtych latach Wisła Kraków była u nas potęgą. Siedmiu gości z tego klubu grało w reprezentacji Polski. Patrząc na sukcesy Wisły w Europie, to nie przypominam sobie, żeby jakiś polski klub w ostatnich latach doszedł do 1/8 finału pucharu UEFA, strzelając między innymi cztery bramki w Niemczech. To bardzo pamiętne mecze i mocna historia.

„To młody, ambitny chłopak. Widać w nim chęć do pracy... Jest dynamiczny, dysponuje dobrą techniką. Potrafi grać zarówno lewą, jak i prawą nogą. Rozmawiałem z nim. Powiedział, że woli grać w środku pomocy, ale na prawej stronie grał w reprezentacji U-19, więc tutaj także może na niej występować" – mówił o Błaszczykowskim Verner Lička, ówczesny trener Wisły Kraków.

„Kuba ma naturalną szybkość, dobrą wytrzymałość, niezłą technikę indywidualną, dobrze gra w sytuacjach jeden na jednego. Szybko łapie założenia taktyczne. Ważne jest też, że bardzo szybko zaadaptował się do drużyny. Jest przygotowany na walkę w drużynie. Ma zadatki na gracza, który będzie dogrywał ostatnią piłkę do napastnika" – dodał („Przegląd Sportowy", luty 2005 r.).

W sezonie 2004/2005 Błaszczykowski został okrzyknięty odkryciem rundy wiosennej.

Tytuł mistrzowski zdobyty przez Wisłę Kraków w 2005 roku – pierwszy swój tak poważny sukces w seniorskiej piłce – Kuba zadedykował mamie.

W trzy miesiące zdobyłem tytuł mistrza Polski. Na każdym treningu starałem się przekonać trenera, że warto na mnie stawiać, jednak dlaczego akurat stawiał na mnie, trzeba jego zapytać... Podpatrywanie Żurawia, Franka czy Mauro to dla mnie wielka nauka. Jestem im bardzo wdzięczny za sposób, w jaki mnie przyjęli i nie dali odczuć, że przyszedłem z czwartej ligi. – mówił wzruszony Błaszczykowski (Wislakrakow.com).

Jurek:

Po tamtym mistrzostwie Wisłę przejął trener Jerzy Engel. Na marginesie, jak się dowiedziałem, że to on będzie trenerem, to wiedziałem, że będą problemy. Moje stosunki z Engelem nie były najlepsze. Ja przy nim też nie grałem w reprezentacji. I od razu uczulałem Kubę: na pewno na początku nie będziesz grał, ale mimo to nie odzywaj się. Pamiętaj, jak dostaniesz szansę na dziesięć czy piętnaście minut gry, to musisz być maksymalnie skoncentrowany, żeby nie dać żadnych kontrargumentów co do twojej gry. I to się potem potwierdziło. Wszystko, co Kuba robił wtedy na boisku w Wiśle, było krytykowane. A pierwsze, co Engel powiedział? Błaszczykowski nie nadaje się do Wisły. Jest za słaby. Jest nam niepotrzebny. Nadszedł dzień, w którym Wisła miała rozegrać jeden ze swoich najważniejszych dwumeczów. Mecz Wisła Kraków–Panathinaikos (3:1, 9 sierpnia

2005 r.). Mieli wielkie szanse na awans do Ligii Mistrzów. Zastanawiam się do dziś, skąd wzięła się wtedy koncepcja, żeby wystawić go na prawej obronie. Dla mnie było jasne, że gdyby coś nie poszło i Kuba też by coś zawalił, to byłby jego koniec jako zawodnika. Przez parę dni dużo ze sobą rozmawialiśmy. Trener Engel wiedział, że Kuba nigdy wcześniej na prawej obronie nie grał. Większość trenerów wystawiłaby tam zawodnika, który miał jakąś praktykę, a Engel tego nie zrobił. Mimo że to był tak ważny mecz. Nie było rozmów z trenerem dotyczących ustawienia i tego, jak Kuba powinien się zachowywać. Tylko krótko przed meczem Engel podszedł do Kuby i zapytał: Młody, czy ty wiesz, jak masz grać? Kuba powiedział: Tak, wiem. Zagrał supermecz, chociaż przez większość spotkania grał ze złamaną kością śródstopia. Dostawał zastrzyki przeciwbólowe, noga mu puchła. Wytrzymał siedemdziesiąt dwie minuty. Szybko wrócił do zdrowia, ale zaraz trenera Engela zwolniono.

Już za chwilę do drzwi Błaszczykowskiego mieli zapukać włodarze BVB.

Jurek:

Po pierwszym sezonie w Wiśle zaczęto mówić o jego talencie. Na pewno potwierdzeniem jego umiejętności były europejskie puchary. Inne kluby już go obserwowały. Były propozycje z klubów hiszpańskich, włoskich i rosyjskich. Była też propozycja za straszne pieniądze od Zenitu Sankt Petersburg. Wykluczyliśmy jednak ten kierunek. Zdawaliśmy sobie sprawę, że Wisła Kraków nie puści go za małe pieniądze. Taką granicą cenową, którą przyjęliśmy i którą Wisła zaakceptowała, była kwota trzech milionów euro. Były propozycje na poziomie około półtora miliona euro. Nawet gdyby Kuba był zainteresowany, to i tak Wisła by go za taką sumę nie puściła. Wiedziałem już, ale Kubie tego jeszcze nie mówiłem, że obserwuje go Borussia Dortmund. Nie mówiłem, bo to nie był jeszcze jego czas. Miał zbyt mało doświadczenia. Musiał dojrzeć. Musiał mieć spokojną głowę i nie myśleć o wyjeździe. Z drugiej strony, chciał zostać w Wiśle co najmniej do końca sezonu. Borussia obserwowała go przez parę miesięcy. Przyjeżdżali na różne mecze. Takim potwierdzeniem o słuszności ich decyzji był dla nich mecz Feyenoord Rotterdam–Wisła Kraków (3:1, 13 grudnia 2006 r.), w którym Kuba grał doskonale. Wiedzieliśmy już, że Borussia była w stanie zapłacić za niego trzy miliony euro. Ale żeby transfer mógł dojść do skutku, musieliśmy mieć dokument od Wisły Kraków, za jaką konkretnie sumę transfer się odbędzie. Kiedy doszło do spotkania z zarządem, prezesem Cupiałem i ze mną, to ich pierwsze pytanie było: Jaki klub? Czy to rynek wschodni? Nie, zachodni. No tak, ale on jest więcej wart niż trzy miliony... Mówię: Tak, ale trzy miliony euro to i tak biznes życia dla klubu i Wisła takiego już nigdy nie zrobi. Potraktowaliście go, jak potraktowaliście, zarabiał pięć tysięcy i grał bardzo dobrze, miał klauzulę o podwyżce, ale ze względu na kontuzję jej nie dostał. Nie zachowaliście się fair. Panowie, mieliśmy telefony od klubów, które dawały półtora miliona euro, ale do was nie dzwoniłem, bo wiedziałem, że to za mało. Teraz przychodzę z konkretną propozycją. Potrzebuję na piśmie, że się zgadzacie. – Dobrze, to my napiszemy, nie mniej niż trzy miliony euro. – Panowie, nie mniej to również pięć czy dziesięć milionów euro. Wpiszmy konkretnie trzy miliony. Wy jeszcze na tym zarobicie, Borussia przyjedzie na mecz do Krakowa, sprzedacie prawa do transmisji itd. A oni ciągle, że nie i nie. No to nie mamy o czym rozmawiać. Wstałem i zacząłem wychodzić. A oni: Nie no, zostań. Przygotujemy taki dokument. – OK, a ja wam zagwarantuję, że Kuba będzie grał do końca sezonu. Potem był cyrk, przysyłali niezliczone faksy i ciągle jakieś kruczki prawne nam wciskali. Trochę to trwało. Minęły chyba ze trzy tygodnie, aż w końcu podpisaliśmy umowę.

Ostatecznie 22 lutego 2007 roku Kuba podpisał kontrakt z Borussią Dortmund, który miał obowiązywać od początku kolejnego sezonu: BVB to bardzo dobry klub. Jeden z najlepszych klubów w Europie. Ostatnio wprawdzie byli w dołku i nie osiągnęli porywających wyników, ale jestem pewien, że wrócą na drogę prowadzącą do sukcesów. Oni zawsze grają o najwyższe cele – [...] ale jeszcze muszę pozamykać swoje sprawy w Krakowie. Osiągnąć sukces w Wiśle i zdać maturę. A Borussia sobie poradzi. Podpisałem kontrakt pół roku temu, by oswoić się z myślą, że czeka mnie wielkie wyzwanie. A BVB to idealne miejsce dla mnie. Jeden z najlepszych klubów na świecie. Tam będę się mógł rozwinąć i pomóc drużynie wrócić na szczyt. Mam nadzieję, że moja przygoda nabierze rozpędu (Dziennik.pl, październik 2007).

Dyrektor sportowy BVB Michael Zorc do dziś lubi powtarzać, że to były jego najlepiej wydane pieniądze na stanowisku, które zajmuje w klubie. W barwach nowego zespołu polski gracz zadebiutował w meczach towarzyskich w lipcu 2007 roku. Ale za oficjalny debiut Błaszczykowskiego w BVB uznać należy mecz Pucharu Niemiec Borussii z 1 FC Magdeburg, wygrany 4:1 (4 sierpnia 2007 r.). Kuba wyszedł wtedy w pierwszym składzie BVB i zagrał do osiemdziesiątej drugiej minuty. W 2008 roku następuje zmiana na stanowisku trenera Borussii, miejsce Thomasa Dolla zajmuje Jürgen Klopp.

Jurek:

Pamiętam jego mecz w maju 2009 roku we Frankfurcie, kiedy w pięćdziesiątej czy w sześćdziesiątej minucie trener Klopp go zmienił. Ja ten mecz oglądałem i po spotkaniu zaczynamy rozmawiać. Kuba pyta: Dlaczego on mnie zmienił itd. Dałem mu jeszcze chwilę, żeby się wygadał. A teraz słuchaj, co ci powiem, jak ja bym był trenerem, to bym cię już w przerwie zmienił, a nie dopiero w sześćdziesiątej minucie. Już słyszę po drugiej stronie brak oddechu, wyczuwam złość i pada: Co ty gadasz? – Mówię, że ty w tym meczu zagrałeś fatalnie. Nie mogłeś wygrać pojedynku jeden na jeden, za każdym razem cię blokowali. Nie szukaj winy u innych. Nie mówię po złości, tylko żebyś miał świadomość, dlaczego trener cię zmienił. – Nie, a ja inaczej myślę. – No to musisz myśleć, jak ja ci mówię, bo grałeś słaby mecz. Ale okay, za tydzień jest następny mecz, i koniec rozmowy. Odkładam słuchawkę i mówię do żony: zobaczysz, w następnym meczu strzeli bramkę. Bo już widzę jego minę po drugiej stronie słuchawki i ta myśl: Ja ci pokażę. W następnym meczu strzelił piękną bramkę, z podbiciem. I było 1:0. Jego wady jako gracza? Może niekiedy brak wyrachowania, brak boiskowego egoizmu. To jest typowy team player. Człowiek, który poświęci się dla swojej drużyny, żeby ta miała sukces. My o tym nieraz rozmawialiśmy i mówię mu: Na tym poziomie gry musisz w niektórych sytuacjach być już trochę egoistą, bo potem się mówi o tych, którzy strzelają bramki, a nie o tych, którzy się napracują. On potrafi strzelać, tylko że to, co sobie wypracował przez lata, że jest w drużynie i dla drużyny, bierze często u niego górę. Jeżeli mój partner jest lepiej ustawiony, to mam mu zagrać. Napastnicy z krwi i kości muszą być egoistami. Nie patrzą na partnera. Nikt nie będzie pamiętał meczu sprzed dwóch lat. Wszyscy patrzą na statystyki.

Choć Kuba stale przekonuje mnie, że porażki to część naszego życia, te jednak kosztują go dużo. Trudno wpisać je w biografię Wiecznego Wojownika. Jeśli nie wygrałeś, to znaczy, że tym razem ktoś był od ciebie lepszy... a to?... wiadomo.

Czy nie podobnie postrzegał swoje życiowe cele Eric Cantona, gdy zapewniał siebie i innych, że: „Jeśli wszystko pójdzie po mojej myśli, będę zadowolony, jeśli nie, będę wiedział, że próbowałem. I dam sobie spokój".

Czas leci i zanim się Błaszczykowski obejrzy, będzie jednym z najstarszych zawodników niemieckiej drużyny. A że każdej legendzie po drodze z anegdotami na jej temat, oto jedna z nich... Na pierwszym obozie przygotowawczym Kuby w BVB Thomas Doll, ówczesny trener drużyny, przydzielił mu pokój z jednym z zagranicznych graczy. Ten pewnie bardziej żartem (chociaż średni to żart) niż serio zaczął głośno narzekać, że jeśli ma mieszkać z Polakiem, to najpierw musi schować portfel. Rozjuszony Błaszczykowski rzucił się na niego i podobno przesunął nim wiszącą na ścianie szafkę. Raz na zawsze zdobył szacunek w drużynie. Żarty się skończyły – respekt przed jego siłą pozostał.

Jurek:

Jest nieprawdopodobnie silny. Fizycznie i psychicznie. U niego to niesamowita mieszanka charakteru, przeżyć, siły i miłości do piłki. On ci chyba o tych historiach z niektórymi zawodnikami powie. Jak Kuba jest w szatni, to tam panuje zupełnie inna atmosfera. Robią sobie jaja, żartują. Zawsze komuś coś gdzieś włożą, coś podwiążą, czegoś naleją. Psycholog Borussii często do niego przychodzi i mówi: Jak ty coś powiesz, to inni słuchają. Nawet czasami go pyta, a co byś zrobił w takiej czy innej sytuacji? Jak Kuba miał tę ostatnią kontuzję, to już po dwóch miesiącach Klopp chciał, żeby trenował w tych samych godzinach, kiedy cała drużyna, bo wtedy jest inna atmosfera. Kuba cieszy się niesamowitym szacunkiem także u najstarszych zawodników. Takich jak Weidenfeller, Kehl. Oni widzieli go już w wielu akcjach. Jak ktoś coś powiedział złego na temat Polaków, to od razu była kontra. Kuba, jak tak popatrzysz, to jest niepozorny. Nie powiesz, że to gość, który wyskoczy i komuś nap... Raczej nikt nie myśli, że wystartuje do gościa, który będzie miał dwa metry. Ja go nie widziałem w takich akcjach, ale znam to z opowieści kumpli. On się bardzo zmienił, jak przeszedł do Wisły Kraków. Szybko zrozumiał, że nie jest już chłopcem, który grał w czwartej lidze. Od razu dobre występy, świetna gra. Zaczął panować nad emocjami. Nad tym, że nie może wszystkiego argumentować siłą. W polskiej szatni też sobie świetnie daje radę. Ta jego walka dla drużyny. Chłopaki to doceniają.

Eldo:

Nie chciałbym być Błaszczykowskim piłkarzem, bo nie jestem dostarczycielem podań, tylko człowiekiem, który musi wykańczać akcje. *(śmiech)* Na umiejętności wybitnych piłkarzy bez wątpienia wpływa osobowość. Balotelli gra tak, jak gra, bo jest takim właśnie szurniętym Balotellim. Cantona grał w taki, a nie inny sposób, bo siedział w nim dziki Eric. Kuba nie jest Łukaszem Piszczkiem, który dostał zadanie: zmień swoją piłkarską umiejętność. Przejdź z tej pozycji na drugą i koniec. Co zrobił? Posłuchał i wygrał. A nie wiadomo, czy Kuba ze swoją osobowością dałby się podporządkować.

Jurek:

Dużo ze sobą rozmawiamy, staram się wszystkie jego mecze oglądać i na gorąco robimy pierwsze analizy. Omawiamy to, co było dobre, a co złe. Chociaż teraz jest już trochę inna sytuacja, bo Kuba stał się bardziej doświadczonym zawodnikiem. Ale na początku jego ocena meczów bywała inna niż moja. Opowiem to na przykładzie meczu z Finlandią (2 września 2006 r.), który na pewno był ważnym momentem w jego karierze. To był pierwszy mecz eliminacyjny do Euro 2008, za czasów trenera Beenhakkera, który zresztą bardzo w Kubę wierzył. Nasza reprezentacja przegrała 1:3. Kuba zagrał w pierwszym składzie i po przerwie został zmieniony. Reprezentacja zagrała fatalnie, do przerwy był remis 0:0. Kuba miał kilka strat piłki, ale to wynikało z tego, że był młodym zawodnikiem i w pierwszej połowie cały czas rwał się do gry. Starał się coś zrobić, podejmował ryzyko. Przeciwnik grał bardzo defensywnie, było mało miejsca, Kuba nie mógł pokazać swoich umiejętności i został zmieniony. Potem w prasie ukazał się komentarz, że słaby mecz, że wszystko źle. Jak już siedział po meczu w autokarze i zadzwonił do mnie, powiedziałem mu, że uważam, że był jednym z nielicznych zawodników na boisku, który chciał coś zrobić, ale nie miał żadnego wsparcia w drużynie. Stałeś się po części kozłem ofiarnym, ale się nie przejmuj. Przynajmniej wiesz, że nie odpuszczałeś. A on mi wtedy odpowiedział: Jestem wściekły, ale wiesz, że i tak będę najlepszy. To takie symptomatyczne dla niego. Zdawał sobie sprawę, że ten mecz mu nie wyszedł, ale miał też poczucie, ile już potrafi na boisku. Uważam, że tak mają dobrzy piłkarze. To charakteryzuje ludzi, którzy w życiu coś osiągają. To takie pozytywne wkurzenie. Coś ci nie wyszło, ale jak najszybciej chcesz pokazać, że to był tylko wypadek przy pracy. Dla niego to wręcz idealna sytuacja. To go napędza. I tu duża zasługa Beenhakkera, że po takim meczu go nie skreślił, tylko nadal powoływał i wierzył w jego umiejętności. To był bardzo ważny moment w karierze Kuby, który już w następnych spotkaniach potwierdził swoją klasę.

Dawid:

Kiedyś jak zdobył mistrzostwo i z każdej strony były gratulacje, to mówił, że już jest przyzwyczajony do tego, że wszyscy mu gratulują. Ciężko mi powiedzieć, co on chciałby usłyszeć. Nie wiem, czy jemu na czymś takim w ogóle zależy? Na pewno jakby Jurek powiedział: dobrze zrobiłeś, to ważne. Ale też wydaje mi się, że Kuba ma taką konstrukcję psychiczną, że nie potrzebuje słów, które dodają otuchy. A może nie okazuje tego zewnętrznie? Jak czasami fajnie bramkę strzeli, to mu nieraz esemesa napiszę z gratulacjami, ale nie zawsze. A on odpisze: dzięki, i uśmieszek czy buźka, ale to chyba normalne.

Październik 2014 roku, ośrodek treningowy BVB w Brackel

Mats Hummels (obrońca i kapitan BVB). Powiedzieć, że Hummels, klubowy kolega Błaszczykowskiego, jeden z najlepszych obrońców świata, jest przystojny, to mało. Hummels jest bardzo przystojny. Kombinacja wzrostu, bujnej czupryny i koloru oczu robi duże wrażenie.

Kiedy zaczynamy rozmawiać, to już po chwili chcę go zapytać, czy wszyscy jego koledzy z BVB, nawet jeśli z niektórymi wymieniam tylko krótkie i grzecznościowe zdania (Sokratis Papastathopoulos,

Pierre-Emerick Aubameyang, Henrich Mychitarian), mają za sobą lekcje niegwiazdorzenia, a tym samym kurs obłaskawiania dziennikarzy... Gdy w końcu patrzę na zegarek i przypominam Hummelsowi, że musi iść na trening, ten uśmiecha się i patrząc prosto w oczy (to, co każda pani redaktor lubi najbardziej), mówi: *Time doesn't matter*. Wreszcie rozmawiamy o jego kumplu z boiska.

KB Wiesz, jak na niego mówię? Smerf Ważniak.
MD Jest megaprzystojny, inteligentny, otwarty...
KB OK, starczy. *(śmiech)*

Mats Hummels:

Kuba to bardzo fajny facet. Mam z nim jedną z najlepszych relacji w drużynie. Nie jest arogancki i nigdy się w ten sposób nie zachowuje. Pierwsze, co przychodzi mi do głowy, to to, że Kuba to totalnie normalny gość. Gramy razem już ponad siedem lat i na pewno mogę tak powiedzieć. W jego zachowaniu nie ma nic z gwiazdy. Myślę, że Kuba, Łukasz i Robert robią w Niemczech bardzo dobrą robotę i pokazują nam, Niemcom, jacy Polacy są naprawdę.

Jeden z moich przyjaciół też jest Polakiem i nawet znam kilka zwrotów po polsku: „ja umiem po polsku", „rusz dupę" itd. *(śmiech)*

Na samym początku Kuba był bardzo spokojny, wyciszony, a teraz to czasami nie może przestać mówić i aż trudno sobie wyobrazić, że kiedyś był inny. Jeśli się spóźnia na trening, to od razu płaci. Jak lubi jakiś kawał, to będzie go powtarzał dwadzieścia razy [potwierdzam – M.D.]. Każdy z trudem przełyka słowa krytyki, ale on, kiedy mam jakieś uwagi co do jego gry, przyjmuje je. Wie, że nie idzie o niego personalnie, tylko że to są uwagi czysto zawodowe. Jest bardzo ofensywnym graczem, ale równie wiele potrafi w defensywie. Możesz sobie wyobrazić, jak to ważne dla drużyny takiej jak nasza. Jest bardzo szybki i mam nadzieję, że i teraz taki będzie, jak przed tą ostatnią kontuzją. Jest świetny w pojedynkach jeden na jeden i jeszcze potrafi strzelać gole. Oczywiście, że po tym niestrzelonym przez Kubę – i to do pustej bramki – golu w meczu z Freiburgiem robiliśmy sobie z niego żarty jeszcze przez kilka tygodni. Mnie to nie dziwi, że M.I.K.I, niemiecki raper, napisał o nim kawałek, bo Kuba jest tu blisko osiem lat i dla niemieckich fanów on jest już ich. To dla zawodnika coś fantastycznego. Mnie nie lubią fani z Monachium, Kevina Grosskreutza ci z Schalke, a Kubę lubią wszyscy. Czasami gramy w koszykówkę i jak przegram, to on mi o tym przypomina przez wiele dni. Lubimy ze sobą rywalizować. Obaj mamy problem z ponoszeniem porażek.

[Byłam z nim na sali treningowej w Brackel i Kuba tak długo chciał mi udowodnić, że jedną ręką wrzuci piłkę do kosza z końca sali, że wreszcie to zrobił. Ilość prób duża, ale wrażenie pozostało – M.D.]. Raz chciałem powalczyć z Kubą, ot tak, dla zabawy, ale on jest tak silny, że po czterdziestu sekundach zawołałem: OK, daj spokój! Stop, wygrałeś! On wie, jak walczyć, to prawda. (*śmiech*)

Robi na nas duże wrażenie, kiedy po strzelonej bramce wznosi ręce do góry. Do mamy. Czasami, jak patrzę na niego w takich sytuacjach, to życzyłbym sobie, żebym też miał takie odczucia jak on. Na pewno nie jest to show. Te dwie sekundy po strzeleniu gola to jest tylko jego czas. Widzę, jak wtedy mówi sam do siebie. My to szanujemy.

Tomek:

Lubi podyskutować z sędziami. Powiedzieć, że to on ma rację. Z trenerami też. Na przykład jego przyjmowanie piłki na klatkę piersiową. Kiedy leciała piłka, każdy się wypinał, a on odwrotnie, jakby się kulił, przyjmował tak, żeby się odbiła prosto na stopę. Jakby chciał skrócić czas jej lotu. Kiedyś powiedział, że tak go Jurek nauczył. Trenerzy mówili, że technicznie nie powinno się tak przyjmować, a on ciągle z uporem maniaka robił po swojemu.

sierpień 2014

MD Kariera zaczyna się zazwyczaj od kogoś, kto pierwszy zobaczy w nas więcej niż inni. I taka kartka z pamiętnika... chcecie zarobić z Dawidem i idziecie zbierać kamienie z boiska. Ty jednak już wkrótce leżysz w cieniu i odpoczywasz. Przychodzi trener i mówi: on nie musi zbierać, on będzie grał w piłkę. To było twoje pierwsze naznaczenie na piłkarza?

KB Jeżeli chodzi o pracę, to nie pałałem do niej nadzwyczajną chęcią. Starałem się ukryć gdzieś z boku i nie pokazywać.

MD Ilu trenerów zapamiętałeś, bo czegoś ważnego się od nich nauczyłeś?

KB Początek był taki, że trafiłem do Rakowa Częstochowa, którego pierwsza drużyna grała wtedy na najwyższym szczeblu w ekstraklasie. To był mój pierwszy klub. Miałem dziewięć lat. Pojechałem na trening i od razu zauważył mnie tam trener. To był chyba Grzegorz Podwysocki. Ale już po miesiącu przenieśli mnie do starszej grupy. U trenera Adama Zalewskiego trenowałem z chłopakami starszymi od siebie o dwa lata. To trwało kilka lat. Po śmierci mamy przez dwa, trzy miesiące całkowicie odpuściłem sobie jeżdżenie na treningi. Ale namawiany przez Jurka, pojechałem na jakiś turniej i zostałem na nim najlepszym zawodnikiem. Wróciłem i znowu zacząłem trenować, tym razem u trenera Mirka Siei. Od tego momentu moje granie nabrało rozpędu. Wiadomo, od początku walczyłem o swoje. Wiesz, jak to jest, chłopaki z miasta chcieli nam, chłopakom ze wsi, pokazać, że...

MD Fascynuje mnie, jak za każdym razem mówisz: jestem ze wsi. Bo mówisz to tak, jakbyś mówił: jestem ze wsi, czyli z Monte Carlo...

KB Nie mam z tym problemu. Były podziały, chłopaki z miasta chcieli pokazać, że ty ze wsi automatycznie jesteś gorszy. A jednak wszyscy mówili wtedy, że sobie dobrze radzę. Chociaż trener nie do końca był do mnie przekonany i nawet mi później powiedział, że nie myślał, że aż taką karierę zrobię.

MD Który?

KB Ten drugi, Adam Zalewski. Ale, jak już trafiłem do Mirka Siei, to on, od razu oceniając moje umiejętności, powiedział, że na pewno będę grał w piłkę. Poznał się na mnie. *(śmiech)* W związku z tym na treningach wymagał ode mnie dwa razy więcej. Mówił przy chłopakach, że muszę dawać z siebie więcej i więcej. Aż kiedyś wziął mnie do pokoju i tłumaczył, że dlatego tak robi, bo wie, że jestem najlepszy, i wymaga ode mnie więcej. Żebym nie stał w miejscu i żebym się rozwijał. Od tego trenera nauczyłem się naprawdę dużo i miło go wspominam. To było kilka fajnych lat, potem był krótki epizod w Górniku Zabrze, ze trzy miesiące...

MD Nie chciałeś tam zostać czy oni ciebie nie chcieli?

KB To nie był klimat dla mnie. Już o tym rozmawialiśmy. Potrzebowałem po swoich przeżyciach trochę spokoju. Wiedziałem, że jak tam zostanę, to będzie ze mną tylko gorzej. Wróciłem do czwartoligowego KS Częstochowa. Wprowadził mnie do tego klubu Edward Flis, który w tamtym czasie pomagał wielu chłopakom. To tym ludziom zawdzięczam, że jestem, gdzie jestem.

MD Każdy z nich nauczył cię czegoś innego?

KB Wiadomo, że trener wydaje polecenia i ty je wykonujesz. Chociaż intuicja czy twój zmysł boiskowy też mają wielkie znaczenie i tego trenerzy cię już nie nauczą. Musisz mieć intuicję do grania i wykorzystywać ją na boisku. Nie jest tak, że trener powie: rób tak i tak, a ty potem za każdym razem zrobisz to samo na boisku.

MD Od kolejnego trenera czego się o sobie dowiedziałeś?

KB To był trener Marek Całus, jak wróciłem do KS Częstochowa, chociaż wcześniej spotkaliśmy się, jak jeszcze grałem w Górniku. Przychodził tam do mnie i pytał: Co ty tak siedzisz na ławce? Nie grasz? Wróć do nas. Jak wróciłem, to mieli po pierwszej rundzie tylko siedem punktów i ostatnie miejsce w tabeli. Ale daliśmy radę się utrzymać i zajęliśmy piąte czy szóste miejsce w tak zwanym makroregionie śląskim. Zdobyliśmy trzydzieści dwa punkty.

MD Zdobyliśmy?

KB Mieliśmy fajną grupę i fajnych chłopaków. To było za trenera Całusa, a potem przyszedł trener Gothardt Kokott. W międzyczasie, po tym, jak odszedłem z Górnika Zabrze, do KS Częstochowa przyjechała druga drużyna Górnika i trener przy wyniku 1:1 wpuścił mnie na boisko i chyba po pięciu minutach od wejścia i na dziesięć minut przed końcem strzeliłem bramkę. Wygraliśmy 2:1.

MD Dobrze to pamiętasz… a swojego pierwszego hat tricka w karierze też?

KB Też, w tamtym czasie to było dla mnie bardzo istotne. To normalne, że chcesz pokazać, że jednak źle zrobili, że na ciebie nie postawili. Po dwóch latach w KS Częstochowa, może nawet niecałych, odszedłem do Wisły Kraków.

MD Do dzisiaj mówi się, że to jeden z najbardziej spektakularnych transferów w polskiej piłce.

KB No tak, bo z czwartej ligi idziesz do mistrza kraju. W szatni są praktycznie sami reprezentanci Polski. To nie jest dla młodego chłopaka, który ma osiemnaście lat, łatwa sytuacja, ale jakoś sobie z tym poradziłem.

MD Twój brat mówił mi, że wszedłeś do szatni mistrzów Polski bez kompleksów...

KB Ale dopiero na treningach pokazywałem, że jakieś umiejętności posiadam. Po jednym czy dwóch dniach Mauro Cantoro pytał: Skąd wy tego chłopaka wzięliście? To niemożliwe, żeby on grał w czwartej lidze. Tak się to wszystko zaczęło.

MD Mało mówisz o trenerze Vernerze Ličce...

KB O Ličce? Bo to już była seniorska piłka. Dzięki niemu zadebiutowałem w ekstraklasie. To on postawił na mnie mimo mojego młodego wieku. Jemu naprawdę zawdzięczam bardzo dużo. Jestem mu za to, co dla mnie zrobił, bardzo wdzięczny. Bo w tamtych czasach nie było w trendzie, żeby stawiać na młodych. A on to zrobił. Starałem się odpłacić mu jak najlepszą grą. To człowiek, który w ciężkim dla mnie momencie podał mi rękę. Ja tego nie zapominam.

MD W jakim sensie ciężkim?

KB Miałem tylko dziewiętnaście lat, kiedy wchodziłem do drużyny mistrza Polski, a mimo to dostałem szansę, żeby się sprawdzić i pokazać, czy rzeczywiście coś potrafię... Druga strona medalu to to, że potrafiłem ją wykorzystać, prawda? Nie wiem, czy byłaby taka możliwość, gdyby trenerem był ktoś inny. Bo później do Wisły przyszedł Jerzy Engel, który pierwsze, co mi powiedział, to że nie będę u niego grał i mogę odejść. Ale potem jak zagrałem mecz z Panathinaikosem...

MD Z pękniętą kością stopy?

KB Tak, ale wtedy to on już mówił, że zawsze na mnie stawiał. *(śmiech)*

MD Nigdy nie chciałeś być napastnikiem?

KB Nie, ja raczej grałem jako środkowy pomocnik, tak jak kiedyś Jurek Brzęczek. Na prawą pomoc próbował przestawić mnie trener Sieja, a potem trener Kokott. Zostałem na środkowej pomocy.

MD Pamiętasz, jak opowiadałeś mamie, że kiedyś będziesz grał w Ajaxie?

KB Ja nie opowiadałem, tak miało być. *(śmiech)* Pojechaliśmy na turniej do Holandii. Miałem może z dziesięć lat. I jak wróciliśmy z tego turnieju, to ludzie z Ajaxu pytali trenerów z Rakowa, czy nie mógłbym do nich do szkółki piłkarskiej przyjechać. Żeby u nich trenować. Ale mama na ten wyjazd się nie zdecydowała.

MD Babci obiecywałeś, że jak kiedyś będziesz sławny, to wyślesz ją na bajeczne wakacje.

KB To już mówiłem, jak miałem piętnaście lat i jak babcia nie chciała mi dać pieniędzy na buty czy na coś innego.To przekonywałem: Babciu, zobaczysz, że ja ci kiedyś wszystko oddam z nawiązką. *(śmiech)* Słowa dotrzymałem, ale babcia nie chciała jechać.

Kiedy Błaszczykowski jako objawienie polskiej ligi w 2007 roku dołączył do niemieckiej Borussii Dortmund – która ponownie rozpoczynała swoją drogę na szczyt Bundesligi – nikt nie przypuszczał, że taką rolę w niej odegra dwudziestojednoletni pomocnik z Wisły

Kraków. Przyszedłem do Borussii po to, aby się rozwijać – powiedział Kuba w jednym z pierwszych wywiadów po przyjeździe do Dortmundu. Dodając, że jest pewien, że właśnie ten klub może mu to zagwarantować.

Pierwszą bramkę w Niemczech Błaszczykowski strzelił w swoim nieoficjalnym debiucie już 12 lipca 2007 roku w meczu Borussii Dortmund z Anderlechtem Bruksela (2:1) w turnieju towarzyskim Obi-Cup w Bernie.

Na tę strzeloną w oficjalnym meczu Kuba czekał prawie dziewięć miesięcy. Strzelił ją w pięćdziesiątej pierwszej minucie spotkania BVB z Eintrachtem Frankfurt (25 kwietnia 2008 r.) i dziennikarze pisali o niej: „dogranie z głębi pola przechwycił Błaszczykowski i z zimną krwią umieścił piłkę w siatce". Niespełna rok później niemieccy kibice wybrali go na najlepszego piłkarza Borussii w minionych dwunastu miesiącach. A w 2008 i w 2010 roku Błaszczykowski wygrał w plebiscycie polskiego tygodnika „Piłka Nożna" w kategorii piłkarz roku. I stał się już „tym" Jakubem Błaszczykowskim.

Równocześnie pojawiają się pogłoski, że polskim piłkarzem interesuje się znów między innymi słynny Liverpool. Kuba zostaje jednak w Borussii Dortmund. Jesienią 2010 roku dołączają do Błaszczykowskiego kolejni Polacy: Robert Lewandowski i Łukasz Piszczek.

W sezonie 2010/2011 sięga z Borussią po pierwsze od dziewięciu lat mistrzostwo Niemiec. Kolejny rok, 2012, to ogromne sukcesy klubu z Dortmundu – w swojej stutrzyletniej historii BVB pierwszy raz zdobywa dwa trofea: broni tytułu mistrza Niemiec i sięga po Puchar Niemiec.

Druga mistrzowska patera zdobyta przez BVB jeszcze bardziej ucieszyła Błaszczykowskiego, między innymi ze względu na wkład, jaki on sam miał w ten sukces – sześć goli i dziesięć asyst w dwudziestu dziewięciu meczach.

Jesienią zajmowaliśmy jedenaste miejsce, potem nie przegraliśmy żadnego z dwudziestu sześciu meczów. To świadczy o tym, że mamy silną drużynę, bo graliśmy z mocnymi rywalami, jednak musieliśmy włożyć w to mnóstwo zdrowia – mówił o tym sezonie na łamach „Przeglądu Sportowego". – Trudno wejść na szczyt, ale jeszcze trudniej się na nim utrzymać. Jestem bardzo szczęśliwy, uczucie jest niesamowite.

W lipcu 2012 roku UEFA ogłasza listę zawodników nominowanych do nagrody dla najlepszego piłkarza grającego na europejskich stadionach w minionym sezonie. Wśród nich jest Kuba Błaszczykowski. Nie ukrywam, że jestem mile zaskoczony. To duże wyróżnienie, a jednocześnie dowód, że warto być wytrwałym i nie zniechęcać się nawet w bardzo ciężkich momentach (ze strony JB, lipiec 2012 r.). Obok Błaszczykowskiego i Lewandowskiego znaleźli się między innymi Xabi Alonso, Balotelli, Buffon, Xavi, Iniesta, Casillas, Drogba, Fabregas, Cristiano Ronaldo, Silva, Pepe. Trzeba przyznać, że to niezłe piłkarskie towarzystwo.

W sezonie 2012/2013 BVB musi zadowolić się wicemistrzostwem Niemiec i dotarciem do finału Ligi Mistrzów, w którym przegrywa w meczu z Bayernem Monachium w Londynie. W tym samym sezonie Błaszczykowski (w meczach Borussii) rozegrał czterdzieści jeden meczów, strzelił czternaście bramek i zaliczył piętnaście asyst. To najlepszy wynik Kuby, odkąd występuje w barwach BVB. W czerwcu 2013 roku polski pomocnik podpisuje nowy kontrakt z BVB, który obowiązuje do 30 czerwca 2018 roku.

Te fakty i statystyki, których co prawda miało tu nie być, dowodzą, jak daleko dzięki talentowi, umiejętnościom, pracy, no i osobowości zaszedł Błaszczykowski. A jak skwitowałby te słowa Kuba? No cóż, każdy z nas zdaje sobie sprawę, o co toczy się gra.

Sebastian Kehl:

– rozmowa przeprowadzona w listopadzie 2014 r.

Cieszę się, że Kuba już niedługo do nas wróci. Ma umiejętności, które są nam potrzebne. Każdy z nas ma kontuzje, pozostaje tylko pytanie, jak sobie z nimi poradzi. Myślę, że Kuba dzięki swojemu stylowi gry, temu, że jest wojownikiem, da radę. Ludzie w Niemczech go pokochali, bo on jak taran przesuwa się na boisku. Nie jest czarodziejem piłki, ale ciężko pracuje na boisku i tylko dodaje gazu i biega do tyłu i do przodu. Za to go szanują. Akurat w tym rejonie Niemiec, w Dortmundzie, praca znaczy dla kibiców bardzo dużo.

Adam Nawałka:

– rozmowa przeprowadzona w listopadzie 2014 r.

Błaszczykowski to talent jakich mało. Ale też aby dojść na szczyt, trzeba mieć wytrwałość, trzeba być zażartym w swoim działaniu. Cechuje go mądrość w grze i inteligencja piłkarska. To niezbędne cechy, żeby dojść tam, gdzie Kuba. Czynnik zdrowotny jest niezwykle ważny w rozwoju piłkarza. U Kuby mieści się on na pograniczu tolerancji. Wszystkie kontuzje, które przechodził, potrafił przezwyciężyć poprzez pracowitość, sumienność i konsekwencję.

Kuba ma fantastyczny charakter wojownika. Chce pokazać się z jak najlepszej strony, ale zawsze według zasady, że jeden za drugiego na boisku da się pokroić. Nie wiem, czy w przyszłości, po zakończeniu kariery, Kuba pójdzie w kierunku biznesowym, czy szkoleniowym. Ale myślę, że po jakimś okresie przerwy wróci do futbolu.

A pierwsze skojarzenie, gdy mówię „Kuba"? Sukces.

listopad 2014

MD Bramka, którą uważasz za swoją najpiękniejszą?

KB Ta strzelona Rosji na Euro 2012. Dała mnie i kibicom dużo radości. Chociaż myślę, że może uda się jeszcze coś strzelić. Jeszcze mnie nie skreślajcie...

MD Do jakiego worka mnie tym razem wrzuciłeś?

KB Mówię tylko, dajcie mi jeszcze szansę.

MD Sytuacja na boisku, o której chciałbyś zapomnieć?

KB Nie ma takich, o każdej trzeba pamiętać. Ale jak już pytasz, to może ta w meczu z SC Freiburgiem (20 listopada 2010 r.), kiedy przy stanie 2:1 strzelałem do pustej bramki i nie trafiłem. [Największa angielska bulwarówka „The Sun" napisała wtedy: „Ta niestrzelona bramka i Błaszczykowski mogą kandydować do miana kiksa roku". Fatalne zagranie Kuby zakwalifikowano jako jedno z najbardziej spektakularnych pudeł w historii futbolu. A jego klubowy kolega Neven Subotić wspominał, że jak zobaczył, jak Kuba nie trafia do pustej bramki, to postanowił się nie śmiać, tylko skoncentrować na grze. Niestety popatrzył na Piszczka i obaj wybuchnęli śmiechem. Zaś komentator kanału SAT.1 krzyczał: *Was ist das?! Was ist das?!* Najgorsze pudło w historii BVB od dwudziestu pięciu lat].

MD Niestrzelenie do pustej bramki to przy twoim charakterze musiało być...

KB Zdarzyło się. Ta sytuacja nauczyła mnie więcej niż każda inna. Dystansu do siebie. To jest właśnie życie. Czasami myślisz, że są proste sytuacje, a nagle piłka gdzieś podskoczy, źle ją trafisz. Niestrzelona bramka sprowadza cię z powrotem na ziemię. To pomaga i w życiu, i w karierze, we wszystkim.

MD Co się wtedy czuje?

KB Nie wiem, jak to się stało. *(śmiech)* W pierwszej chwili myślałem, że to się nie dzieje naprawdę. Chciałem przewinąć film jeszcze raz, do tyłu.

MD Z jednej strony jesteś cool i często słyszę od ciebie: „Nie mam z tym czy z tamtym problemu", a z drugiej jednak miota tobą adrenalina...

KB Adrenalina daje mi sygnał, że zaraz zacznie się dziać coś pozytywnego, zaczniemy grać. Zaraz będzie mecz. Pomaga mi w tym, żeby jeszcze bardziej się na nim skoncentrować.

MD Koncentracja, czyli tylko ty, noga i piłka?

KB Musisz się wyłączyć ze wszystkiego, co otacza cię wokół. Jesteś ty, piłka i partnerzy na boisku. To w pewnym sensie sztuka, ale i automat. Potem potrafisz to robić i to staje się normalne. I tylko w przerwie, kiedy idziesz się napić wody, coś słyszysz, a tak na boisku, w trakcie meczu nie słyszysz nic.

MD Takie nieme kino?

KB Można tak powiedzieć. Słyszysz tylko swój oddech, czujesz zmęczenie.

MD A jak się strzeli bramkę czy zaliczy asystę, to znowu coś się słyszy?

KB To moment, w którym wiesz, że zrobiłeś dobrą robotę. Tak, słyszy się. Nie zaskoczyłem cię, prawda?

MD Nie. *(śmiech)*

KB Tam gdzieś w środku wiesz, że zrobiłeś coś dobrze. Atmosfera, kibice, to moment zejścia z emocjami trochę niżej, ale zaraz znowu wskakujesz na najwyższe obroty.

MD Czyli, jak strzelisz bramkę, to...

KB ...koncentracja jest mniejsza, bo wtedy bardziej skupiasz się na tym, co dzieje się wokół ciebie, a nie na tym, co jest na boisku. Z reguły jest tak, że jak strzelasz bramkę, to cieszysz się z kibicami i chłopakami, a jak grasz, to tylko z chłopakami. Jesteś skoncentrowany tylko na tym, co się dzieje na boisku.

MD Strzelony gol to jedno z najintensywniejszych uczuć?

KB To jest najlepsze.

MD Śmiejesz się.

KB To jest, jakby to powiedzieć... normalne.

MD Chyba że ma się taki charakter, że po pięciu minutach się myśli, że to już było i warto by strzelić kolejną...

KB Ale o czym masz myśleć, jak mecz trwa dalej, przecież nie o tym, że strzeliłeś bramkę...

MD A jak zostajesz ściągnięty z boiska w sześćdziesiątej ósmej minucie, to...?

KB Zależy, czy jestem ściągnięty, bo jest zmiana, bo gramy za dwa, trzy dni i muszę odpocząć, czy jestem ściągnięty, bo słabiej grałem. Czy też wiem, że nie grałem słabiej, i w mojej opinii inni grali słabiej, a nie zostali ściągnięci? To wtedy są nerwy.

MD Charakterologicznie na boisku, ale i w życiu dla mnie jesteś napastnikiem.

KB Że niby indywidualista?

MD I to z ambicjami...

KB Ma to jakieś znaczenie, ale szczerze mówiąc, nigdy nie miałem ciśnienia, żeby być napastnikiem. To wszystko zaczyna się, gdy trener ustawia cię na różnych pozycjach, ale i tak to twoje predyspozycje dopiero zdecydują, na jakiej z nich będziesz się najlepiej sprawdzał. Czy jesteś egoistą na boisku, czy nie...

MD Bywałeś egoistą na boisku?

KB ...raczej jak widziałem, że ktoś jest lepiej ustawiony, to zawsze podawałem, może też dlatego mam tych bramek mniej.

MD Teoretycznie ostatnią piłkę napastnik powinien dostać od ciebie?

KB Teoretycznie tak, ale nie zawsze. Gram z prawej strony i to są pomocnicy, którzy odpowiadają za konstruowanie akcji. Teraz piłka nożna tak się zmieniła, że każdy jest pomocnikiem i obrońcą. Musisz potrafić się dostosować.

MD To, co potrafisz na boisku, jest do wyćwiczenia?

KB Jak masz talent, to pewne rzeczy łapiesz szybciej. Talent pozwala na wykorzystanie cech dobrego piłkarza, czyli na przykład przegląd pola, przyjęcie, szybkość grania i szybsze myślenie niż ma przeciwnik itd. Ale talent to tylko trzydzieści–czterdzieści procent. Najważniejsza w piłce nożnej jest praca. Teraz piłka stała się strasznie atletyczna, trzeba bardzo dużo biegać, być wytrzymałym. Jak będziesz słaby fizycznie, to ciężko będzie to nadrobić techniką.

MD Dlatego trzeba tak dużo biegać u Kloppa?

KB Nie wiem, czy dlatego, każdy trener ma swoje metody treningowe i jako profesjonalny zawodnik musisz się do nich dostosować. Ale, jak widać, te treningi, które mamy, przynoszą efekty w postaci zdobywanych tytułów. Z jednej strony nie jest to lekkie i masz moment słabości, ale z drugiej strony jak dzięki temu coś się zdobywa, to się o tym zapomina. Pamięta się tylko o fajnych chwilach.

MD Wielokrotnie słyszałam, że wy nie lubicie biegać.

KB Wydaje mi się, że rzadko który piłkarz lubi biegać.

MD Dlaczego?

KB Bieganie bez piłki to monotonia. Męczy psychicznie. Bieganie z piłką zawsze daje frajdę.

MD Kto był dla ciebie piłkarskim idolem?

KB To się zmieniało. Na początku to na pewno był nim Jurek [Brzęczek]. Podziwiałem Zidane'a i Real Madryt, bo to, co grali w dawnych czasach, to była poezja. Cały zespół Realu Madryt z czasów Galácticos oglądało się z przyjemnością. To, z jaką swobodą, na jakim luzie potrafili ograć przeciwnika.

MD A teraz?

KB Teraz to jestem za stary na idoli. *(śmiech)* Teraz człowiek inaczej na to wszystko patrzy. Skupiam się na sobie, na swoim doświadczeniu, i staram się na tym bazować.

MD Ale to już nie jest takie porywające, jak...

KB Jak co?

MD No, jak się nie ma już idoli...

KB Oglądam mecze, ale bardziej pod względem taktycznym. Mniej interesują mnie indywidualności na boisku. Patrzę, jak gra cała drużyna, jak potrafi szybko wrócić po stracie. Chociaż na pewno są zawodnicy, których warto podglądać...

MD Kogo podglądasz?

KB Leo Messi czy Cristiano Ronaldo są genialni. Potrafią tak wziąć piłkę i zrobić z nią takie rzeczy, na które niewielu zawodników by się zdecydowało.

MD A ty?

KB Nie boję się, ale jak mam dwóch czy trzech zawodników przed sobą, to zaczynam się zastanawiać, co będzie lepsze dla drużyny. Czy pobiegnę na trzech i stracę piłkę, czy to, że poczekam, aż chłopaki podejdą i spróbujemy skonstruować jakąś akcję. Potem do tego dochodzi doświadczenie i często intuicja bierze górę.

MD Oglądając dobre mecze, myślisz: chciałbym tam z nimi grać. Dorównujesz tym najlepszym?

KB Nie wiem, trzeba by zobaczyć, ile mają wzrostu. *(śmiech)*

MD Bardzo śmieszne.

KB Wydaje mi się, że bym nie odstawał. Gram na jakimś poziomie i zawsze łatwiej się zaaklimatyzować tam, gdzie gra kilku dobrych zawodników, niż tam, gdzie gra jeden czy dwóch. Bo ty też potrzebujesz, żeby z drugiej strony boiska ktoś ci dobrze dośrodkował piłkę.

MD Cytuję media: „Piękny gol, zapierająca dech w piersiach asysta i kapitalna gra przez całe spotkanie. Na boisku zuchwały, przebojowy, dynamiczny, a po meczu skromny, wyciszony, tonujący nastroje itd...". A do tego, jak czytałeś o sobie w „Kickerze", że klasa światowa i że trzy razy z rzędu byłeś w jedenastce tygodnia, to...?

KB Nie przywiązuję do tego wagi.

MD Ja bym się ucieszyła...

KB Najważniejszą rzeczą jest to, czy trener jest z ciebie zadowolony, czy nie. Zwłaszcza że dziennikarze nie wiedzą przed meczem, jakie miałeś zadania, co miałeś robić na boisku, jak się zachowywać. A trener wie, czego wymagał od ciebie, i to on cię później z tego rozlicza. Jak napiszą, że dobrze zagrasz, to i tak sam wiesz, że to dobrze zrobiłeś. Sędzią dla siebie jesteś tak naprawdę sam.

MD Co to jest klasyfikacja kanadyjska?

KB To są bramki i asysty.

MD Jaśniej?

KB Liczba bramek i asyst, które się sumuje. To bardziej dla analityków ma duże znaczenie. Czy też dla dziennikarzy, którzy lubią pogrzebać w statystykach.

MD A padło na mnie. *(śmiech)* Dwa lata temu byłeś w niej na czwartym miejscu w całej Bundeslidze i że w rankingu brytyjskiego magazynu „FourFourTwo" znalazłeś się na osiemdziesiątym trzecim miejscu w setce najlepszych piłkarzy roku 2013 na świecie, to jest opiniotwórcze?

KB Miłe, ale dla mnie znaczenie ma to, co trener powie. To jest najważniejsze. Oczywiście, że później dochodzą do tego bramki, asysty i dobra gra. To też jest ważne, ale gdy ustala się przed meczem taktykę, najważniejsze jest dobro drużyny. I w pewnym sensie trzeba poświęcić dla tej drużyny własne umiejętności.

MD Jesteś szczęśliwy, że już niedługo znowu będziesz grał?

KB Oj, bardzo, ostatnio puszczałem strzały na bramkę i nawet takie proste rzeczy sprawiają mi wielką przyjemność. Jak długo czegoś nie robisz, to potem jest ogromna radość, że grasz. Nie masz kontuzji i na dodatek o niej już nie pamiętasz.

Jeden z esemesów, który dostałam od Kuby: „Może już wkrótce strzelę bramkę, bo najbardziej zapamiętuje się tych, którzy strzelają gole, a nie tych, którzy dobrze grają". To samo, tylko że wcześniej, usłyszałam od Jurka Brzęczka. Nie dziwi mnie też, gdy po raz kolejny usłyszę od Kuby: Jeszcze nie pokazałem wszystkiego... Czy często powtarza te same słowa, gdy rozmawia sam ze sobą?

„Jak oceniłby pan dziś siebie sprzed lat, na przykład z czasów gry w Krakowie?" – chce wiedzieć dziennikarz. Byłem sporo młodszy. A mówiąc poważnie, wydolność, szybkość chyba mam na podobnym poziomie, ale taktycznie tamten Kuba i obecny to przepaść. Pod tym względem nauczyłem się bardzo dużo z każdym kolejnym rokiem. Ekonomia gry, przewidywalność pewnych zachowań na boisku, pewność własnych umiejętności [...] Moim zdaniem, każdy rok to dla piłkarza powinien być krok do przodu i mam wrażenie, że spełniam tę zasadę (Sport, styczeń 2013 r.).

A jak sobie daje radę z tym, że sukcesy odnosi tylko w BVB, a nie ma ich z polską reprezentacją? Zwłaszcza że z dwóch kolejnych wielkich turniejów, MŚ 2006 i Euro 2008, wyeliminowały go kontuzje. Błaszczykowski ucina: Zawsze patrzę, co jest do zrobienia jutro, ale rzeczywiście brakuje mi sukcesu w międzynarodowej imprezie (Sport.pl, listopad 2013 r.).

Dawid:

Oglądam BVB, bo kocham ten klub, ale serce zawsze mocniej bije, jak wiem, że on jest na boisku. My bardziej rozmawiamy pod kątem tego, co mogło być inaczej, lepiej itd. Często te rozmowy kończą się kłótnią, ale nasze żony szybko reagują i zmieniają tematy. Nieraz siedzimy przy stole i mamy przed sobą kartki, rysujemy, jak mogłoby być, gdyby zrobił tak, czy byłoby lepiej itd. I każdy ma swoją rację, i nikt nie odpuści. Jeden drugiemu nie pozwoli na to, aby to on miał rację. *(śmiech)*

Jurek:

Według mnie największym marzeniem Kuby jest to, żeby z reprezentacją Polski zagrać na wielkiej imprezie i dojść do strefy medalowej. To rzecz, której w jego karierze brakuje. My zdobyliśmy medal na igrzyskach olimpijskich w 1992 roku w Barcelonie, jesteśmy ostatnią generacją, która osiągnęła taki wynik z reprezentacją. Nie

Tabelka poniżej przedstawia statystyki z meczów Kuby w barwach:

- Wisły Kraków (Ekstraklasa, Puchar Polski, eliminacje Ligi Mistrzów, Puchar UEFA)
- Borussi Dortmund (Bundesliga, Puchar Niemiec, Liga Mistrzów, Liga Europy)
- oraz dotychczasowe osiągnięcia w reprezentacji.

sezon	klub	mecze	minuty na boisku	bramki	asysty	żółte kartki	czerwone kartki	uwagi
2004/05	Wisła Kraków	15	1080	2	2	4	0	
2005/06	Wisła Kraków	20	1388	0	5	3	0	
2006/07	Wisła Kraków	32	2484	3	9	5	0	
2007/08	Borussia Dortmund	27	2085	1	5	6	1	
2008/09	Borussia Dortmund	29	2082	3	7	1	0	
2009/10	Borussia Dortmund	34	2515	1	4	4	0	
2010/11	Borussia Dortmund	37	2007	3	5	0	0	
2011/12	Borussia Dortmund	40	2565	7	12	0	0	
2012/13	Borussia Dortmund	41	2916	14	15	2	0	
2013/14	Borussia Dortmund	25	1319	3	2	1	0	
2014/15*	Borussia Dortmund	16	746	0	2	2	0	
2006 – 2013	**reprezentacja**	**68**	**5316**	**14**	**14**	7	**0**	**(32 mecze jako kapitan)**

*stan na 21 kwietnia 2015 r.

graliśmy w tak topowych klubach jak oni, nie osiągaliśmy takich wyników drużynowych. Mimo to w rodzinnym kraju o tym, czy piłkarz przejdzie do galerii największej chwały, decydują sukcesy z reprezentacją narodową. Jak na razie Kuba na nie czeka.

Zawszę będę dążył do tego, żeby być jeszcze lepszym. Zdaję sobie sprawę, że tego zawodu nie jesteś w stanie nauczyć się do perfekcji. Tylko ciężka praca może dać oczekiwane efekty. Nie jestem jeszcze starym piłkarzem, gram w jednej z najlepszych drużyn w Europie, lecz dopóki wykonuję zawód piłkarza, ciągle będę się starał poprawiać, w przeciwnym razie ta praca nie miałaby sensu (ze strony internetowej JB, grudzień 2011 r.).

Jedno jest pewne: nie byłem grzeczny. Jak każdy chłopiec lubiłem psocić, byłem bardzo żywy. Z drugiej strony, jak zrobiłem coś złego, to zawsze miałem poczucie winy i dość szybko potrafiłem się przyznać.

Kuba Błaszczykowski, zdjęcie z legitymacji szkolnej (7 lat), 1992

Kuba zawsze wtedy mówi: Babciu, gdyby nie wy, to co by z nami było? Znaleźlibyśmy się w domu dziecka. Nigdy o tym nie zapomnę. Muszę pomagać. Odpowiadam mu: Dziecko, choćby mi przyszło wziąć worek i po prośbie iść, to bym poszła, a jeść bym wam dała.

Felicja Brzęczek, babcia Kuby

Osiągnął dużo, a nadal jest normalnym człowiekiem. Bardzo pomaga ludziom. Nie szpanuje nigdy, jest zawsze sobą. Kocham go za to bardzo.

Teresa, siostra mamy Kuby

On o pewnych rzeczach nam nie mówi. On musi mieć prywatność. Rzadko chce rozmawiać z dziennikarzami.

Małgosia, siostra mamy Kuby

Wydaje mi się, że Kuba ma taką konstrukcję psychiczną, że nie potrzebuje słów, które dodają otuchy. A może nie okazuje tego zewnętrznie? Jak czasami fajnie bramkę strzeli, to mu nieraz esemesa napiszę z gratulacjami, ale nie zawsze. A on odpisze: dzięki, i uśmieszek czy buźka, ale to chyba normalne.

Dawid Błaszczykowski, brat Kuby

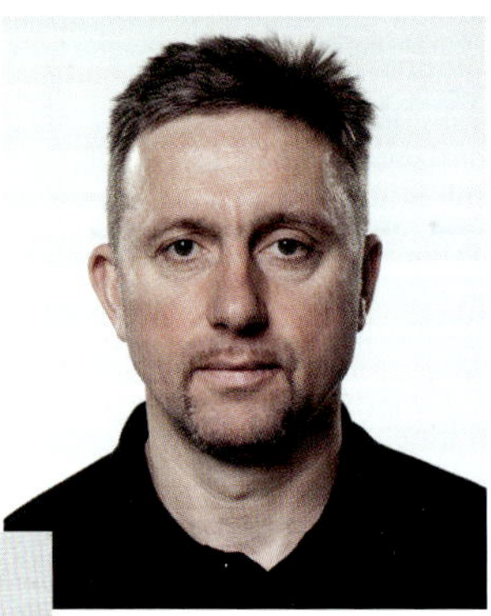

To jest charakter faceta, którego nic nie jest w stanie złamać, a wszystkie późniejsze wydarzenia powodowały, że w takich kluczowych momentach trafiał na odpowiednich ludzi i że szedł w dobrą stronę.

Jerzy Brzęczek, brat mamy Kuby

Patrzyłem, jak mama sobie radzi. Miała dwójkę dzieci i męża, który nie pomagał, a raczej przeszkadzał, a mimo to wiązała koniec z końcem. Matka w oczach takiego młodego chłopaka, jakim wtedy byłem, jest prawdziwym bohaterem.

Anna Błaszczykowska, mama Kuby i Dawida

Wiesz, że nieraz zadawałem sobie pytanie, czy gdybym był starszy, to bym do tego, co stało się w naszym domu, dopuścił. Obwiniałem się, że nie dałem rady nic zrobić. Krótko przed śmiercią mamy układałem puzzle w salonie, a ona rozwiązywała krzyżówki. Coś mnie tknęło, podszedłem do niej i mówię: Mamo, ja nie wiem, co zrobię, jak cię stracę. Zacząłem płakać. A mama wtedy powiedziała: przy was to nic dobrego mnie nie czeka. I to mi zostało w pamięci (Kuba Błaszczykowski).

II.

BYŁ SOBIE CHŁOPIEC...

„Bo gdzie jest twój skarb,
tam będzie i serce twoje".

MATEUSZ 6, 21

Upłynie trochę czasu, zanim Błaszczykowski przestanie odpowiadać zdawkowo – czy ujmując rzecz eufemistycznie – oszczędnie na pytania, które dotyczyły jego dzieciństwa. Wszystko, co wiązało się z osobą jego ojca, Zygmunta Błaszczykowskiego, jakby z automatu wykluczało nawet nie tyle urywki wspomnień, co w ogóle wspomnienia z tamtego okresu. Odpowiedzi były krótkie i nieznośnie lakoniczne. Nie było w nich historyjek o ulubionych zabawkach, drewnianych samochodzikach, dykteryjek o beztroskich latach, no i przede wszystkim brakowało w nich postaci ojca. Wspólnego z nim kopania piłki, spacerów i rozmów, takich jakie tylko ojciec i syn ze sobą prowadzą. Czy to możliwe – zastanawiałam się nieraz – żeby nastoletni wówczas chłopiec, a dziś dorosły mężczyzna zapomniał, że był ukochanym (jak się potem okazało) synem swego ojca? Przecież to właśnie jemu mały Kuba często chciał udowodnić, że potrafi zrobić kilkadziesiąt pompek, że jak trzeba, wypije mleko, i że jest wartym miłości dzieckiem. Na te wspomnienia musiałam cierpliwie czekać, mając nadzieję, że i na nie przyjdzie czas. A na razie, żeby zrekonstruować obraz Kuby z dzieciństwa, pytałam o niego innych i słuchałam tego, co o nim mówią. Przeglądałam rodzinne fotografie, na których uśmiechnięty chłopczyk spoglądał prosto w obiektyw. Mały blondynek, szczuplaczek, czy – jak kto woli – chucherko. Od jednej z jego ciotek usłyszałam, że w planach miał być... dziewczynką. Chyba Karolinką. Urodził się Kuba. Czternastego grudnia 1985 roku.

Nie pamiętam już dokładnie, kiedy Kuba pokonał w sobie syndrom niepamięci, a gdy to się stało, raz jeszcze zaczęłam pytać go o słodki smak dzieciństwa. O to, kiedy się śmiał, a kiedy złościł, kiedy tupał nogami a kiedy po prostu był szczęśliwym dzieckiem. Chciałam wiedzieć, o czym rozmawiali z nim rodzice i czy potrzebował z ich strony uwagi. Kto go przytulał, a kto mówił mu na dobranoc, że jest kochanym i dobrym synem. Czy lubił szpinak, czy mielone i kto wreszcie zaraził go miłością do piłki?

maj 2014

MD A więc był sobie chłopiec...

KB Cały czas jest chłopiec. *(śmiech)*

MD Mówię: mały Kuba, i co widzisz?

KB Mam chyba sześć lat i jadę z mamą na rowerze składaku. Pamiętam, że siedzę na bagażniku i patrzę na szprychy, jak się kręcą i jak się odbijają w nich promienie słońca. Chyba nie do końca rozumiałem, o co chodzi, bo w pewnym momencie włożyłem w nie nogę.

MD Wylądowaliście na ziemi?

KB Miałem mocno pokiereszowaną nogę, a ten ból pamiętam do tej pory. Zresztą te wszystkie dziecięce kontuzje cały czas mam gdzieś z tyłu głowy, a parę z nich, uwierz mi, było naprawdę bolesnych. Zapamiętałem tę scenę i ten rower, bo jako małe dziecko zapamiętujesz rzeczy, które dostałeś pierwszy raz. Chyba że dostałeś tyle rzeczy, tak jak to ma miejsce dzisiaj, że szybko o nich zapominasz. My nie mieliśmy takich możliwości finansowych, a więc i takich problemów.

MD Zasypiałeś z misiem?

KB Nie.

MD Miałeś ukochaną zabawkę?

KB Nie, nie miałem.

MD Nie miałeś ukochanej zabawki?

KB Nie.

MD Kiedy rodzice chcieli zrobić ci przyjemność, to...?

KB To musieli pozwolić, żebym z nimi spał. Chciałem zawsze spać z mamą. Choćby nogą dotykać ją przez sen. Wtedy czułem się bezpieczny i, nie daj Boże, jak mama wstała, zanim dobrze nie zasnąłem. Spałem jak zając pod miedzą. Gdzie idziesz? – pytałem, gdy tylko się poruszyła.

MD Ile miałeś wtedy lat?

KB Nie wiem, pięć, a może sześć.

MD Dawid był taki sam?

KB Nie wiem, ale ja nie lubiłem spać sam.

MD Przytulałeś się częściej do...?

KB Do mamy. To chyba naturalne, że mama bliższa jest sercu małego chłopca.

MD Bardziej niż ojciec?

KB Mama, chociażby z racji tego, że jest kobietą. Jest serdeczniejsza, no i częściej idzie na ustępstwa. Matka to zawsze matka. To nie tak, że z ojcem nie miałem kontaktu, bo ja z nim naprawdę miałem dobre relacje. I do chwili tragedii było między nami w miarę OK, a później – co chyba zrozumiałe – wszystko się zmieniło.

MD Chłopcy, ale i potem mężczyźni mają problem z mówieniem o tym, że mama jest czy była dla nich ważna. Wstydzą się okazywania uczuć...

KB Nie, ja nigdy się nie wstydziłem i nie wstydzę, że mama była dla mnie najważniejsza. Zresztą w życiu jest tak, że dopóki nie stracisz czegoś bezpowrotnie, to nie wiesz, ile radości czy też poczucia bezpieczeństwa ten ktoś ci dawał. Dlatego mówię o tym tak otwarcie...

MD Kiedy mama się na ciebie złościła, to mówiła, że...

KB ...jestem uparty. Wychowywaliśmy się we dwóch z Dawidem i między nami były częste bójki, często byliśmy niegrzeczni. Tym nie do końca zadowalaliśmy mamę. Zawsze ze sobą walczyliśmy. Niekiedy kończyło się sińcami. To na pewno była moja pierwsza szkoła życia. *(śmiech)* A mama, wiadomo, jak to mama, chciała, żeby jej dzieci były najgrzeczniejsze.

MD Kary były?

KB Były. Musiały być.

MD Czym cię można było najbardziej ukarać?

KB Jak nie mogłem wyjść na dwór, to było najgorsze...

MD Stałeś w oknie i patrzyłeś, jak koledzy grali...

KB I od razu zaczynało się proszenie i błaganie o to, żebym jednak mógł wyjść. I przysięganie, że już będę grzeczny. To tak jak dziś z moją córką: Przepraszam, tatusiu, ja już jestem grzeczna. Jak tak teraz patrzę na swoje dziecko przez pryzmat tego, co sam robiłem, to lepiej rozumiem, o co mojej mamie wtedy chodziło. Co miała na myśli, mówiąc: Nie rób tego czy tamtego.

MD Często miękła?

KB Nie zawsze, zależy, ile przeskrobałem.

MD Pamiętasz, kiedy ją naprawdę wkurzyłeś?

KB Nie pamiętam zbyt dobrze wszystkich swoich przewinień, ale pamiętam, że jak budowaliśmy nowy dom, to chętnie skakałem z balkonu na piasek. Ale raz gdzieś mi się noga powinęła, a pod balkonem stały pustaki, no i na nie wpadłem. Popatrz, mam nad okiem taką bliznę, to właśnie wtedy rozciąłem sobie czoło, i wiesz, co zrobiłem? Schowałem się za szopą i czekałem, aż mi przestanie krew lecieć. No i wychodzę po jakimś czasie zza tej szopy czerwony cały, zalany krwią. Tak było... Samo życie, nasze dzieci też będą przez to przechodzić. A my razem z nimi.

MD No nie wiem, ja nie skakałam z balkonu.

KB Ale na piasek. *(śmiech)* Tak, nie byłem grzecznym dzieckiem i te moje wszystkie pomysły mogłyby się różnie skończyć.

MD Stanąłeś w wieku jedenastu lat przed sądem... Już widzę te nagłówki w gazetach... młodociany hazardzista... Trzeba przyznać, że nie każdemu młodzieńcowi w tym wieku się to przydarza...

KB Stanąłem przed sądem za zjedzenie gumy do żucia i przywłaszczenie dwudziestu groszy. W szkole graliśmy w kości na przerwach, byłem wtedy w szóstej czy siódmej klasie. Nawet nie pamiętam, gdzie i z kim grałem właśnie o gumę orbit i dwadzieścia groszy. Ale pamiętam, że dwadzieścia groszy zabrałem, a gumę orbit zjadłem. *(śmiech)*

MD Żartujesz?

KB Nie. Pięciu nas, chłopaków, do sądu pojechało. Sędzia się oburzyła na dyrektora szkoły, jak może takie rzeczy mówić o swoich uczniach. Była też wkurzona, że policjanci bezkarnie przesłuchiwali nas, nieletnich, bez opiekunów. Jakby to było dzisiaj, to jeszcze inaczej by się to skończyło.

MD Miałeś racjonalne wytłumaczenie swojego czynu?

KB Przyznałem się (śmiech). W sumie chyba chodziło o trzy i pół złotego na nas pięciu.

MD Kto założył tę sprawę?

KB Dyrektor.

MD Żyje?

KB Żyje, ale ja z nim żadnego kontaktu nie mam.

MD Pewnie cieszy się, jak cię dziś widzi.

KB Próbuje.

MD Pierwszego papierosa wypaliłeś...

KB Paliłem, ale nie potrafiłem się zaciągnąć. Brat mnie wyczaił, miałem może z trzynaście lat. I skończyło się. W sumie jestem dumny, że nie dałem się temu nałogowi. I do dziś jestem przeciwnikiem tego wszystkiego.

MD Wszystkiego?

KB Nie dałem się papierosom. Pani redaktor bardzo szczegółowo pyta...

MD To dopiero gra wstępna...

KB Dowiem się, co oznacza gra wstępna. *(śmiech)*

MD Wreszcie dziennikarz się na coś przyda. Na razie wróćmy do klimatu beztroskiego dzieciństwa. Mama gotowała codziennie?

KB Tak, gotowała bardzo dobrze.

MD Co najbardziej lubiłeś?

KB Mielone. Mama robiła też bardzo dobre kluski z mięsem albo kartofle i sos na wołowinie i do tego czerwoną kapustę z majonezem. Uwielbiałem to. Aż mi teraz...

MD Byłeś jadkiem czy niejadkiem?

KB Nie ograniczałem się. *(śmiech)*

MD Byłeś dzieckiem, które łatwo było kochać?

KB Jedno jest pewne: nie byłem grzeczny. Jak każdy chłopiec lubiłem psocić, byłem bardzo żywy. Z drugiej strony, jak zrobiłem coś złego, to zawsze miałem poczucie winy i dość szybko potrafiłem się przyznać.

MD Dość szybko?

KB Są dwa etapy mojego dzieciństwa, a potem życia. Przed i po tragedii, która wywróciła je całkowicie. Odtąd moje życie było inne i ja też już nigdy nie byłem taki sam. Kiedyś przyznawałem się od razu, a potem trochę to trwało.

MD Chciałabym zobaczyć szczęśliwego małego Kubę...

KB Byłem wtedy naprawdę mały. Ale wiesz co: mimo że to było beztroskie życie, to ja i tak od samego początku wszystko i wszystkim robiłem na przekór. Chociaż zawsze jak robiłem innym na złość, to wychodziło na to, że wyłącznie z krzywdą dla siebie. Niewiele mnie to jednak uczyło i nadal byłem zadziorem, i nawet bratu nigdy nie odpuszczałem.

MD Nie czułeś respektu przed trzy lata starszym bratem?

KB Nie, wiele razy ze sobą walczyliśmy. Jak miałem sześć lat, a Dawid dziewięć, to on tą swoją siłą fizyczną mnie przewyższał. Ale jak to mówią, to właśnie w takich warunkach hartuje się stal. *(śmiech)* To była moja pierwsza szkoła życia. Starszy brat ma więcej siły i chociaż zawsze temu młodszemu odpuszczał, żeby mu krzywdy nie zrobić, to przy okazji dawał możliwość rywalizacji, która od małego aż do dziś jest nieodłącznym motorem mojego funkcjonowania.

MD A taka scena: wracasz do domu poobijany, brudny i z dumą mówisz: Mamo, właśnie strzeliłem bramkę...

KB Nie robiłem tego, to znaczy nie chwaliłem się. Jak już coś mi się udało zrobić na boisku, to czekałem, aż ktoś mnie pochwali.

MD To ci chyba zostało do dziś... Pamiętam spotkanie, którego nie widziałam, a w którym strzeliłeś bramkę. Nie pochwaliłeś się, a potem napisałeś, że jakbyś się pochwalił, to ta strzelona bramka nie miałaby już takiej wartości... Nie za bardzo komplikujesz sobie życie?

KB No, taki jestem, ale jak widać, zawsze jest szansa, że jednak ktoś mnie pochwali... *(śmiech)*

MD Gdybyśmy teraz spróbowali ułożyć puzzle z obrazkiem „szczęśliwy Kuba"...

KB Ale do momentu?

MD Tak, do momentu.

KB Pamiętam kasetę wideo z mojej komunii. Dostałem wtedy w prezencie piłkę i stoję z nią przed kamerą na podwórku w garniturze i w korkach. To jedyna kaseta z młodzieńczych lat, bo inne zdjęcia zostały do kogoś wysłane i zaginęły na poczcie. Tam i wtedy byłem naprawdę szczęśliwy. To chyba taki jedyny namacalny dowód z tamtego okresu na to, czego tak naprawdę już od samego początku chciałem. Żeby tylko grać w piłkę. Doskonale też pamiętam, kiedy miałem jechać na swój pierwszy trening do Rakowa Częstochowa. Tyle że dzień czy dwa wcześniej ganiałem się z kolegami – nie mieliśmy zbyt wielu miejsc do zabawy, więc sami je sobie wymyślaliśmy, na przykład bawiliśmy się w policjantów i złodziei.

MD Ty byłeś – niech zgadnę? *(śmiech)*

KB Wolę być tym, który goni. *(śmiech)* Chociaż też różnie w życiu bywało. Wtedy tuż przed pierwszym treningiem podczas takiej gonitwy nadziałem się na butelkę i miałem mocno rozcięte kolano. Poszliśmy z mamą do nauczycielki wuefu, żeby zobaczyła, co tak naprawdę się stało. To była głęboka rana, a ja przecież miałem jechać na pierwszy w życiu trening, więc zrezygnowałem z szycia, żeby tylko móc się na nim pojawić. Pojechałem i wtedy też byłem szczęśliwy. Tak zaczęła się moja pierwsza przygoda z piłką. Wkrótce zostałem przeniesiony do starszej grupy wiekowej. Trenowałem z chłopakami o dwa lata starszymi ode mnie. A jeśli tylko im dorównywałem, a bywało, że byłem od nich lepszy, to oczywiście też byłem…

MD …szczęśliwy. No to inny obrazek: nastoletni Kuba biega z piłką po boisku, już wie, że jest lepszy od innych, i co sobie myśli?

KB Ciągle myśli o jednym, żeby tylko grać w piłkę, żeby być piłkarzem. Zawsze z piłką. Z Dawidem grałem już, jak miałem cztery lata. Ale tak na poważnie to zaczęło się, kiedy pojechałem z nim do Częstochowy na Raków. Trzeba było wstawać rano i codziennie jeździć na treningi. Nie było ferii. Nie było wakacji. Wcześniej chodziłem do szkolnych klubów sportowych. Ojciec był wuefistą i je prowadził. Tam też trenowałem ze starszymi kolegami. To wszystko wyglądało inaczej niż dziś. Czasami czekałem godzinę, żeby wejść na boisko nawet na pięć minut, i to tylko wtedy, jak się komuś już nie chciało grać. Teraz wszystko przychodzi młodym ludziom dużo łatwiej, nie doceniają tego, o co my musieliśmy walczyć.

MD Co takiego jest w piłce, że warto dla niej się poświęcić?

KB Powietrze. *(śmiech)*

MD Hm… rozmawiasz z blondynką, tak? Powtórzę pytanie: co takiego jest w piłce oprócz powietrza?

KB Miłość do piłki została mi przekazana z pokolenia na pokolenie i z bratem byliśmy na to granie skazani. Jurek [Brzęczek] świetnie grał i od małego widzieliśmy, że mu się powodzi i że się w tym, co robi, spełnia. Czy to nie dlatego wielu młodych chłopców chce grać, bo mają jakiś swój autorytet, idola? Niedawny finał Ligi Mistrzów pomiędzy Realem Madryt a Atletico w maju 2014 roku świetnie pokazał, co takiego jest w piłce oprócz powietrza. *(śmiech)* A najfajniejsze w niej jest to, że jest nieprzewidywalna. W każdej chwili na boisku może wydarzyć się coś, czego nikt zupełnie się nie spodziewa.

MD Nadchodzi moment, że pryszczaci młodzieńcy, wychodząc na boisko, muszą się pogodzić z tym, że jeden z nich jest lepszy...

KB Dlaczego pryszczaci? *(śmiech)*

MD Rewanż za powietrze.

KB Dobra. 1:1.

MD W konsekwencji jedni koledzy cię podziwiają, ale są i tacy, których zaczynasz denerwować?

KB U niektórych pewnie pojawia się zazdrość, bo nie potrafią grać tak jak ty. Chociaż jest i podziw. To wtedy najważniejszy dla młodego chłopaka jest ktoś z rodziny, ktoś, kto życzy ci dobrze, ale chwali tylko wtedy, jak naprawdę zrobisz coś dobrze. Najważniejszy, bo zakładam, że najuczciwsze są te pochwały od najbliższych.

MD Kuba...

KB Pryszczaty nie byłem. *(śmiech)*

MD Z pryszczatym bym książki nie pisała. *(śmiech)* Mogłeś być strażakiem, zostać rajdowcem, bo lubisz szybką jazdę, a i Winnetou, którego podziwiałeś, chociaż akurat nie grał w piłkę...

KB Rzeczywiście, jak byłem mały, to non stop oglądaliśmy z kolegami wszystkie odcinki Winnetou. Znałem je na pamięć. Wchodziliśmy pod stół, który naśladował wigwam. Pamiętam, że malowaliśmy sobie na twarzach indiańskie wzory. Ale jednak zawsze przeważała ta piłka nożna. Żeby tylko wyjść na dwór i poszaleć.

MD Chciałeś być sławny czy żeby mówili, że jesteś najlepszy?

KB Nie, tylko żeby grać w piłkę, żeby być zawodowym piłkarzem. W tamtym momencie tak było. Mały Kuba nie miał problemów, zmartwień, miał wszystko to, co dla młodego człowieka jest najważniejsze.

MD Messiego na piłkarskie boisko po raz pierwszy zaprowadziła babcia. Z kolei babcia małego Cantony przychodziła na mecze wnuka z parasolem, żeby wkroczyć do akcji, gdyby tylko działa mu się krzywda.

KB No, moja też nie dałaby mi jej zrobić. Mieliśmy małe boisko za remizą strażacką i pamiętam, że dziadek, mąż babci Feli, lubił czasami tam przyjść i popatrzeć, jak gramy. Jak jesteś mały, to najpierw chcesz się popisać przed dziadkiem, i od tego to się gdzieś tam zaczyna. Chcesz pokazać, co potrafisz, chcesz zaimponować dziadkowi, rodzicom. A potem to zaczyna się przekładać na grę. Dobrze grasz, to cię pochwalą, pochwalą cię, jak dobrze zagrasz, i tak w kółko. Zaczynasz się do tego przyzwyczajać, a jak tego nie ma, to zaczyna ci tego brakować.

MD Jednym słowem chwalili?

KB Czy słyszałem pochwały? Tego akurat sobie nie przypominam, ale jak dobrze zagrałeś, to dziadek brał na lody. Jak strzeliłeś bramkę, to może jeszcze pochwalił. Ale tak naprawdę to ważne jest to, żebyś sam wiedział, jak wykonałeś swoją pracę. I wiesz co? Pochwały bywają niebezpieczne. Może to pójść w samozadowolenie, możesz myśleć, że jesteś już tak dobry, że już dalej nie chcesz pracować.

MD U ciebie taka zależność kiedykolwiek wystąpiła?

KB Jak traktujesz coś jako pasję, to nie ma mowy, że to ci się znudzi. Zawsze dajesz z siebie sto procent. Piłka to jest coś, bez czego od małego nie mogłem żyć. Dopiero później przychodziła satysfakcja. Najpierw twoja, potem tych, którzy ciebie oglądają i którym podoba się to, co robisz. Ale to kolejny etap. Dobre słowa od Jurka [Brzęczka], który widział, jak gram, docierały do mnie dużo później. Nigdy nikt mnie na gorąco nie oceniał, ale jak potem wystawiał dobre oceny, to dawało satysfakcję. Tyle że za chwilę dochodziła do tego niepewność i lęk, żeby tylko tych ludzi nie zawieść i żeby za każdym kolejnym razem im udowodnić, że nadal jestem dobry. W moim przekonaniu to też wiąże się z odpowiedzialnością.

MD Zastanawiałeś się, że gdyby się nie udało, to...

KB Nie, nie brałem pod uwagę, że może mi się nie udać. Nigdy. Oczywiście, były momenty zwątpienia, ale zawsze wygrywała myśl, że musi mi się udać. Tak sobie to w głowie poukładałem. Trzeba mieć szczęście, ale najważniejsza jest wiara. Są tacy, którzy mówią, że w coś wierzą, a tak naprawdę nic nie robią, żeby zrealizować to, na czym im zależy. Czyli tak naprawdę w to nie wierzą. Oczywiście teraz mogę tak mówić, bo mi się udało.

MD Słowo „udało się" jakoś mi do ciebie nie pasuje.

KB Masz rację, nie ma czegoś takiego jak „udało się". Jest talent, ciężka praca i to, na ile jesteś w stanie się w swoim życiu poświęcić. A to, czy będziesz miał z tego zapłatę, czy będziesz mógł robić to, co kochasz, to już inna rzecz. To niewiadoma. Swój charakter w dużym stopniu zawdzięczam bratu. Był starszy i mi nie odpuszczał, i ja musiałem ciągle więcej i więcej. Nie było traktowania: daj mu wygrać, bo on mniejszy. Zawsze była walka o to, żeby nikt mi nie odpuszczał. A jak widziałem, że odpuszcza, żebym wygrał, to nie pozwalałem, chciałem, żeby zagrał normalnie. Dopiero wtedy mogliśmy prawdziwie rywalizować.

Dawid:

Mogliśmy mieć dziesięć–dwanaście lat, jak się laliśmy. Biliśmy się nie tak, żeby krew leciała czy żeby jeden drugiemu rękę złamał czy nos. Siniaka się gdzieś tylko nabiło. Jak próbowałem go unieruchomić, to on próbował wszystkiego, żeby się odgryźć. Nawet gdzieś mamy taki filmik, chyba z jego z komunii, jak stale próbuje mnie zaczepiać, aż w końcu musiałem go unieruchomić.

Wiecznie coś robiliśmy na podwórku. Nigdy się nie nudziliśmy. Wracaliśmy o dziewiątej czy dziesiątej wieczorem do domu i jeszcze lanie dostawaliśmy, dlaczego tak późno i że nie mówiliśmy, gdzie jesteśmy. Spędzaliśmy mnóstwo czasu na boisku szkolnym, grając w piłkę. Nie tylko nożną, bo i w koszykówkę. Z kumplami chodziliśmy na tzw. piaski, gdzie ciężarówki woziły piach, kopaliśmy ziemianki. Jednego chłopaka kiedyś tak zasypało, że aż głowy mu nie było widać. Oczywiście nas to wtedy bardzo bawiło. Budowaliśmy szałasy, domki na drzewie, nielegalnie ścinaliśmy drzewa i zbijaliśmy je gwoździami.

Mieliśmy budowę, był piasek i balkon ze dwa–trzy metry, no to skakało się w ten piasek. Zima przychodziła, to w ferie igloo z kolegami budowaliśmy. Zbudowaliśmy jedno pomieszczenie, to kolejne dwa dni budowaliśmy drugie itd. Zabawa była zawsze. Nawet wybudowaliśmy skocznię i był czas, że skakaliśmy z niej na nartach tak jak Małysz. Były momenty, że skakaliśmy po siedem–osiem metrów w dal. Naprawdę. Były też sytuacje kryzysowe *(śmiech)*, na przykład jednemu się narta odpięła i pieprznął tak, że potem miał problemy ze wstaniem. Pamiętam, że poszliśmy z chłopakami na tę samą górę, z której kiedyś nie skoczyłem, wszyscy się bali. No to mówię: Jak się boicie, to sam pojadę. I zjechałem sankami i tak mnie wybiło, że w kręgosłupie coś mi się przestawiło, nie mogłem powietrza złapać, a oni zamiast mi pomóc, to się śmiali.

Ale mieliśmy też inne pomysły... Była taka ścianka z kilka metrów wysoka, a ponieważ naoglądaliśmy się filmów z Sylvestrem Stallonem, to postanowiliśmy z niej zjechać bez żadnego zabezpieczenia. Wzięliśmy stalową linkę, zawiązaliśmy o drzewo. Wszyscy się bali, to ja pierwszy idę. Zawinąłem linkę wokół pasa, no i schodzę w dół jak Stallone na filmie. Zrobiłem krok w dół, linka zjechała mi pod pachy, ścisnęła mnie w klacie i wisiałem na tym. Oni zamiast mi pomóc, znowu się śmiali, a ja nie mogłem oddychać i jak ją wreszcie odwiązałem, spadłem w dół. Prowadziliśmy wojny. Mieliśmy dwóch kumpli: Konrada i Jurka, ten pierwszy w moim wieku, a drugi w Kuby. Jak szedłem do tego starszego, to za dwie minuty już przychodził Kuba. Pytam: Czemu tu przyszedłeś, przyjdź, jak mnie nie będzie. *(śmiech)* Jak był mały, to zawsze powtarzał: Babciu, jak będę grał w piłkę, to pojedziesz na wakacje. I przyszedł taki dzień, że mówi: Kupuję te wakacje i, babciu, jedziesz, jak ci zawsze obiecywałem. Nie pojechała. Więc zapakował w kopertę te pieniądze i mówi: Będziesz chciała, to jedziesz. Tylko że babcia jest taka, że żeby ją wyciągnąć nawet do Dortmundu, to trzeba mieć naprawdę dużą siłę przebicia. A na wakacje to ja chyba nie pamiętam, żeby jechała. Ona woli do Kuby czy do Jurka, żeby odpocząć. Potrafiła spać do południa, pełny luz, śniadanko, obiadek, kolacja. Nie potrzebowała żadnych plaż, hoteli, basenów. Potrzebowała jedynie wypocząć.

Jurek

(kolega Kuby):

Do czasów podstawówki razem się wychowywaliśmy i wszędzie razem chodziliśmy. On był zawsze sprawny, zwinny. Uparty. Graliśmy na boisku dwóch na dwóch, jeden na jednego. Deszcz, nie deszcz. Latało się za piłką, jemu to zostało. Nam nie. Kuba zawsze się spośród nas wyróżniał. Pamiętam, jak graliśmy na hali i jak zobaczyłem, jak on gra, to sorry, ale to były trzy–cztery poziomy wyżej. Cały czas piłka przy nodze. A jak nie, to gry komputerowe. To taki okres życia był, że człowiek się musiał wyszumieć. Tutaj, na tym mostku, jedliśmy chleb z piekarni po dyskotece, a później ta adrenalina, jak się uciekało, bo często nas ktoś gonił. Teraz człowiek myśli, że to była głupota, ale wtedy to była frajda. Jak mieliśmy po naście lat, to nie było już za bardzo co robić. Był tu bar, to się chodziło, ale późnej go zamknęli, bo właściciel umarł. Tak koło szesnastego roku życia kilka dziewczyn się u Kuby przewinęło.

Dawid:

Był taki okres, że o trzy lata młodszy Kuba nieraz mi przeszkadzał, próbował się wkręcić w naszą zabawę i zawsze słyszał: Idź stąd, masz swoich kolegów, daj nam spokój. Jeszcze jako młode łebki (jak u babci mieszkaliśmy), zawsze walczyliśmy. Nawet o to, kto ma zająć lepsze miejsce przed telewizorem. Mieliśmy kije do bilarda, wkładaliśmy na nie końcówki od papieru toaletowego i graliśmy w hokeja. Kosz mieliśmy przyczepiony nad drzwiami i graliśmy na punkty. Jak były jakieś mistrzostwa czy zawody, to my od razu też ze sobą graliśmy, no i oczywiście znowu walka. Ten słynny żyrandol w domu u cioci, pewnie o nim słyszałaś, gdzie trzeba było wymienić zbite szybki, żeby ciocia nie widziała, że jest uszkodzony. To było już po śmierci mamy, ale w hokeja graliśmy na pewno, gdy jeszcze mama żyła. Zanim Kuba zaczął grać w Rakowie, przeczytaliśmy, że są testy i nabór piłkarski, i możemy przyjechać. Pojechaliśmy razem: ja, on i chyba ojciec. Wtedy Kuba miał osiem lat. Trenerzy zrobili dwa składy i graliśmy. Jego od razu wychwycili. Raz, drugi, trzeci dostał plus. Jak się nazywasz? Tak i tak, to w poniedziałek na trening. I zaczął trenować. Trenował tydzień, dwa, trzy. Ośmiolatkowi ciężko, to ja zacząłem z nim jeździć, bo jestem rocznik osiemdziesiąty drugi, chociaż trenowałem z rocznikiem o rok młodszym ode mnie. A on z rocznikiem osiemdziesiątym piątym. Ja byłem w piątej klasie, on w drugiej. I jak ja już z Rakowa zrezygnowałem, to on trenował dalej. Kiedy trenowaliśmy, to zamiast wracać do domu o dziewiętnastej, to jeszcze z kolegami na boisku. I potem mama przychodziła z rózgą czy z jakimś kablem i my przed nią uciekaliśmy, a ona za nami i po tyłkach nas lała. U nas przed domem taka mało ruchliwa ulica była, to my ciągle w jakieś klasy, badmintona, dwa ognie. I wtedy graliśmy z Kubą w tak zwany brutalny futbol. Mieliśmy piłkę, która nie miała w ogóle powietrza i daleko nie leciała. Graliśmy w futbol, który w ogóle nie miał reguł, tylko jakieś bicia, kopania.

Konrad

(kolega Dawida):

Ja jestem w wieku Dawida. Znamy się od dziecka. Kuba był od małego bardzo aktywny. Nie był grzecznym chłopcem. Maminsynkiem nie był na pewno. Wszędzie go było pełno. Graliśmy w reprezentacji szkoły, pamiętam, to były zawody gminne. Kuba pojechał z nami, mimo że był od nas młodszy i był wtedy jeszcze malutki, i wszyscy się z niego śmiali. A on nagle dryblasowi dwumetrowemu, który stał na bramce, strzelił gola. Pamiętam też inne zawody. Trzy drużyny tylko były, chłopaki na rowerach przyjechali, my autobusem. To z kolei my się z nich śmialiśmy, ale pierwszy mecz przegraliśmy 0:11. A podczas rewanżowego meczu to tak padał deszcz, że sędziowie zdecydowali, że będą same karne. I kto do tych karnych? Weźmy Kubę, bo on strzeli technicznie. No i Kuba biegnie do piłki, poślizgnął się i piłka do bramki nie doleciała. Łzy mu poszły. Wszyscy mieli zaraz do niego pretensje. Ale zawsze był uparty. Dlatego dziś jest tam, gdzie jest.

Truskolasy, sierpień 2014 roku

MD Jak byś opisał Truskolasy?

KB Przede wszystkim stoi tam duży kościół. Wjeżdżasz na górkę, centrum jest w dole, a potem znowu pod górę.

MD To prawie jak San Francisco…

Pod okna domu Felicji Brzęczek, babci Błaszczykowskiego, często podjeżdżają autokary z pielgrzymami w drodze na Jasną Górę a w kwiaciarni, którą prowadzi, przejezdni proszą proszą o autograf i zdjęcie słynnego wnuka.

Tutaj Kuba chodził do szkoły, a to legendarny już piorunochron, po którym się wspinał, żeby zdjąć piłkę z dachu, a to mostek, na którym bladym świtem czekał z przyjaciółmi na otwarcie piekarni.

– mówią im miejscowi, gdy ci są ciekawi historii z życia młodego wówczas Błaszczykowskiego. Pewnego sierpniowego popołudnia i ja przekraczam próg domu pani Felicji. Znam to miejsce i ten stół w centralnym punkcie salonu z rozmów z Kubą, ale i z telewizyjnych reportaży. Czy będę tu intruzem, zaproszonym, ale mimo to kimś obcym? Jak przekonać tych ludzi wokół mnie, że nie jestem ciekawska, tylko że ja po prostu chcę wiedzieć. Precyzyjnie rzecz ujmując, chcę się dowiedzieć, nie tylko jaki był, jest Kuba, ale i kim są ludzie mu najbliżsi. Zrozumieć i posłuchać, jak poradzili sobie z tym, co się wydarzyło w ich rodzinie, jakie emocje i myśli noszą w sobie do dzisiaj. Powitanie jest serdeczne. Kuby nie ma z nami, jest w Dortmundzie.

Wkrótce na stół wjeżdża legendarna i niezliczona ilość kotletów, klusek, sałatek (te ulubione Kuby i Dawida z czerwonej kapusty z majonezem też są). W zupie pławi się makaron zrobiony w nocy przez panią Felicję. Są ciasta. Dużo ciast. Zamknijcie oczy, dietetyczki i instruktorki fitness. Jest mi dobrze, ciepło i spokojnie. Jestem w domu, w którym na pewno nigdy nie jest cicho. Pierwsze skojarzenie: wielkie greckie – a dokładniej – wielkie truskolaskie wesele. Kuba, Kubuś – imię Błaszczykowskiego przewija się cały czas w rozmowach domowników. Tak jak imię jego mamy Anny, o której mówi się tutaj Hania.

Za mną kolejny próg wtajemniczenia. Dzięki decyzji Kuby i jego bliskich już niedługo zobaczę i dowiem się więcej od innych. Z czasem Jurek Brzęczek coraz rzadziej musi łamać opory domowników i przyjaciół Kuby, wołając z drugiego pokoju: Gosi mówimy wszystko! Chociaż są i takie sprawy i związane z nimi emocje, które na zawsze zostaną między nami. Jak to w rodzinie?

Intuicja, ale i łakomstwo podpowiadają mi, że im więcej zjem mielonych, tym szybciej przestanę być w tym domu „obcą". I rzeczywiście, po paru godzinach słyszę od pani Felicji: Ty jesteś nasza, a inni to przybysze.

Swego rodzaju zwycięstwem w moich spotkaniach z rodziną Kuby było dotarcie do Dawida, jego brata. Nie uszło mojej uwadze, że zanim zaczęliśmy ze sobą szczerze rozmawiać, przyglądał mi się nieufnie. Z czasem stopień jego szczerości i otwartości zaskoczył nawet mnie, kogoś, kto od lat próbuje z chirurgiczną precyzją otwierać dusze innych. Nie ma w nim pozy, ale jest mocna braterska miłość. To pewnie ona powodowała, że na początku Dawid wnikliwiej od innych filtrował ewentualne podteksty w zadawanych przeze mnie pytaniach – podteksty, których zresztą nie było. Ale żeby się o tym przekonać, brat Błaszczykowskiego potrzebował czasu. Często słyszałam od niego i od Kuby, że to normalne, że się kochają. Znam jednak zbyt wiele historii, w których sukces jednego z rodzeństwa mocno nadwyrężał więzi między nimi. U Błaszczykowskich tak się nie stało. Tak wychowała ich mama? Z pewnością, ale ta ich wzajemna miłość zdaje się mieć również mocne podwaliny w różnicach charakteru między nimi. Kuba „musiał" być piłkarzem, Dawid „mógł" nim być. Dawid rywalizację traktuje z przymrużeniem oka, Kuba zrobił z niej jeden z motywów życia.

Połączyły ich traumatyczne wspomnienia z dzieciństwa. Nie rozdzieliły inne standardy życia, zbliżyła miłość do piłki. Dawid posiada coś, co nie jest takie częste – umiejętność opowiadania obrazami, scenami, jakby wziętymi z filmu. Jeśli kiedyś taki powstanie, to z pewnością to, jak Dawid opowiada o swoim bracie, okaże się przy pisaniu scenariusza bardzo przydatne. Dziś czuję się w jego towarzystwie „swoja". Lubię grać z nim w kości (zwłaszcza że gdy przegrywam, to honorowo robi za mnie pompki), a gdy jeszcze się dowiedziałam, że w osiemnaście lat po śmierci mamy, w każdą sobotę robi porządek na jej grobie i układa świeże kwiaty, to...

Dawid:

Nie przypominam sobie, żeby ktoś z rodziny po śmierci mamy chciał nas oddać do domu dziecka albo żeby w ogóle powiedział coś na ten temat. Może gdzieś jakieś pogaduszki były, ale to u obcych, czy na przykład jak dostałem od pewnego pana tekst, że jestem sierotą. Może nie wiedział, jak się odgryźć, bo to było z takim przekąsem powiedziane. Może coś mu zrobiłem, nie pamiętam. Zresztą babcia nie pozwoliłaby na to. Mama pracowała w sklepie, w warzywniaku koło naszego domu. Pamiętam, jak jako mali chłopcy spędzaliśmy dużo czasu z babcią Felą i dziadkiem Wackiem, a rodzice jechali razem na zakupy na giełdę. Jak wracali po paru godzinach, to chciałem jak najszybciej biec do nich do sklepu. Tęskniłem, bo prawie nigdy nie było ich w domu. Mieliśmy taką drewnianą chatkę, a do murowanego domu to przeprowadziliśmy się dopiero, jak szedłem do pierwszej klasy. Nieraz potrafiłem sam z siebie posprzątać w szafkach. Mama się dziwiła: Kto posprzątał? A to ja. Siedzieliśmy w domu, nudziłem się, no to posprzątałem. Chciałem, żeby była zadowolona. To budownictwo było stare, drewniane, ściany lepione. Kiedyś z Kubą goniliśmy się i po tej gonitwie to do dnia dzisiejszego on ma palec zmiażdżony u nogi. Bo jak mnie gonił, to tak drzwiami mu przywaliłem. Wiele razy siedziałem w oknie i czekałem, aż mama wróci ze sklepu, i waliłem głową w szybę, aż dwa razy chyba ją wywaliłem. Z tego starego domu pamiętam, że jak była mocna ulewa, to nam się w dwóch miejscach lało z sufitu. Był piec na węgiel i grzejnik od tego przeprowadzony. Pamiętam też, jak dostaliśmy jeszcze w tym starym domu pod choinkę samochodzik. Nakręcało się go. A na mikołaja dostałem motorówkę z plastikowego tworzywa. Dzisiaj to może śmieszna zabawka, ale wtedy... To są te momenty, które pamiętam. W sobotnie wieczory oglądaliśmy w telewizji westerny. Kąpaliśmy się wcześniej, mieliśmy telewizor ustawiony centralnie przed łóżkiem i ojciec sobie siadał w fotelu, pił jakieś piwko, mama kładła się z nami we dwóch, my obok niej. Ona obierała jabłka, a my je jedliśmy. I westerny oglądaliśmy w czwórkę. Było przyjemnie. Inni koledzy dostawali coś, czego my nie mogliśmy mieć, na przykład ktoś kupił rolki, rower, hulajnogę, i ja też wtedy prosiłem: Mamo, kup! i takie tam. I nigdy nie było czegoś takiego: Nie kupię, odejdź stąd, tylko: Nie, synuś, nie mam teraz pieniążków, jak tylko będą, to ci kupię. Uwierz mi, na pewno będziesz miał takie rolki, taką hulajnogę. Zawsze mi obiecywała, że kiedyś przyjdą takie czasy. Kuba był bardzo zazdrosny o mamę. Nie wiem, skąd się to brało, może z charakteru. Ja to byłem bardziej wycofany, Kuba jak się chciał przytulić, to szedł i się przytulał. Ja byłem taki trochę wstydliwy. A pójdę, nie pójdę? Bardzo lubiłem, jak mama sprzątała przed świętami. Wszystko tak ładnie pachniało. Choineczka ubrana, firanki wyprane, pościel nowa. Tak bardzo miło czas świąteczny wspominam.

Kto jest kim w rodzinie Błaszczykowskich

Dawid: Duża ta nasza rodzina. Chcesz w skrócie poznać nasze drzewo genealogiczne?

MD Chcę.

Dawid: Mama miała czworo rodzeństwa. Najstarsza jest ciocia Teresa, mieszka w Truskolasach. Drugi był wujek Krzysiek, dziś pracuje w Bremie w Niemczech. Trzecia z kolei była mama, czwarta ciocia Gosia i piąty, najmłodszy, jest Jurek.

Ciocia Teresa miała męża, który ciągle wyjeżdżał i od czasu do czasu znikał. Potem przepraszał. Wyjechał, nie ma go miesiąc, a okazuje się, że w Argentynie siedzi. Teresa była w nim zakochana, ale jak kiedyś wrócił, to już go nie przyjęła. Mają jedną córkę. Teresa miała sklep tak jak mama. Jest bardzo sympatyczna, obrotna, dużo nam pomaga. Babci też. Bardzo ją lubię. Po niej urodził się wujek Krzysiek. Jeździ jako kierowca. Ma dwa kamazy. Bardzo fajny gość. Pracuje w Niemczech, a jego żona mieszka w Polsce. Mają trójkę dzieci. Dusza towarzystwa, to pierwsza osoba, która wszystkich rozbawi, żarty, kawały. Jajcarz nie z tej ziemi. Dzieci też ma w porządku. Potem była moja mama, a potem urodziła się ciocia Małgosia. Ona od początku jest przy babci i z nią mieszka do dziś. Trochę pracowała w Niemczech. Tam poznała swojego drugiego męża, z którym jest już kilkanaście lat. Z pierwszym ma córkę Sandrę. O Sandrze często mówimy „siostra". Studiuje filmoznawstwo w Krakowie. Co roku na Boże Narodzenie przygotowuje przedstawienia w domu, z naszymi dziećmi w roli głównej. Ciocia Gosia ciągle filmy ogląda i Sandra chyba po niej to przejęła.

Mama też parę razy wyjeżdżała do pracy do Niemiec. Z warzywniaka musiała zrezygnować. Ojciec już nie pracował. Teoretycznie się zwolnił ze szkoły, a praktycznie to mu kazali, bo pił.

Ciocia Gosia i mama były do siebie fizycznie podobne. Nie były grube, ale też nie były zbyt szczupłe... Jeśli chodzi o mamę, uważam, że była bardzo ładną kobietą. Mówię jako syn i chociaż w tych kategoriach nigdy o niej nie myślałem, to jak się wystroiła, to była atrakcyjna.

Jak miał się urodzić Jurek, to rodzeństwo nie za bardzo było szczęśliwe. Bo oni już prawie dorośli, a tu nagle małe dziecko. Twierdzą, że był w czepku urodzony. Jurek jest siedemdziesiąty pierwszy rocznik, więc babcia miała trzydzieści siedem lat, jak go urodziła.

Ale jak już był na świecie, to na pewno się cieszyli. Chociaż oni już kawalerka, imprezy, koledzy, a tu jakiś młody sepleni. Jurek w bardzo młodym wieku osiągnął sukces. To była od początku osobowość. Zaistniał w piłce jako młody chłopak w Olimpii Poznań, ktora grała wtedy w ekstraklasie, a jej trenerem był słynny bramkarz Hubert Kostka. To on zdecydował, że Jurek w wieku osiemnastu lat został kapitanem drużyny. To miało dla nas znaczenie. Poza tym, jak był problem, to Jurek zawsze znajdował złoty środek. Wielu osobom pomagał, doradzał.

Dziadek Wacek, mąż babci, nie był aniołkiem. Lubił sobie wypić i od czasu do czasu coś tam nabroił. Zawsze mi wszyscy powtarzali, że gdyby dziadek żył, toby tata „tego" nie zrobił, bo się go bał. Czuł przed nim respekt. Jak były domowe awantury, chociaż nie zawsze mówiliśmy mu o tym, to jak już się dowiedział, to potrafił odpowiednio zareagować. A nie mówiliśmy, bo wstyd był. Tu wokół nas same normalne rodziny, a my ciągle coś...

Tak, gdyby dziadek żył, na pewno by na to nie pozwolił. Mama to była jego ulubiona córka, a ja ulubiony wnuczek. Dziadek jeździł jako kierowca autobusu i zawsze brał mnie ze sobą. Ale i ze dwa razy po dupie dostałem od niego, jak na przykład chciałem biec do mamy, do sklepu, a już późna godzina była. Ciemno. Dziadek miał osobowość.

Nie zarabiał kokosów, ale babcia utrzymywała dom, bo była krawcową. Miała nawet dwie pracownice, które zatrudniała. Jak miała siedem czy osiem lat, to chodziła pieszo na Jasną Górę do Częstochowy i tam handlowała cukierkami. Często nam powtarzała: Jak zorze poranne wstawały, to ja na nogach do Częstochowy, a to ze dwadzieścia parę kilometrów było. I potem wracała do domu. Miała gęsi, kury, chociaż ja tego już nie pamiętam. Patrząc na małżeństwo dziadków, myślę, że babcia nie szukała zwady. Bardziej dziadek. Nie można powiedzieć, że nie był gospodarzem, ale babcia twierdzi, że to wszystko, co mamy, to jej zasługa. Miała siostrę, która mieszkała w Gdyni i której mąż był marynarzem. W tych czasach wiadomo, jak było, przywoził z rejsów jakieś swetry, ubrania, obrusy, i babcia handlowała tym, co przywiózł. Jak przestała być krawcową, to potem mieli szklarnię: warzywa, pomidory, ogórki. A potem kwiaty: chryzantemy, gerbery, goździki, kwiaty doniczkowe. Cięte.

Babcia do dzisiejszego dnia prowadzi kwiaciarnię. Jeździ na giełdę, mimo że ma ponad osiemdziesiąt lat. O czwartej rano wstaje. Jedyny jej błąd życiowy – jak mówi – to to, że nie zrobiła prawa jazdy i dziś musi wujka prosić, żeby ją woził. A tam to się jeszcze potarguje, dobrze ceny pamięta. Ja jako kawaler codziennie tam z nią jeździłem i często nie mogłem jej znaleźć. Tam weszła, tu poszła. Już pięć paczek kwiatów niesie: Bierz to, i znów dalej to tu, to tam. Babcia zawsze miała odłożone pieniądze i nam pomagała. Wszystkim wybudowała domy: i cioci Teresie, i cioci Gosi, i nam, i wujkowi Krzyśkowi. Wszystkim oprócz Jurka, bo on wcześnie wyjechał z domu i mu się wiodło w miarę dobrze. Jednym słowem, obdarowała swoje dzieci.

grudzień 2014

MD Wiesz, że twój brat bardzo cię kocha?

KB Tak, to normalne.

MD Różnie bywa. Kiedy słucham, jak o tobie mówi, to łapię się na myśli, że fajnie byłoby mieć takiego brata.

KB Zdajemy sobie sprawę z tego, że zostało nas dwóch. Ostatnio coś mu niemiłego powiedziałem, on coś odpowiedział i wiesz, że jak się godziliśmy, to się prawie popłakaliśmy.

MD Tak?

KB Tak, widocznie było nam to potrzebne.

MD Dawid też grał w piłkę, miał podobną kontuzję jak ty, ale dziś ma inne życie niż ty. Jak ma się brata, któremu się udało, można sobie z tym nie poradzić?

KB To u nas nie byłoby możliwe. Byliśmy tak wychowywani, żeby się wzajemnie szanować.

MD Ty byłeś ulubieńcem taty, Dawid nim nie był. On sprzątał szafki, a ty o piątej rano wracałeś do domu. W niektórych sytuacjach byliście więc jak ogień i woda.

KB Dawid sprzątał szafki?

MD Tak mi powiedział.

KB Ja też od czasu do czasu coś posprzątałem, może tylko trzeba mnie było trochę dłużej prosić.

MD I jeszcze coś... Dawid twierdzi, że nigdy nie miałeś problemu, kiedy chciałeś się do kogoś przytulić, pocałować. Szedłeś jak po swoje. A on stał z boku i się zastanawiał...

KB To cię zaskoczyło?

MD Tak, inaczej cię postrzegałam.

KB Widzisz, ile jeszcze mam tych zameczków do otwarcia?

MD I znalezienia kluczyków do nich.

KB *(śmiech)* Kiedyś wszystkie szafki otworzysz.

MD Zobaczę tam radosnego człowieka?

KB Do pewnego momentu tak. Potem byłem już zamknięty w sobie. Ale wtedy jeszcze lubiłem, jak ktoś mnie chwalił, lubiłem się popisywać. Jak były jakieś rzeczy do zrobienia związane ze sportem, to ja od razu pierwszy, a inne to już przecież wiesz... już tak się nie paliłem.

MD No to jednak różniliście się z Dawidem?

KB Mieliśmy inne charaktery. Teraz Dawid jest bardziej wybuchowy, a ja bardziej spokojny i zdystansowany. Życie już mnie nauczyło, że wieloma rzeczami nie warto się przejmować.

MD Czym się przejmujesz?

KB Jeszcze do niedawna bolały mnie słowa krytyki, które o sobie czytałem, nieprawdziwe komentarze. Już się uodporniłem. Mam to gdzieś. Teraz przejmuję się tym, żeby wrócić do pełnej dyspozycji i być w dobrej formie. I chcę udowodnić, że można. Na tym mi bardzo zależy.

Dawid:

Szybko skończyłem karierę. W wieku dziewiętnastu lat tak jak Kuba teraz zerwałem więzadła krzyżowe. Tak jak on teraz. Ale nie trafiłem do dobrego lekarza, tylko do tutejszych, którzy nie byli w stanie stwierdzić, co mi jest. Potem byłem u jakiegoś znachora, leczył mnie różnymi maściami. Tydzień, dwa. Zacząłem delikatnie trenować, ale czułem, że coś jest nie tak, kłuło mnie pod kolanem. Ale znowu zagrałem, nic się nie wydarzyło. W następnym meczu trener mnie wpuścił w przerwie. Minęło z dziesięć minut, biegłem i nie wiem, czy źle stanąłem, czy co, ale już padłem. Kolano spuchło tak bardzo, że Jurek [Brzęczek] powiedział, że czegoś takiego nie widział. Musiałem mieć dwie operacje. Jedna, siedem miesięcy przerwy, potem druga, i kolejny rok przerwy w graniu. W tym czasie wziąłem ślub, urodziła mi się córka. Studiowałem. Jako żonaty facet nie miałem czasu na granie w piłkę, to znaczy grałem w lokalnej drużynie. Z Rakowa odszedłem, jak poszedłem do pierwszej klasy szkoły średniej. Byłem bocznym obrońcą, ale najczęściej defensywnym pomocnikiem. Nie przypominam sobie, żeby to wtedy był dla mnie koniec świata. Byłem zakochany. *(śmiech)* Nieraz tylko wieczorami myślałem sobie, że pewnie już w piłkę grać nie będę. Był trener, który stale mnie nachodził, i po dwóch czy trzech latach znowu grałem, ale kolano zaczęło się odzywać. I były takie dni, że po meczu, na drugi dzień, już nie mogłem chodzić. I jak już piłki kopnąć nie potrafiłem, to okazało się, że najprawdopodobniej więzadło, które miałem operowane, się nie przyjęło, czyli tak jakby go nie było. Grałem bez niego i uszkodziłem sobie łękotkę. Jeden dziennikarz napisał kiedyś o mnie w „Gazecie Wyborczej", że mam kolano jak weteran wojenny.

Jak tak sobie przypominam, to wcześniej rzeczywiście było tak, że jeden drugiego unikał. Tak jak mówiłem, ja szedłem z moimi kolegami, a on się plątał. Po co przyszedłeś? Wtrącał się w naszą zabawę czy w rozmowę. Wiadomo, ja czternastolatek, a on miał jedenaście lat. Jeśli chodzi o naszą grupę, to byliśmy starsi od niego i ciężko miał, żeby być liderem. Nie pozwalaliśmy na to, co nie znaczy, że on nie próbował rządzić czy nas zdominować. Na pewno przez głowę dostał, jak podskakiwał. Jak ja się ożeniłem, to drogi nasze trochę się rozeszły. Nie mieszkaliśmy już razem. Zacząłem studia, jeździłem w poniedziałek do szkoły, wracałem w piątek, miałem małego bąka – córkę, więc mało się widywaliśmy.

Nie zwracałem uwagi na to, czy takie same dziewczyny się nam podobały. Nie było nigdy czegoś takiego, że porównywaliśmy własne gusty. Nie że ja lubię blondynki, a on czarne i odwrotnie. Czy mu się jakaś dziewczyna podobała, czy nie, nie chciał mi powiedzieć, bo wiedział, że jak mi powie, to będę się nabijał albo zacznę pytać. Jak jeździłem do mojej przyszłej żony, to mówił, że jeżdżę do Kraju Kwitnącej Wiśni. *(śmiech)*

Śmichy-chichy to do dzisiejszego dnia są u nas, ale już bez złośliwości.

Pamiętam sympatie Kuby. Pierwsze miłości miał w podstawówce. Takie przelotne. Kilkumiesięczne czy kilkutygodniowe fascynacje. Była jedna, w której wszyscy się kochali. Mieszka w Truskolasach i ma męża, kuzyna najlepszego kolegi Kuby, Adasia. Pierwsze sympatie to były bardziej w średniej szkole. Z Częstochowy taka jedna blondynka, ale ja ją bardzo rzadko widywałem. Z pierwszą jego poważną dziewczyną nie miałem za dobrego kontaktu. On tu z nią przyjechał raz i drugi, ale źle ją odbierałem. Tak jakoś niegrzecznie się do mnie odezwała. Gorączki dostałem. Było tak, że pojechali gdzieś i nie dawali dwa czy trzy dni znaku życia. Denerwowałem się, szukałem go, dzwoniłem po kumplach. Jechałem do niej, a on tam był i nic go nie obchodziło, czy ktoś się martwi, czy nie. Jak był w internacie, to brakowało mu chęci, żeby się uczyć. W tamtych czasach nie było jeszcze tak ciężkich treningów, wszystko było jakoś dostosowane do obowiązków szkolnych. Z treningu miał iść do szkoły, ze szkoły na trening. Nie miał rodziny, nie miał obowiązków. To nie był taki poziom szkoły, żeby uczył się godzinami. Ważne tylko, by coś tam umiał. Ale widocznie nie po drodze mu była szkoła. Trochę z tym problemów było. Potem, jak już wrócił z Zabrza, nadal lubił wagarować. Ale często powtarzał tym, którym się to nie podobało: Jeszcze przyjdziecie do mnie. Jeszcze zobaczycie. Ale tych, co mu pomagali, traktował w miarę dobrze. *(śmiech)* Był na przykład taki wuefista, który mu pomagał.

grudzień 2014

MD Brat był twoim najlepszym kumplem?

KB Nie, na początku tak nie było. Ale musieliśmy podjąć decyzję, czy zostaję w domu z babcią, czy nie. Dawid mieszkał już z żoną i powiedział, że jakby co, to będę mógł mieszkać u niego. Wtedy między nami zaczęło odbudowywać się to, czego wcześniej chociażby z powodu różnicy wieku nie było.

MD Dlaczego nie chciałeś mieszkać z babcią?

KB Miałem osiemnaście lat i miałem swoje zdanie, babcia swoje, dochodziło do różnicy zdań. Trzeba było podjąć jakieś decyzje. Musiałem wreszcie stanąć na własnych nogach. Pojechałem do Krakowa.

MD Zostałeś wyrzucony z domu...?

KB Nie słuchałem się, nie chciałem sprzątać, i to nie było tak, że wyleciałem, tylko Gosia, siostra mamy, chyba w nerwach powiedziała: wyp... stąd. To tak mnie zabolało, że powiedziałem, że już nie wrócę.

MD Wróciłeś?

KB Nie.

MD Jak ty to w sobie ułożyłeś, że nie masz w sobie zapiekłości, że nadal masz świetne kontakty na przykład z Małgosią?

KB Co to da? Poza tym ja też nie byłem łatwy. Wagarowałem, nie chodziłem do szkoły, nie chciałem nic robić. To nie był żaden kryminał, ale się często biłem. Szkoda życia, żeby dziś udowadniać, kto był mocniejszy, kto silniejszy, kto komu bardziej ubliżył czy więcej krzywdy zrobił. Każdy gdzieś tam w środku wie, jak było. Rozmawiałaś z nimi o tym?

MD Mam zaległy telefon z Małgośką.

KB Tak czy inaczej raz na zawsze skończyłem z tym, co było u nas złą rzeczą w rodzinie, czyli z gadaniem za plecami.

Spędziłam w rodzinnych stronach Kuby kilka dni. Jednego popołudnia pojechaliśmy z Jurkiem Brzęczkiem zapalić światełko na grobie jego siostry, mamy Kuby. Niewielki cmentarz, z charakterystyczną dla takich miejsc ciszą.

Na nagrobku Anny Błaszczykowskiej świeże kwiaty. Pytam Jurka, czy mogę zrobić znak krzyża na zdjęciu jego siostry, a on się dziwi, skąd wiem, że u nich też tak się robi. Nie wiedziałam. Podczas rozmów z rodziną Brzęczków i Błaszczykowskich imię mamy Kuby pojawia się równie często jak jej syna. Hania, bo tak na nią mówią, to, Hania tamto, a pamiętasz, jak Hania?

Przyglądam się zdjęciom, na których jest Anna Błaszczykowska. Jest ich zaledwie kilka. Tych z mężem w ogóle nie ma. Kuba mówi o nich: „potargałem je". Została na nich tylko mama. Z siostrą, z koleżankami i ze swoją mamą, panią Felicją. Z synem. Trzydziestoparoletnia szatynka nie uśmiecha się na prawie żadnym z nich. Cofam i zatrzymuję kasetę z komunii Kuby. Anna Błaszczykowska w fartuszku nałożonym na czarną koronkową bluzkę jest cały czas w ruchu. Kiedy na chwilę przysiada, raczej milczy. Słucha rozmów innych i ani przez moment nie spuszcza oka z Kuby i Dawida. Przez ułamek sekundy, a może tylko mi się wydaje, na jej ustach błąka się uśmiech.

Felicja Brzęczek:

Hania zawsze tylko: moi chłopcy. Była bardzo religijna, codziennie w kościele na dziesiątą. Potem do mnie przychodziła: daj kwiatki na grób, do tatusia pójdę. Ubrać się lubiła, i to tak z gustem. A u nich w domu co się tam działo, to ja nie wszystko wiedziałam. Dopiero potem od koleżanek po jej śmierci się dowiedziałam. Jakbym wiedziała, to bym nie pozwoliła jej tam wrócić. Oni u mnie od małego byli przyzwyczajeni, że po dwa–trzy tygodnie mieszkali. A jak nie, to jeść przychodzili. Zawsze mówiłam: Haniu, ja ci ziemniaki, węgiel na zimę kupię. Opłacałam, co mogłam. Ojciec Kuby póki się nie rozpił, to nie był zły. Kuba z twarzy bardziej podobny do ojca.

Im dłużej to trwało, to Hania mówiła: Mamuś, może mojemu Kubusiowi jakoś wyjdzie z tym sportem. Bo ja już mam taką mękę. Jak nie ty, to chyba bym nie żyła. Wyszłam kiedyś do niego i mówię: Zygmunt, chcę ci powiedzieć parę słów. Masz wykształcenie, chłopcy chodzą do szkoły, nie rób im wstydu. A on: Ja się w tym swoim towarzystwie najlepiej czuję.

Jak wszedł w stadium alkoholowe, to... akurat tam zaszłam, patrzę, a on obiad na ścianę rzucił. Ja połowy nie wiedziałam tego, co tam się działo. Koleżanki wiedziały, ale mnie Hania nie chciała mówić. U nas z dziećmi często przebywała. Tydzień i dwa. Mówiłam: Haniu, wprowadź się do mnie, chyba znowu z Zygmuntem się nie odzywasz. Mamusiu, nie martw się, ja sobie dam radę. Haniu, mówisz, że jesteś silna, ale może coś być znienacka, nie zostaw mi dzieci, bo już ci ich nie wychowam. Nie dam rady. Gdyby mój mąż żył, to by się to nie stało. On się męża bał.

Dawid:

Ciężko powiedzieć, czy mama była radosna, ale na pewno była pozytywna. Kuba był bardzo zazdrosny o mamę. Z tego, co wiem, ojciec też. Pamiętam, u Jurka na weselu jakiś facet zatańczył z mamą, to ojciec tak trafił go w mostek, że aż go zatkało. Wiem, że jego to bardzo denerwowało, jak mama gdzieś wyszła czy robiła coś bez niego. I myślę, że ta zazdrość go zniszczyła.

To musiała być miłość. Z tego, co wszyscy opowiadają, ojciec to był bardzo ułożony, wykształcony człowiek. Podobno w wieku dziewiętnastu lat to on nawet piwa nie pił, a jak już, to mył zęby ze dwie godziny.

Teresa:

(siostra mamy Kuby):

Była bardzo dobrym człowiekiem. Pracowita, tak jak my wszystkie. Zaradna, bardzo dobra matka. Żona chyba też. Miałam z nią najlepszy kontakt. Pomagałyśmy sobie. A ona tylko: moi chłopcy i moi chłopcy. Zawsze ich brała ze sobą, nie opuszczała na chwilę. To nie były takie czasy jak teraz, żeby człowiek mógł sobie na wszystko pozwolić. Najpierw stawiałyśmy na dzieci, aby im kupić, coś dać, żeby miały wszystko, a my na drugim miejscu.

Początki ich życia na pewno były dobre. Jak przychodzili do mnie, to było w porządku, dopóki za dużo nie wypił... Na początku Hania może była bardziej stanowcza, a on może mniej się stawiał. Ale potem jak zaczynał pić, to mi się nie podobał. Średniego wzrostu, dla mnie nie za przystojny. Dawid, cała mama. Rysy Kuba może ma więcej ojca, ale nie daje sobie powiedzieć, że jest do ojca podobny. Tylko że też do mamy.

A potem stało się, co się stało. Wybaczam mu jako człowiekowi, bo jestem głęboko wierząca. Ale nie wybaczam mu tego, że skrzywdził strasznie własne dzieci. Że zabrał im tę matkę, nam siostrę – tego nie wybaczę.

Małgosia:

(siostra mamy Kuby):

Hania była oczkiem w głowie naszego taty. Robiła z tatą, co chciała. Sprzeczki były jak to w rodzeństwie, ale nigdy się nie gniewałyśmy.

Jeśli chodzi o jej małżeństwo i o Zygmunta. Ona była skryta. Nie rozmawiałam o tym z Hanią, ale ja od początku go nie lubiłam. Ona przed nami ukrywała, że tak się u nich dzieje.

Dziwię się, że się nam nie zwierzała. Na to małżeństwo sceptycznie patrzyłam. On to zauważył, widział, że go unikam. Może na początku to było zauroczenie, ale potem już tylko poświęciła się dzieciom. Wszystko dla nich.

Na początku to do kościoła szli razem, gdzieś jechali. Rodzinę chyba na początku dobrą tworzyli. A potem to życie jej zmarnował. Z mamą często dawałyśmy jej do zrozumienia, że nie był to dobry wybór. Kuba może i podobny, ale jest ze sto razy przystojniejszy, a w Dawidzie widzę całą Hanię. Kuba skryty po mamie, dusi w sobie.

Jurek:

Często rozmawialiśmy z Hanią o Kubie, że on jest niesamowicie za piłką, że ciągle tylko mówi, że chciałby zrobić taką karierę jak ja. Odpowiadałem: Ja mogę go wesprzeć i pomóc, ale sam musi do tego dojść.

Dla niego w tym okresie już na pierwszym miejscu była piłka. Szkoła na drugim. Całe szczęście, że siostra zwracała też na to uwagę.

W piłkę nożną nie będziesz grał do końca życia, każdy musi mieć jakieś wykształcenie, żeby dać sobie potem radę w życiu.

MD Już kiedyś ustaliliśmy, że nie bardzo obchodzi cię, co ktoś pomyśli…

KB To prawda. Ale trzeba oddać szacunek człowiekowi, który dał mi życie. Dzięki któremu jestem na tym świecie. Każdy z nas ponosi konsekwencje tego, co zrobi. Pytanie, czy jesteś na tyle mądry i dojrzały, że zrozumiesz, co zrobiłeś, i będziesz potrafił to naprawić. Nie otrzymałem od ojca takiej odpowiedzi. Starałem się dowiedzieć. Nieraz pytałem sam siebie, jak to jest, że mój ojciec miał podobny do mojego charakter, był tak samo zawzięty jak ja… nie odpuszczał, a jednocześnie…

Ojciec, tato, tatuś (chciałbym, żeby tak właśnie kiedyś same z siebie mówiły do mnie córki – powie Kuba).

Ojciec… gdy któryś raz z rzędu oglądam film z dnia komunii Kuby, wśród gości i domowników przez moment na ekranie pojawia się Zygmunt Błaszczykowski. Jest, a jakby go nie było. Nie wiem dlaczego, ale w tym momencie przypomina mi się podział na naszych i przybyszów. Kiedy po kilku miesiącach przechodzimy z Kubą słynnym tunelem dortmundzkiego stadionu, który prowadzi zawodników Borussii na murawę, nie wiem dlaczego mówię: Wiesz, ładne nazwisko nosił twój ojciec. Kuba nie podejmuje tematu, ale odnoszę wrażenie (jak to wrażenie, może być ulotne), że sprawiam mu tym przyjemność.

Od jego bliskich często słyszę, że jeszcze do niedawna nie znosił jakichkolwiek porównań z ojcem. A kiedy ktoś mówił, że jest do niego podobny, dostawał szewskiej pasji i często wychodził z pokoju. Podobno ma jego oczy i kolor włosów. Co jeszcze? Nie wiem. Udało mi się trafić na kilka fotografii Zygmunta Błaszczykowskiego – na obu podpiera ręką brodę, tak samo jak dziś robi to jego syn.

No i łączy ich nazwisko, dziś rozpoznawalne w piłkarskim świecie.

Są przewiny tak ciężkie, że nie poddają się żadnym „ale" i nie podlegają jakiejkolwiek relatywizacji. To nie znaczy, że z biegiem lat przestaje się – jeśli w ogóle można – o nich myśleć. Nawet jeśli zostały raz na zawsze zakwalifikowane moralnie i, jak w tym przypadku, przypieczętowane wyrokiem sądowym.

Ojciec... to ktoś już z samej definicji bardzo ważny w życiu każdego dziecka, w życiu każdego syna.

Ktoś, kto ma być oparciem, a gdy już go zabraknie, we wspomnieniach ma dawać siłę na całe dorosłe życie.

Ojciec... ktoś, o kim każdy syn chce mówić z dumą. Nauczyciel, mentor, przewodnik, wreszcie przyjaciel. Ktoś, dla kogo prężyło się chłopięce muskuły, zdobywało pierwsze „gole". Także te w dorosłym życiu. Żebyśmy nie wiem jak bardzo starali się wyprzeć go z pamięci, był i zawsze będzie ważny. Bez względu na to, jaki jest, jaki był. Nie wiem, czy to przypadek, ale jedno z najczęściej zadawanych przeze mnie w wywiadach pytań dotyczy relacji mężczyzn z ich ojcem. Większość z nich nie zdążyła się z nim pożegnać tak, jak by chciała. Zabrakło odwagi, czasu, a i niekiedy wspólnego życia.

Często w takich rozmowach pojawiało się pytanie dodatkowe: Czy zależało panu na tym, żeby ojciec był z pana dumny? Nigdy nie usłyszałam odpowiedzi: Nie, nie zależało mi.

Kochać i wybaczać. Zrozumieć motywy? Wymazać z pamięci to, co najgorsze? Ale jak? A jeśli w ogóle, to kiedy?

To delikatna materia, tak delikatna, że podczas rozmów z Kubą bywało, że powstrzymywałam dziennikarską dociekliwość, a instynkt podpowiadał mi, że tamtych drzwi już nie otwieramy.

Z drugiej strony, mam poczucie, że otworzyliśmy prawie wszystkie z nich...

Te ostatnie z tabliczką „Ojciec i syn" Błaszczykowski pewnie wkrótce otworzy sam...

Dawid:

Było jak było. Wychowaliśmy się w takich warunkach, jakie mieliśmy. Mama nie miała takiego charakteru, żeby się podporządkować. Miała zawsze swoje zdanie, nie chciała słuchać babci. Uważam tak i zrobię tak, jak uważam. Babcia nieraz mówiła: Hania, nie rób tak, nie idź tam. A ona: Mamo, zrobię, jak uważam. [Czy to tej cechy Kuba nie odziedziczył po mamie? – M.D.]

Traumę przechodziłem przez ojca, bo często rano kazał mi wypić szklankę mleka, i ja do dzisiejszego dnia nie lubię mleka. Czasami siedziałem półtorej godziny przy stole i nie puszczał mnie, dopóki nie wypiję, a ja i tak nie wypiłem. Kuba akurat lubił mleko. Nie przypominam sobie, żeby były takie sytuacje, żeby ojciec mu cokolwiek wmuszał. Mnie się wydaje, że on miał zawsze większe fory u ojca. Ja zawsze dostawałem po łbie. On odnosił większe korzyści.

Pamiętam, że ojciec w Kubie widział większy talent. Byłem w trzeciej klasie i poszliśmy razem na narty koło domu babci. Może nawet miałem mniej lat. Ojciec postawił mnie na górze, założył mi narty i kazał zjechać. Ze strachu zlałem się w pory. Ale może o tym nie pisz *(śmiech)*, bo przy takim bracie trochę głupio. [Dawid, nie wyrzucam, bo... jesteś fajny facet. Obronisz się. Poza tym byłeś wtedy dzieckiem – M.D.]. To nie była mała góreczka, a na dodatek te narty były takimi sprężynami na buty założone. Może Kuba wtedy zjechał, ale ja byłem tak wystraszony, że nie dałem rady. Pamiętam też, że siedzieliśmy przed telewizorem i ojciec pytał nas: Ile zrobicie pompek, ile brzuszków. Ja tego unikałem, a Kuba od razu się rozbierał i je robił. A mnie ojciec cisnął: Dlaczego nie robisz? Jesteś słabszy. A jakby Kubie tak powiedział, to on by zrobił i sześćdziesiąt pompek. Charakter wojownika miał od zawsze. Nie podchodziłem do tego tak bardzo ambitnie jak on. On to był taka żyła, że jak ktoś mu na ambicję wjechał, to nie odpuszczał. Choćby miał dwa tygodnie pracować, to by to zrobił. Charakterny był niesamowicie. Z tego, co słyszałem, to ojciec też bardzo dobrze grał w piłkę, ale miał problemy mięśniowe i mięsień dwugłowy kontuzjowany. Nie grał na jakimś wysokim poziomie, to była chyba szósta czy siódma liga. Ale do dzisiejszego dnia opowiadają, że był dobrym piłkarzem.

Miałem czternaście lat, jak mama zginęła.

Z ojcem spotkałem się pierwszy raz dopiero wtedy, jak załatwiałem papiery związane z naszym domem. Kuba nie chciał jechać, ale ktoś musiał. Spotkanie z ojcem było ciężkie. Zadzwoniłem i powiedziałem, że chciałbym porozmawiać w sprawie domu. Odpowiedział, że on go nie chce i że jest dla nas. Córka mi się wtedy urodziła. W końcu mówię: Nie mogę odkładać. Jadę. To było pierwsze nasze spotkanie po jego wyjściu z więzienia. I takie pytania: Co tam u ciebie? Jak tam córeczka? Później zadzwoniła znajoma i mówi, że tata jest w dosyć ciężkim stanie i leży w szpitalu. Miałem dylemat, co zrobić, ale stwierdziliśmy z Kubą, że nie można tego tak zostawić.

Wiele razy myślałem o tym, że nie mam ojca od momentu, w którym zabił moją mamę. To był dla mnie szok. Ale wtedy, gdy potrzebował pomocy, to uważałem, że jako syn powinienem mu jej udzielić. Po rozmowie z Kubą zdecydowaliśmy, że mu pomożemy.

Miał marskość wątroby i leżał na oddziale intensywnej terapii. Co mogłem, to pomogłem. Zacząłem działać, załatwiłem wizytę u lekarza. Pojechałem tam z nim. Ale też mówiłem mu prosto z mostu – jeżeli dowiem się, że znowu zaczął pić, to nie będę pomagał. Twierdził, że nie pije, i wtedy rozmowa zeszła na temat mamy. I wyczuwałem, że to nie jest tak, że on w stu procentach bierze winę na siebie. Szukał albo próbował znaleźć wytłumaczenie. Bardzo mnie to denerwowało, że nigdy nie czuł skruchy. Mówił, że wie, że źle zrobił, ale zaraz dopowiadał, że to nie była jego wina, że to towarzystwo itd.

Ojciec po wyjściu z więzienia mieszkał ze swoją mamą w Kłobucku, z dziesięć kilometrów od nas. I wtedy, jak jeździłem z nim do lekarza, to ktoś mi powiedział, że widział go pijanego raz, drugi. Powiedziałem mu, że słyszałem, że pije alkohol i że nie będę mu pomagał, jak tak dalej będzie. Kiedyś wracam z żoną i dzieckiem z zakupów, odbieram telefon i słyszę: Co ty teraz robisz? – Jadę samochodem. – A gdzie? To się zatrzymaj. I wtedy taką wiązankę mi sprzedał... i nagle odłożył telefon. Był pijany.

Poczułem się, jakby ktoś mi dał w twarz. Dojechałem do domu, wysiadłem, wykręciłem jego numer, raz, drugi, piąty. Nie odebrał. Potem zaczęły się podchody. Jak słyszał, że gdzieś będę, to tam przychodził i szukał ze mną kontaktu. A później było to spotkanie z Kubą, o którym wiesz. Grałem na hali w piłkę nożną, Kuba też tam był. I mówię do brata, że ojciec jest na hali. To było ich pierwsze i ostatnie spotkanie po śmierci mamy. Kuba powiedział, że nie poda mu ręki. Rozmawiał z nim ostro. Ale pewnie o tej rozmowie już ci mówił. Nie? To pewnie ci powie. Wiesz, kiedyś spotkałem się z jednym księdzem i ten mnie pyta, czy wybaczyłem już ojcu. Mówię, że jeszcze nie, a on, że Bóg każe wybaczać, a ja, że to nie jest takie proste. Zapytał, czy oglądałem film *Wszyscy jesteśmy Chrystusami*.

Jak już zmarł, to byliśmy na jego pogrzebie. Przywitaliśmy się z jego rodziną. A babcia, czyli jego mama, przy grobie powiedziała, że on już nie chciał żyć. Leżał, nie jadł, nie pił.

Powiem szczerze, że w momencie, kiedy go pochowaliśmy, to mu wybaczyłem. To jednak mój ojciec. Jak stałem nad grobem, to w sercu sobie powiedziałem, że wybaczam. Jurek, babcia chyba nie, ale to wyłącznie moje prywatne odczucie. A Kuba? Myślę, że w jakimś stopniu też mu wybaczył.

listopad 2014

MD Ojciec siedzi w więzieniu i...

KB Nic się z tamtego okresu nie dowiemy, bo nie miałem z nim kontaktu. Raz tylko się z nim spotkałem. A dziś on nie ma szans, żeby mógł się bronić. [Zygmunt Błaszczykowski po odsiedzeniu wyroku zmarł 23 maja 2012 r. Było to dosłownie kilkanaście dni przed inauguracją EURO 2012]. Chciałem wiedzieć, czemu tak się stało, jak się stało, ale nie chciał na te pytania odpowiedzieć. Zastanawiałem się, czy on nie miał w sobie aż tyle odwagi, żeby się przyznać, czy też nie chciał przed swoim synem okazać słabości.

MD I...?

KB Bał się przyznać, nie było skruchy. Jestem już dorosły i myślę: przecież można się było rozejść. Jak już się nie da inaczej, to trzeba podjąć jakieś kroki. Wydaje mi się, że gdyby ojciec nie nadużywał alkoholu, to i myślałby inaczej. Bo to nie był głupi facet. Zrobił dwa fakultety. Uczył w szkole. To był naprawdę mądry gość, ale gdzieś się zatracił.

MD Może to dziwne pytanie, ale myślisz, że mama byłaby zadowolona, że byłeś na jego pogrzebie?

KB Tak sobie myślę, że może oni już się tam pogodzili. Staram się to sobie jakoś poukładać.

MD Jeszcze chwila i zacznę podejrzewać, że ty też masz dwa fakultety, ale z życia.

KB Straciłem wszystko, co miałem, muszę iść do przodu. Mam dzieci, którym trzeba pokazać inną drogę w życiu.

MD Jak Dawid poradził sobie z tą tragedią?

KB Brat nie miał aż takiego problemu. Mniej widział, obrazki były inne. I to wszystko.

MD Wszystko?

KB Tak. Była, jak ci mówiłem, po tym, co się stało, tylko jedna rozmowa między mną a ojcem. Chyba czternaście lat po tragedii. Zadzwonił, odebrałem, a on mówi: Tata dzwoni. Odłożyłem słuchawkę. Jedyna rzecz, jaka mnie wtedy dręczyła, to że łudziłem się, że może on ma jakieś wyrzuty sumienia... że w pewnym sensie posypie głowę popiołem, ale tak się niestety nie stało. Mogłoby to zmienić pewne rzeczy... być może...

MD Ważne jest, co z tym już zrobiłeś czy kiedyś zrobisz...

KB Jedyna rzecz, jaka chodziła i chodzi mi po głowie, to czy on zrozumiał, co zrobił? Ale niestety nie. Nasze spotkanie to był przypadek. Byłem akurat na hali sportowej w Kłobucku. Podszedł do Dawida, a brat mu powiedział, że idę przed nim. Podszedł i zaczął rozmawiać. Zapytałem, czy wie, co zrobił. A on: Ty znowu o tym. Mówię: a o czym mamy rozmawiać, jak nigdy jeszcze na ten temat nie rozmawialiśmy? Wtedy powiedział, że to nie jest tak, jak myślę. Później zmienił temat i utwierdził mnie w przekonaniu, że przez ten czas, kiedy nie miałem z nim kontaktu, nic nie straciłem.

MD Twoja ocena tego, co się wtedy stało, zmienia się wraz z upływem lat?

KB Oczywiście, że tak. Inaczej na to patrzysz, także w kontekście własnego doświadczenia. Najważniejszej rzeczy nie da się wymazać, ale mimo to starasz się szukać jakiegoś wytłumaczenia. Żeby się nie załamać. Musisz iść dalej, dążyć do tego, co sobie kiedyś założyłeś. Jeszcze nie mogę powiedzieć, czy mi się to udało, bo jestem za młody, ale wydaje mi się, że w pewnym sensie wygrałem swoje życie. Nie poddałem się. Wyszedłem z tego obronną ręką.

MD Mama była ładną kobietą?

KB Tak, brat jest bardzo podobny do mamy. Tak wszyscy mówią.

MD Ty do ojca?

KB Kolor włosów i oczy mam jego. Często słyszałem, że jesteśmy bardzo podobni do siebie.

MD To ojciec był przystojny?

KB Nie wiem, bo ja nie wiem, czy ja jestem przystojny. *(śmiech)*

MD Jesteś.

KB Tak?

MD Tak.

KB Chyba miałem z nim najlepsze relacje z całej rodziny. Jak coś trzeba było załatwić, to zawsze z tatą o tym rozmawiałem. Byłem jego ukochanym synem.

MD Dużo mogłeś z nim załatwić?

KB Trochę go uspokoić, jak zaczynał być agresywny czy jak się zaczynał denerwować. To zawsze ja to robiłem.

MD Bywał serdeczny?

KB To już tyle czasu, że ciężko mi sobie przypomnieć.

MD Kuba, znowu robisz unik?

KB Za dużo negatywnych rzeczy mi go przesłania, dlatego trudno mi myśleć o pozytywach. Wrócimy jeszcze do tego, dobrze?

MD Odczuwałeś brak ojca?

KB Wiesz, że nigdy nie zadawałem sobie tego pytania. Życie jest, jakie jest. Ja dostałem takie. I nie mam zamiaru się nad sobą rozczulać. Wiem, że wielu z nas ma bardzo ciężkie życie i mimo to potrafi sobie z nim poradzić. Mam płakać nad sobą? Nie, trzeba żyć dalej. Patrzyłem, jak mama sobie radzi. Miała dwójkę dzieci i męża, który nie pomagał, a raczej przeszkadzał, a mimo to wiązała koniec z końcem. Matka w oczach takiego młodego chłopaka, jakim wtedy byłem, jest prawdziwym bohaterem. Radzi sobie, a jak coś obiecuje, to tak będzie. Jak ustalasz z nią, że będzie jabłko za dwa dni, to jabłko było. Mimo że zawsze musiała te pieniądze od kogoś pożyczyć. Poza tym człowiek przy niej czuł się bezpiecznie, i zawsze z nią. I te przeżycia, o których tylko my wiemy, to wszystko nas jeszcze bardziej zbliżyło. Mnie, Dawida i mamę.

MD Ojca... kochałeś?

KB Do momentu, kiedy to się stało, mimo tego, że było, co było, wierzyłem, że będzie lepiej, że coś się zmieni. Mama też w to wierzyła. Że ojciec przestanie pić, że będzie normalnie. Ale w tej końcówce to problem z alkoholem był już duży. Pił prawie codziennie. Trudno w to uwierzyć, ale mimo to miałem z nim dobry kontakt. To normalne, że każdy młody chłopak chce mieć ojca i chce mu imponować.

MD Słyszałam, że ci się to udawało...

KB Zawsze jak graliśmy w piłkę, to patrzył, dopingował. Trzymał z tym mniejszym, czyli ze mną. Ojciec, mam wrażenie, że z psychiką miał problemy. Rolki zakładał, jeździł po wsi. Dla nas to nie było łatwe, bo ludzie sobie wyrabiali zaraz zdanie o całej rodzinie. Ale też były sytuacje, że mama wiedziała, że on pił gdzieś na rynku, a mimo to przychodziła do domu, sprzątała, gotowała mu obiad. Raz pamiętam, że nie było nas ze cztery dni w domu i jak wróciliśmy, to akurat złapaliśmy złodzieja, bo wszedł przez piwnicę. Mama go wyrzuciła. Była odważna.

MD Myślałeś czasami: Jak będę najlepszy, to zasłużę na jego miłość?

KB Nie w tych kategoriach. Jeżeli już, to piłka nożna była dla mamy. Cały czas mówiła: Moje chłopaki będą grać w piłkę. I wierzyła, że jeszcze pokażemy, co potrafimy, że damy radę. Ta myśl napędzała mnie, żeby iść do przodu. Pamiętam, jak pojechałem z Wisłą Kraków na Cypr i mamy już nie było... Wziąłem discmana, włączyłem muzykę, poszedłem nad morze. Rozmawiałem z mamą, że teraz to moja jedyna szansa, żeby się wybić. Nie odpuszczę, muszę ją wykorzystać. I udało się.

MD Jaką ksywę miałeś na boisku?

KB Mały. Nigdy nie grzeszyłem wzrostem. Jeszcze w ósmej klasie miałem metr pięćdziesiąt sześć wzrostu. Nawet może metr pięćdziesiąt dwa, ale to wszystko było spowodowane stresem po śmierci mamy. Dopiero jak poszedłem do szkoły średniej, to dość szybko urosłem z dwadzieścia centymetrów. Dziś mam metr siedemdziesiąt sześć.

MD Dawid jest wyższy?

KB Tak, ma ponad metr osiemdziesiąt. Mama też była wysoka, miała metr osiemdziesiąt. Ojciec też tak jak ja, około metra siedemdziesięciu siedmiu.

MD Podobno byłeś bardzo zazdrosny o mamę?

KB Byłem dzieckiem, które nie pozwalało mamie na nic. Jak byliśmy na przykład na weselu i ktoś przyszedł, żeby z nią zatańczyć, to ja zaraz kopałem i chciałem na ręce. Tylko jak rodzice ze sobą tańczyli, to nie było żadnego problemu. Trudno mi powiedzieć, czemu tak było. Nie wiem. Potem, jak to wszystko analizowałem, to ojciec też był bardzo zazdrosny. Chorobliwie. Może sobie w głowie układał jakieś historie i to go nakręcało. Ale zawsze jak był jakiś konflikt taty z mamą, to ja schodziłem do nich, żeby załagodzić sytuację.

MD Nic ci wtedy nie groziło?

KB Nie. Nieraz zasypiał przy mnie i ja byłem jego synkiem. Lubił patrzeć, jak grałem w piłkę. Albo z nim grałem, albo i z Dawidem. Wtedy to jeszcze było tak w miarę. Tak jak w każdej rodzinie – raz jest dobrze, raz źle. To były inne czasy i nasi rodzice też inaczej patrzyli na życie.

MD Może mama nie miała jeszcze tej odwagi, którą mają dzisiaj kobiety, żeby wstać i wyjść… a może nie do końca chciała?

KB No właśnie, co by było, gdyby była bardziej niezależna? Ale nie dostaniemy na to odpowiedzi. Z drugiej strony przecież on wiele razy mówił, że ją zabije. I to jest zastanawiające, że wtedy nie reagowało się na to tak, jak powinno. Kiedy ojciec gonił mamę po domu, kiedy na strychu rozbił jej głowę tłuczkiem do mięsa itd. Zawsze jak był pijany, spaliśmy za kanapą przy kaloryferze, żeby tylko nas nie znalazł. Pewnie o tym też ci już Dawid mówił. Jest dużo takich rzeczy, choćby to, jak uciekaliśmy w zimę do garażu. Mama mogła tyle razy zrobić mu krzywdę, ale tego nie zrobiła…

III.

JA STRACIŁEM MAMĘ, A ON STRACIŁ NAS

„Czasami człowiek nie ruszy naprzód, musi się cofnąć, naprawdę cofnąć – tylko w ten sposób znajdzie sens, zrozumienie wszystkiego, co odeszło, aby go stworzyć".

PAULA MARSHALL

Co chciałaby, a czego nie, o sobie przeczytać Anna Błaszczykowska? Pytania te zadawałam sobie przez ostatnie miesiące wielokrotnie. Myślenie o niej jako o mamie, żonie, wreszcie kobiecie, wyobrażanie sobie, jaka była, i czy mimo wszystko bywała szczęśliwa, towarzyszyło mi często przy pisaniu kolejnych zdań tej książki...

Co dodać do uczuć i słów, którymi opisywali ją ci, którzy tak dobrze ją znali? Pada ich na tych stronach wiele – dobrych, poruszających i prawdziwych. Ocalić od zapomnienia... po prostu nie zapomnieć. Z czasem, słuchając wspomnień o mamie Kuby i Dawida, łapałam się na myśli, że ja już gdzieś tę historię słyszałam... O łzach bezsilności, o ucieczkach z domu, o siniakach, o wszechogarniającym strachu i o nadziei, że tym razem wszystko się zmieni. Wreszcie zrozumiałam, że to, co stało się letniego popołudnia, 13 sierpnia 1996 roku, w ich rodzinnych Truskolasach, wpisuje się w los powtórzony milionów kobiet na świecie, tych, które na co dzień stawiają czoła przemocy w rodzinie. Uwolnić się od niej nie potrafią najdzielniejsze z nich. W prowadzonym przeze mnie miesięczniku, w kraju, w którym w wyniku przemocy ginie około stu pięćdziesięciu kobiet rocznie, zainaugurowaliśmy przed kilkoma laty – popartą zaangażowaniem i społeczną pozycją wielu znanych mężczyzn (polityków, artystów, dziennikarzy, sportowców, m.in. Kuby Błaszczykowskiego i Łukasza Piszczka) akcję „Bije tylko słaby". Co z niej wynika? Między innymi to, że to nadal wstyd uniemożliwia ofiarom ucieczkę z piekła przemocy. Dobrze zapamiętałam słowa, które usłyszałam kiedyś od gwiazdy niemieckiej emancypacji, Alice Schwarzer: „Jeśli będziesz miała podbite oko, nie zakładaj ciemnych okularów, a gdy sąsiad zapyta, co się stało, nie mów, że spadłaś ze schodów, ale powiedz, że uderzył cię mężczyzna, z którym jesteś. Wstydzić ma się on, a nie ty". Tak w skrócie brzmi instrukcja obsługi życia wolnego od przemocy. Memento dla wielu kobiet, które na loterii życia wygrały jego dramatyczną wersję. Trudno mi dziś uwierzyć, że kiedy po raz pierwszy spotkałam Kubę, to jeszcze przez wiele miesięcy nie wiedziałam, że wyrastał w rodzinie, w której przemoc była na porządku dziennym. Kwestia braku wzajemnego zaufania czy pokonywania irracjonalnego wstydu?

Pewnego sierpniowego dnia na oczach jedenastoletniego Kuby ginie od ciosu zadanego nożem jego mama. Świat chłopca rozpada się na tysiące kawałeczków. Nie ma już nic. Wydarzyło się coś na miarę antycznej tragedii, a on będzie musiał to w przyszłości ogarnąć. Jak jednak ma to zrobić dziecko, które w jednej chwili traci mamę i w jakimś sensie ojca? Kuba przez kilka dni nie podnosi się z łóżka. Nie je. Przez kolejne dwa lata nie będzie rósł. Musi minąć kolejnych dwadzieścia, żeby Błaszczykowski, już jako dorosły mężczyzna, podjął decyzję o publicznym zmierzeniu się z demonami przeszłości.

Chociaż, jak mi w którymś momencie powie, o tym, co się wtedy stało, myślał prawie każdego dnia.

Kiedy rozmawiałam z Jürgenem Kloppem, ten nagle powiedział: Wystarczy, że wyobrażę sobie, co w tamtym momencie działo się w głowie Kuby... i już nie muszę zadawać więcej pytań. Nie muszę znać szczegółów. Wystarczy trochę empatii.

PS Jak więc wytłumaczyć głosy, które do mnie w międzyczasie docierały, że Błaszczykowski właśnie teraz zdecydował się na „prawdę", bo chce przysporzyć sobie popularności? Nie wiem... nie chcę wiedzieć.

Dawid:

Nie pamiętam już, ile lat trwała ta trauma w naszym domu. Ale zanim to wszystko się wydarzyło, to trochę historii można by opowiedzieć. Uciekaliśmy z domu: ja, Kuba i mama. Jak ojciec wypił i robił awantury, to nieraz w skarpetkach, bez butów skakałem z okna itd. I ja mam częściej przed oczami taki obraz niż sytuacje, które pozytywnie wspominam. Tych mam mało. Pojechałem na turniej z kolegami do Częstochowy, a tu po dwóch godzinach ojciec przychodzi pijany. I tylko wstydu się najadłem. Albo wracam ze szkoły, a on siedzi pijany na przystanku. To się wszystko zaczęło, jak ten nasz nowy dom był budowany. Bo on przy nim też bardzo dużo pracował. Ale ze trzydzieści metrów za domem była taka speluna i ojciec wtedy się z nieciekawymi typami zakolegował. No i zaczęło się. Kiedy pił, to były takie momenty, że wyprowadzaliśmy się z domu. Mieszkaliśmy po parę dni u babci Feli. Ale mama zawsze mówiła, że przecież mamy swój dom. No i znowu wracaliśmy. Tata nawet przepraszał, obiecywał, że już nie będzie pił. Była radość, siedzieliśmy sobie przy stole, razem jak rodzina. Fajnie kilka dni i znowu coś, i znowu awantura. Potem święta, Wigilia, fajnie. A w pierwszy dzień świąt znowu zaczęły się jazdy. To były takie fale. Bywał bardzo agresywny, a to mamę uderzył tłuczkiem do mięsa, a myśmy go odciągali. Po domu nas gonił. Tragedia. Wchodziliśmy do domu, ciemno. I nie wiesz, czy on się gdzieś nie czai i zaraz cię nie uderzy. Dostawaliśmy przy okazji, wtedy jak interweniowaliśmy w obronie mamy. Jak na przykład złapałem go za rękę, żeby nie poparzył mamy papierosem, to mnie odepchnął. O wielu rzeczach mama babci i rodzeństwu nie mówiła. My tym bardziej. Wstyd. Potrafiłem uciec w skarpetkach do babci. Raz nawet wszedłem do przedpokoju, żeby poprosić o pomoc, i zaraz wyszedłem, bo mi było wstyd. Mama z Kubą schowali się w garażu. Wracam, a tu nikogo nie ma. I następna trauma. Nie wiesz, co cię spotka. Wszystko, co najgorsze, to działo się w tym nowym domu – stał jakieś pięćdziesiąt metrów od domu dziadków. Ojciec czuł się bezkarny, bo nie przypominam sobie, aby takie rzeczy miały miejsce w starym domu. Blisko dziadków. Parę razy była u nas policja. Nie wiem, może Bóg z góry na nas patrzył i oleju do rozumu nam wlał, może dzięki babci, może dzięki temu, że mama nas wychowała jak wychowała, jesteśmy inni. Inni niż on. Mama często mówiła, że ma dosyć, że chce się rozwieść, odejść itd. Ale jak znowu dobrze było, to było dobrze. Rodzina, ojciec, mama, wszyscy razem. Pod tym kątem też patrzyła, że dzieci powinny mieć ojca i matkę. Tę noc przed śmiercią to Kuba z mamą spali na kołdrze za kanapą. Między grzejnikiem a kanapą. Ja wtedy byłem w Niemczech.

Teresa

Mnie się wydaje, że ona czuła tę śmierć. Kupiła sobie bluzkę, nowe buty miała w opakowaniu. Nam nie powiedziała nic, tylko swojej koleżance: Jaśka, jakbym umarła, to tam mam bluzkę, buty. O, zobacz, to było ostatnie zdjęcie z kwietnia 1996 roku, na weselu mojej córki. Hania, taka smutna.

Dawid:

Tak, patrząc na ten dzień, to poprzedziło go kilka dziwnych zdarzeń. Ciocia Teresa miała sen i dziadek jej się śnił. A jak dziadek się śnił komuś z naszej rodziny, to niedobrze, bo zawsze coś się potem działo. Tego samego dnia Teresa przyszła do babci i pytała, gdzie jest Hania, bo cały dzień była niespokojna... Jak to się stało, byłem u cioci w Niemczech, dostałem telefon i całą noc wracaliśmy do domu. A on był tutaj sam. Pamiętam, jak się zobaczyliśmy, było tak emocjonalnie, że puścić się nie chcieliśmy.

Felicja Brzęczek:

To był wtorek i Hania mówi: Mamusiu, jak zawsze chodzę do kościoła, tak dzisiaj nie byłam. Podeszła, pocałowała mnie w czoło. Tak się ze mną pożegnała. A on po tym wszystkim poszedł do domu i mówi: Zabiłem Hanię. Był trzeźwy. Gdzie Kubuś spał i co się z nim stało, do dzisiejszego dnia nie wiem. Jak Hanię w worki zapakowali, to mnie wzięli do szpitala. Zastrzyk dali. Myślałam, że do rana nie doczekam.

To był taki szok, Jezus Maryja. Mówili, że Dawidek, jak usłyszał co się stało, to zaraz zemdlał. Kubuś był cały czas przy Hani, cały czas ją ręką przytrzymywał. Dostałam ze szpitala opis, dwadzieścia centymetrów był wbity nóż, aortę miała przeciętą. Gdyby nie wyciągnął tego noża, może by żyła.

Teresa:

Przyjechałam do domu, bo przeczuwałam jakieś zło. Przyszłam tu, pytam, gdzie Hania, a mama mówi, że poszła do koleżanki, bo na drugi dzień miały z dziećmi jechać do wesołego miasteczka na Śląsk. Chciała wziąć mleko dla dziecka i wyszła zza tej furtki, a on stał tam za takim bzem. I jak ona była pomiędzy tymi domami, to ją zaatakował. A w tym czasie Kuba siedział w swoim w pokoju z kolegą i w coś grali. Usłyszał krzyk i wyskoczył na dwór. Było już ciemno. Kuba chwycił mamę i tę krew zobaczył. Krzyknął: Ciociu – mama! Wyleciałam za nim i znalazłam ją. Poleciałam zadzwonić po pogotowie. Potem wzięliśmy Kubę do samochodu, ale policja już tam była. Zygmunt też tam stał, powiedziałam: Coś ty zrobił! Dzieci były załamane. Przeżywały to strasznie. Wszyscy staraliśmy się ich przytulać i tłumaczyć, że co się stało, już się nie odstanie. Kuba zrobił się taki bardziej twardy.

Jurek:

Zostało im zabrane to, co dla każdego dziecka najważniejsze. Matka i ojciec, który idzie do więzienia. Zostajesz sam, żyjesz w małym środowisku, a to odbiło się dość dużym echem. Pisano o tym w prasie. Ludzie mieli różne opinie. Największa zasługa w tym, że Kuba wyszedł na ludzi, jest mojej mamy, która zdała sobie sprawę z tego, jak wielka odpowiedzialność na nią spadła. Po takiej tragedii nagle ma dwóch, można tak powiedzieć, synów, i to w bardzo trudnym okresie życia. Zaczynają dorastać. Przeżywają niesamowitą tragedię, niesamowity ból. I pytanie: Jak ja mam postępować jako babcia, żeby oni mieli do mnie zaufanie i żeby choć w minimalnym stopniu starali mi się zwierzać ze swoich problemów. Tak jak swojej mamie. Kuba był świadkiem tego, co się stało. Matka umiera na jego rękach. Byłem wtedy za granicą i tego telefonu po dwudziestej drugiej nie zapomnę. Potem jeszcze długo, jak ktoś do mnie dzwonił o tej porze, a nie byliśmy umówieni, to od razu myślałem, że coś się stało. Najpierw to był szok, niedowierzanie. Miałem poinformować moją siostrę i brata, a przede wszystkim Dawida, który był wtedy w Niemczech, że Hania nie żyje. Nie wiedziałem, jak to przekazać. Zadzwoniłem do brata, pytam, gdzie jest Małgośka (siostra), musisz jej powiedzieć, tylko ktoś musi przy niej teraz być. Dawid, jak to usłyszał, w drodze powrotnej słowa nie powiedział. Miesiąc wcześniej urodził się mój syn Robert, cały czas myślałem, co teraz będzie. Na drugi dzień pojechałem do klubu (Tirol Innsbruck), rozmawiałem ze swoim menedżerem, że chcę jechać do domu i żeby napisali, że siostra zginęła w wypadku, żeby uciąć spekulacje. Przyleciałem do Polski. To wszystko było straszne, człowiek nie wiedział, jak się zachować, starałem się go przytulić. Ale co powiedzieć? Od razu wyobrażałem sobie te następne dni, które będą katastrofalne. Ja wsiadam w samolot, a oni tu wszyscy zostają. Ja wracam do swoich obowiązków, a oni muszą dzień w dzień mierzyć się z tą pustką. Powiem szczerze, że nie jestem w stanie sobie przypomnieć tamtej rozmowy ze swoimi siostrzeńcami. Na pewno chciałem ich uspokoić, nie martwcie się. Nie damy rady zastąpić wam mamy, ale musimy tak wszyscy postępować, abyście mogli to przetrwać. Dawid może trochę inaczej to przyjął, ale Kuba bardzo zamknął się w sobie. Do tego stopnia, że zdecydowaliśmy się wziąć psychologa. Dawał do zrozumienia, że on ojcu nie wybaczy nigdy, że wcześniej czy później go zabije. Nienawiść i złość.

Felicja Brzęczek:

Jak to się stało, Jurek zaraz przyleciał samolotem, a ja tu całe trzy dni przestałam przy trumnie z Hanią. Dawid był trochę starszy i też przeżył to bardzo, ale nie był świadkiem tej tragedii. A być świadkiem i ratować własną mamę? Kuba przez długi czas, jak siedział przy stole i jadł nożem, to mówił, że ten nóż jest na ojca, jak wyjdzie z więzienia. Małgosiu, robiłam, co mogłam, żeby nie czuli się osamotnieni, pokrzywdzeni przez los. Kiedy płakałam, to nie przy nich. Ale chociaż ta babcia byłaby najlepsza, to nie zastąpi mamy. Jak ich ojca pozbawiłam praw rodzicielskich, to sędzia powiedziała: Pani jest naprawdę dzielna. Kuba tam godzinę zeznawał, aż sędzia mówi: To sobie odpocznij, a on: Nie, ja jeszcze nie wszystko powiedziałem, i na ojca patrzył. Sprawa była, nic jeszcze nie postanowiono, a ja w gazecie czytam, że może najwięcej osiem lat dostać. Jak po latach pojechali na pogrzeb ojca, to zrobiłam Kubie wieniec z pięćdziesięciu czterech czerwono-beżowych róż. A potem się pytam chłopców, ile on miał lat. Dokładnie tyle. Czy to nie jakiś znak? A Dawidkowi zrobiłam czerwone anturium. Obydwaj w czarnych garniturach, białe koszulki. Chłopaki na medal. Potem mi znajoma mówiła, że wszyscy na nich patrzyli. Kuba taki duży portret Hani ma w domu. Buzia jak żywa. Ja go wtedy bardzo dobrze rozumiałam. Ale on mi mówił: Babciu, ty tego nie przeżyłaś. – Wiem, Kubuś, wiem. Tyś na swój sposób przeżywał, bo to twoja mama, ale to też moja córka. Hania mi się śniła trzy razy. Zawsze się modliłam: Haniu, tylko mi się przyśnij, że jest ci dobrze. Raz szła po schodach, w tej sukience, co była chowana, i mówi: Mamusiu, przyjechałam posprzątać. – A jak ci tam jest? – Bardzo dobrze. Ale drugi sen miałam niedobry. Stara chatka drewniana, siedziałam w ciemnym fotelu, drzwi się otwierają, a ona jakby w takim czarnym habicie i pyta: Mamusiu, a jak moi chłopcy? Mówię: Haniu, nie martw się. Doszła do mnie i pocałowała mnie w czoło. A trzeci raz śniło mi się, że byłyśmy na giełdzie kwiatowej. Była taka szeroka szosa, ona była w białych trepach i słyszałam, jak szła. Pytam, gdzie była, ale zniknęła. Ja już chyba mam łaskę w górze, że to wszystko przetrzymałam. Tylko mówię: Boże, dopóki będę miała tę świadomość i tę pamięć, to chcę żyć, ale jak nie będę mogła przy sobie już zrobić, to mnie zaraz zabieraj albo oddajcie mnie do domu starców. A Kuba: Babciu, co ty mówisz, ty będziesz mieć taką opiekę, jakiej świat nie widział. Z moich chłopców jestem bardzo dumna. Kuba troszkę rzadziej teraz dzwoni, ale tak co parę dni. A jak nie, to zaraz Dawida pytam, co się dzieje. Chcę wiedzieć, jak się czuje, ale on też zaraz pyta: Babciu, jak się czujesz?

Małgosia

Byłam w Niemczech, Jurek zadzwonił, była dwudziesta druga trzydzieści. Z tego wieczoru mam zdjęcie: ja, mój mąż, Sandra i Dawidek.

Zaczęłam krzyczeć. W ciągu piętnastu minut się spakowaliśmy i zaczęliśmy jechać do Polski. Dawid płakał troszkę w drodze, zamknął się w sobie. Po śmierci Hani, jak sprzątaliśmy jej pokój, to dopiero się dowiedzieliśmy, że za narożnikiem spanie sobie na podłodze robiła, że spała tam z Kubą. Jakbym wiedziała, na pewno coś byśmy zrobili.

Dortmund, listopad 2014 roku

Sobotni wieczór. Siedzimy w jednej z dortmundzkich restauracji. Wokół gwar, fragmenty rozmów, ukradkowe spojrzenia posyłane w kierunku naszego stolika... Zamawiamy coś do jedzenia i zaczynamy rozmawiać o dniu, który raz na zawsze przewartościował całe życie życie Kuby...

MD Czy to możliwe, że nigdy, tak do końca, nie rozmawiałeś ze swoimi przyjaciółmi o tym, co się wtedy stało...?

KB No nie, ja z nikim o tym nie rozmawiam.

MD Dlaczego?

KB Po co? Przecież oni o tym wiedzieli. Poza tym, jak to się stało, miałem kilkanaście lat. Nie wiem, czy byłem wtedy na to gotowy. Tak się teraz zastanawiam, że my z Dawidem byliśmy szczęśliwi, jak tylko zapowiadało się, że sobota będzie bez awantury. To nam wystarczało. Nie myśleliśmy o niespodziankach, nagrodach, tylko o tym, żeby był spokój.

MD Dawid opowiadał, że ojciec sadzał go przy stole i kazał mu pić mleko, którego ten nie znosił, i Dawid musiał tak długo siedzieć, aż je wypije.

KB Było coś takiego, tylko że ja akurat nigdy nie miałem problemu, żeby coś wypić czy zrobić. Ale on rzeczywiście zabrał Dawida w wieku pięciu lat na narty na górkę i puścił go z niej. Dawid zsikał się ze strachu. Dużo takich rzeczy było, ale najgorsza trauma to był dzień, kiedy mama zmarła.

MD Chcesz o tym teraz rozmawiać?

KB Jak już się nakręciłem, to mogę mówić. To przychodzi teraz spontanicznie, potem trzeba by znowu do tego wracać...

MD Byłeś z kolegą w domu, bawiliście się...

KB Mama umawiała się z jego mamą, bo mieliśmy jechać do wesołego miasteczka do Chorzowa. Później się dowiedziałem, że ta koleżanka już wcześniej spotkała mojego ojca i ten pytał o mamę. I nagle ta koleżanka mówi, że musi pójść po mleko, to mama jej zaproponowała: Pójdę z tobą i ci pomogę. Ta, wiedząc, że tam jest ojciec, wróciła się, i mama poszła sama...

MD Sama?

KB Tak. A ja bawię się klockami, jest uchylone okno, i naglę słyszę rozmowę. Wiem, kto rozmawia, zamarłem, i słyszę, jak się kłócą: a masz, ty k...! I krzyk: Aaa! Wybiegłem, jak stałem. I widzę, jak mama leży w rowie, i jak ojciec odchodzi. Wróciłem do domu i krzyczę: „Mama leży w rowie". Wróciłem do niej i zacząłem ją dotykać, taki specyficzny zapach się unosił. Myślałem, że to mleko się wylało. Wziąłem ją za rękę, a moje dwa czy trzy palce wpadły do rany. Wtedy wiedziałem, że jest niedobrze. Wydaje mi się, że mama zmarła mi na rękach. Trzy ostatnie wdechy wzięła i już nic. Cisza. Pobiegłem w skarpetkach, bo nawet butów nie założyłem, zadzwonić po pogotowie. Jak wróciłem, wszyscy już tam byli. A potem to już wszystko było obok mnie. Byłem oszołomiony. Nie ma nic. Nic nie pamiętam.

MD ...

KB Potem siedziałem w samochodzie. Sebastian (kuzyn) po mnie przyjechał. Jak byłem kilka lat starszy, to przeczytałem akta i okazało się, że mama miała tym ciosem przeciętą tętnicę. Uderzyłby półtora centymetra niżej i by przeżyła. Wtedy to tylko czekałem na to, że kiedyś wyjdzie z więzienia, i mówiłem wszystkim, że mu nie odpuszczę.

MD Zaszokowało mnie, że w waszym domu kilka dni przed pogrzebem stała otwarta trumna z mamą. Ty też jesteś na tych zdjęciach...

KB Wiem, o którym zdjęciu mówisz. I pewnie tak stoję bez wyrazu twarzy. Przypomina mi się, że jak zamykali trumnę, to kazali się pożegnać i dać buzi. Jak o tym teraz mówimy, to to robi na mnie ogromne wrażenie. Wcześniej to było dla mnie puste. A teraz mam ochotę się rozpłakać. Teraz to do mnie dociera.

MD Mogę dalej pytać?

KB Pewnie. Zdecydowaliśmy się i trzeba to zrobić.

MD Widziałam zdjęcia z pogrzebu i ciebie na nich, małego chłopca z główką nisko pochyloną nad grobem mamy... na innym poprawiasz wieniec. To jest nie do ogarnięcia...

KB Ja wtedy o niczym nie myślałem, nie zdawałem sobie sprawy z tego, w czym uczestniczę. Nie dopuszczałem myśli, że coś takiego się zdarzyło. Tak jakby twój mózg tego nie przetrawił. To długo w mojej głowie było, zanim zrozumiałem, że tak jest naprawdę. Cały czas myślałem, że mama wróci, bo na początku nie zdajesz sobie sprawy z tego, że to nieodwracalne. Pamiętam, jak wychodziliśmy na pogrzeb, wyszedłem na podwórko i jak zobaczyłem, ilu jest ludzi, to wróciłem do domu, bo mi wstyd było się pokazać.

MD Wstyd?

KB Że tyle ludzi i taka sytuacja i wszyscy patrzą na ciebie. Chcą zobaczyć, jak reagujesz. Wydaje mi się, że dziś byłoby mi to dużo ciężej znieść niż wtedy, kiedy nie do końca zdawałem sobie z tego sprawę. Teraz moje zachowanie byłoby inne, a wtedy ta bezsilność zawieszała mnie jakby w próżni...

MD Byłeś dzieckiem...

KB Widzisz blizny? Wziąłem szkło i próbowałem... Miałem wtedy jakieś czternaście lat. Były ciężkie momenty. Po tym wszystkim, to ja trzy dni i noce cały czas spałem. Nic nie jadłem, nie piłem. Dopiero potem wstałem i coś zjadłem. Z tego, co pamiętam, to była zapiekana ryba. A sam dzień pogrzebu to tylko jakieś urywki. A te trzy dni, jak mama leżała w tym pokoju, to...

MD Nadal jest taki zwyczaj?

KB Teraz już nie. To nie jest dobre, bo potem miałem uraz psychiczny, a jak śpię w tym pokoju, to cały czas o tym myślę. To teraz pokój babci. A jak mama była w trumnie, myślałeś, że może wstanie, ta nadzieja...

MD Masz to już przemyślane...

KB Ale co?

MD Wszystko, o czym teraz mówisz...

KB Nie da się zapomnieć. W każdym razie nie w moim przypadku. Zresztą nie chciałbym tego zapomnieć, a dwa: to, co przeszedłem, to jest moje i nikt mi tego nie zabierze. Nigdy.

MD Opowiadała mi twoja babcia, że po śmierci mamy jeździłeś z nią do psychologa. Pamiętasz te spotkania?

KB Pamiętam, ale miałem wrażenie, że ten psycholog chce ze mnie zrobić na siłę szczęśliwego chłopaka. Pamiętam, że dawał mi kredki, żebym coś narysował. Najlepiej, żebym narysował kogoś, kto wisi na szubienicy, i żeby on mógł powiedzieć: tak, ten chłopiec ma problem z głową itd. Był też w naszych rozmowach temat, że byłem agresywny w szkole. Ale to też nie brało się znikąd, ale na przykład z docinków. A że byłem najsilniejszy w szkole, to nie pozwalałem, żeby inni mnie obrażali...

MD Podobno jak zeznawałeś na sali sądowej, to cały czas patrzyłeś na ojca, i jak sędzia chciała, żebyś odpoczął, to mówiłeś: Nie, jeszcze muszę coś powiedzieć ...

KB Tego sobie nie przypominam. Jak wchodziłem na salę, to byłem bardzo zestresowany, a potem to już mówiłem, jak było.

MD W chwili, w której straciłeś mamę, w jakimś sensie straciłeś i ojca?

KB Myślałem tylko o mamie. To co innego stracić kogoś na zawsze, a stracić kogoś, bo wiesz, że źle zrobił, ale nadal żyje. Nie da się tego porównać. Ja straciłem mamę, a on stracił nas.

MD Miałeś wsparcie w bracie?

KB Oczywiście, że było tak, że brat za brata. Biliśmy się, ale jak przychodziło co do czego, to wiadomo, w czyjej obronie się stawało. Pamiętam, że on kiedyś z jakimś chłopakiem się szarpał i niby wygrał, ale miał podbite oko. To mi nie dawało spokoju. Chciałem potem tego chłopaka upolować, nie udało mi się. On miał szesnaście, ja trzynaście lat, ale to nie było dla mnie przeszkodą. Na co dzień nie potrzebowałem wsparcia. Ale jak trzeba było je okazać, to ono zawsze ze strony Dawida było.

Wieczorem Kuba odwozi mnie do hotelu i wydaje się być w świetnym humorze. Dużo się śmieje, co chwila zmienia muzykę w samochodzie. A ja wiem, że przed paroma godzinami dostałam od mojego bohatera coś bezcennego. Zaufanie i rozmowę tak prawdziwą, że zapamiętam ją na całe życie. Chciałam mu wtedy powiedzieć, że jest niesamowitym gościem i że go podziwiam. Czemu tego nie zrobiłam? Bo nauczona doświadczeniem wiedziałam, że zaraz od niego usłyszę: Daj spokój, było, minęło. Trzeba iść do przodu.

Ale że papier jest bardziej cierpliwy niż Kuba, to teraz w spokoju kreślę te słowa: Nawet jeśli komuś wydać się może, że przekraczam granicę dziennikarskiego obiektywizmu, to mimo to nie zadrży mi pióro. Jesteś gigantem, Kubo Błaszczykowski. A najważniejsze, że już nie musisz tego nikomu udowadniać. To też twój życiowy sukces.

PS I jeszcze jedno. Dzięki Błaszczykowskiemu, również tego wieczoru, odkryłam polskich raperów, a ściślej dzięki nim odkryłam Błaszczykowskiego. Przez wiele miesięcy wysyłał mi swoje ulubione kawałki z komentarzami: Tego słucham, jadąc na mecz, tego w samochodzie, tego, gdy przypomina mi się, że świat bywa zły ale nie można się poddawać... Ostatnio kiedy jechaliśmy na lotnisko, powiedział: Teraz puszczę ci coś, czego słuchałem tylko z Dawidem:

Kaczor, *On wciąż płonie*

1
Mamo, piszę do Ciebie ten niezwykły list,
Który pozwoli mi dalej do przodu iść.
Na jego wstępie powiem, że wciąż tęsknię,
Ty wiesz to, że często wspominam przeszłość.
To wszystko niby za mną, lecz ze mną nadal,
O wybaczenie błagam, nie byłem najlepszym synem.
Dziś na kolana padam, to mój dobry uczynek.
Śniłaś mi się ostatniej nocy – Miałaś smutną minę.
Głęboko wierzę, że jesteś w lepszym miejscu,
Pamięć o Tobie na zawsze zostanie w mym sercu.
Kiedy odeszłaś, nie mogłem odnaleźć sensu w życiu,

Uciekłem w pisanie wersów.
To mi pomogło przetrwać najcięższe momenty.
To plus nienawiść do tego, który przeklęty.
Dzieciństwo, jego odmęty, to jest mój dramat.
Odeszłaś wraz z częścią mnie, wiedz, że zawsze będziesz Kochana.

REFREN

Zapalam znicz na mojej Mamy grobie,
Bo płonie on w moim sercu – swoista spowiedź.
Pragnę Ci dowieść, jak jesteś mi bliska,
Jestem tu sam, echa przeszłość i zgliszcza.

2

Pamiętam Twoje słowa, że otworzą mi się oczy,
Gdy Ciebie zabraknie, stało się to tak nagle.
W ubóstwa bagnie przyszło żyć nam przez wiele lat,
I on – Twój odwieczny kat, Kocham Cię, Mamo.
Na nogi stanąć chciałem zawsze choćby dla Ciebie,
Bo wiem, że tego pragniesz, patrzysz na mnie, jesteś tam w niebie.
I do tych bram zaadresuję ten list,
Dam go w kopercie, w której nie będzie nic.
Prócz mej miłości, wdzięczności tyle dla mnie zrobiłaś
Mądrości, które wpoiłaś, są najcenniejsze.
Pamiętam wszystko, jakby to było wczoraj,
Gdy goniłaś mnie do lekcji, bo tak ważna była dla Ciebie szkoła.
Wiem, że podołam tej najtrudniejszej misji,
Byś była ze mnie dumna, gdy już będzie po wszystkim.
A moje myśli zawsze będą przy Tobie,
I złożę dziś bukiet kwiatów na Twoim grobie.

IV.

BUNTOWNIK

„Kto niczego nie żałuje,
nie powinien patrzeć
na siebie w lustro".

ERIC CANTONA

Jurek:

Miał czternaście lat, kiedy przestał trenować. To był taki okres buntu i ucieczek z domu, żeby tylko nie być pod kontrolą babci i rodziny. Normalna rzecz. Nie czuł się akceptowany i potrzebny. Często tak było, że jak ktoś go obrażał, to on wtedy używał siły. Ale to nie on prowokował, tylko bardzo często był prowokowany. W końcu namówiłem go i pojechał na turniej piłkarski. Zdobył nagrodę dla najlepszego piłkarza, dostał puchar. I znowu zaczęliśmy rozmawiać. Słuchał, a ja mówiłem: Musisz zrozumieć jedną rzecz, czas ucieka, a twoja mama bardzo chciała, żebyś grał w piłkę, nie możesz jej zawieść. Nie możesz przejmować się tym, że ktoś będzie cię obrażał. Zostaw to, musisz pokazać, że jako człowiek, jako piłkarz możesz coś osiągnąć. I po dość emocjonalnej rozmowie Kuba znowu zaczął trenować.

styczeń 2015

MD O tej twojej sile nawet w BVB krążą legendy...

KB Nigdy nie unikałem sytuacji, w których trzeba było się bić itd. Przychodzili do szkoły nowi ludzie z innych wiosek, a starsi odchodzili. Zostawałeś jako najstarszy i to ty byłeś najsilniejszy...

MD Koledzy mówią, że nawet dwumetrowy koleś nie był dla ciebie problemem...

KB Bez przesady, po prostu nie bałem się. A jak ktoś ci ubliżał...

MD Mówili, że wystarczyło, żeby popatrzył...

KB Albo zapytał, która godzina? Twoja ostatnia. *(śmiech)* Miałem piętnaście, szesnaście lat, chciałem pokazać przed kolegami, jaki jestem kozak. Jak umiem się bić. Zaszpanować. Że nie pozwolę sobie w kaszę dmuchać. I później cię rajcowało, że jak gdzieś się bili, to przybiegali po ciebie, żebyś pomógł.

MD Najbliżsi się denerwowali, że z takiej kolejnej wyprawy nie wrócisz w jednym kawałku...

KB Udało mi się, bo w pewnym sensie byłem cwaniak. Jak wyskoczył jakiś dwumetrowy gość, starszy i silniejszy, i wiedziałem, że nie mam z nim szans, to trzymałem go na dystans. Ja do tyłu, on chciał mnie kopnąć, przewrócił się, to podbiegłem i go kopnąłem. Ale wiem, że w bezpośrednim starciu bym poległ. Na takie coś nie ma bohaterów. Jeden z kolegów, Radek, którego już znasz, zapłacił za to dużą cenę. Trafił do szpitala. Dzisiaj, patrząc na to, mogę powiedzieć, że byłem głupi. Niedojrzałość i szpanowanie. Ale cóż, przeszedłem szkołę podwórkową, każdy ją przechodzi. Zresztą ona też uczy charakteru. Nie sprzedałeś kolegów, bo wybili szybę. Od tego się zaczyna...

MD Przyjaciele nie pamiętają, żeby po śmierci mamy inni byli w stosunku do ciebie agresywni, żeby szeptali za twoimi plecami: idzie syn mordercy.

KB Nie wszyscy tak mówili, ale nieraz spotykałem się z uszczypliwościami, jak na przykład kogoś zbiłem. To słyszałem: No tak, taki sam jak ojciec. Nie szukali sedna sprawy, kto z kim zaczął, tylko wrzucali mnie do jednego worka. A dzisiaj, jak patrzę na tych ludzi i oni w oczy mi mówią, że zawsze mi kibicowali, to w duchu się śmieję. Wiem też, że jak tylko przestanę grać w piłkę, to będą pierwsi, którzy będą po mnie jechać.

MD Jurek przyznał, że i on sam wielokrotnie tak a priori zakładał, że to znowu twoja wina. Przyłączał się do chóru oskarżycieli...

KB I wtedy zostajesz z tym sam. Bo obojętnie, gdzie nie pójdziesz, zawsze dostaniesz po głowie. Ktoś mi coś zrobił, zrewanżowałem się, a i tak wychodziło, że to znowu ja. Mamy „poszkodowanych" chodziły do pani wychowawczyni, później do babci, i wszystko było na mnie. Dobrze, że miałem na tyle silny charakter, że sobie z tym poradziłem.

Felicja Brzęczek:

Była w Kubie agresja, ale się nie dziwię. Kubuś dziś mówi: Babciu, trochę ci dopaliłem, wiem. Nieraz mówiłam: Dawidku, weź mu wytłumacz, ile ja się upłakałam. On więcej w sobie miał tej agresji niż Dawid. Niegrzeczny był.

Jurek:

Grupa jego najbliższych kumpli zachowała się OK, ale byli też tacy, którzy byli pewni, że Kuba zejdzie na złą drogę. Były może tylko ze dwie nauczycielki w szkole, które rozumiały, co on przeżywa, i potrafiły z nim rozmawiać. Ale jeżeli coś się działo, to zawsze on był winien, nawet jeśli nie był winien. Ale i my wielokrotnie nie do końca mu wierzyliśmy. To nie była dla niego łatwa sytuacja, ale tak kształtował się jego charakter. Nigdy nie poszedł w używki, to bardzo ważna rzecz. Nie pozwalał sobie też dmuchać w kaszę, zawsze stawał w obronie, jak ktoś atakował jego kolegów. Pamiętam jedną bardzo ostrą rozmowę, kiedy zadzwoniłem do niego, bo mama powiedziała, że już nie daje rady. Mówiłem, że nie może tak postępować, żeby wziął pod uwagę babcię. Ale potem jak Kuba był dorosły i o tym wszystkim nam mówił, to wiele rzeczy było naciąganych też z tej drugiej strony. Samo życie.

Felicja Brzęczek:

Nieraz się spłakałam, jak on chuliganił, ale wszystko rozumiałam... Boże i tylko prosiłam: Haniu, z góry pomóż mi ich wychować na dobrych i godnych ludzi. Bardzo się zmienił od śmierci Hani. Małgosia jeździła z nim do psychologa. Miałam panią kurator, raz na pół roku przyjeżdżała do nas, przemiła osoba. Kuba był bardzo agresywny. Pobił się kiedyś z jakimś kolegą. Jego mama przyszła z nim do mnie i mówi, że sprawę oddaje do sądu, ja: Proszę oddawać, pani ma syna, a oni nie mają rodziców. Ani ja nie byłam świadkiem, ani pani, ale jeżeli mój Kubuś powtarzał mu: Idź, odejdź stąd, a on na niego z siekierą, to... Jeśli pani uważa, pani

Trudziu, że to naprawdę jest potrzebne, to nie ma sprawy, idziemy. To moje dzieci, ale to zawsze dwie strony są winne. A jak tamten jego dziewczynie ubliżył, to ten się jeszcze bardziej wkurzył. Ale jak się nie było świadkiem? Jakiś czas była taka niesmaczna do mnie, ale ja byłam miła, na grzeczności nikt jeszcze nie stracił. Potem Kubę przepytałam i kolegów, i na pewno było trochę jego winy, ale żeby pójść siedzieć, to na pewno nie. Do dzisiaj w niektórych rzeczach jest taki szybki. Dlatego zawsze mu mówię: Kubuś, wchodzisz do samochodu, jedź pomału, przeżegnaj się. Zmów pacierz. A on: Babciu, ty za nas wszystkich się modlisz. Ale jestem stara, co będzie, jak już przestanę się modlić?

styczeń 2015

KB Kiedy trafiłem do Wisły, trochę wyluzowałem, raczej byłem po stronie tych, którzy chcieli zażegnać konflikt, a nie go prowokować.

MD Umiejętności walki przestały być przydatne?

KB To za dużo powiedziane, bo wcześniej to były bardziej podwórkowe bijatyki. *(śmiech)*

MD Na pięści?

KB Każdy mężczyzna chyba wie, jak było na podwórku, trzeba było walczyć o swoje.

MD O dziewczynę czy o honor?

KB Inaczej się do tego podchodziło. W młodzieńczych latach chodziło o pokazanie, kto nad kim góruje, kto jest silniejszy. Wydaje się to gówniarskie, ale każdy normalny chłopak przechodził taką szkołę życia.

MD No, nie każdy. Są tacy, którzy biją, i tacy, którzy są bici.

KB Nie byłem grzeczny, sprawiałem swoim charakterem problemy, ale to nie było tak, żeby komuś dużą krzywdę zrobić. Chociaż było też tak, że ktoś potem do domu z rodzicami przyjeżdżał ze skargą. To, że pochodzę z wioski, też jest jakimś wytłumaczeniem. Pod nosem mieliśmy dyskotekę, i to tak jakoś samo się działo...

MD Miastowi się nie biją?

KB Biją się. W moim wypadku to było może takie wyładowanie agresji, którą z racji tego, co przeszedłem, kumulowałem w sobie. I jak coś tam we mnie stale buzowało, to chciałem dać upust emocjom.

MD Jest coś takiego jak worek treningowy...

KB Mieliśmy i trenowaliśmy *(śmiech)*, ale są chłopaki, którzy potrafią się bić i walczą, i są zawodnicy, którzy są amatorami. Akurat wydaje mi się, że w biciu się nie jestem amatorem. Ale ten okres już za mną. Dzisiaj, kiedy nerwy są doprowadzane do granic wytrzymałości, to odpowiedzialność wygrywa. *(śmiech)*

MD Zdałeś z niej egzamin także na boisku, na przykład w meczu z Bayernem Monachium, kiedy Rafinha wbijał ci palec w policzek. Klopp by chyba w tej sytuacji nie wytrzymał?

KB Wydaje mi się, że Klopp też potrafi dojść do jakiejś granicy i się zatrzymać.

MD A jak dziś widzisz Suáreza, który systematycznie gryzie albo przynajmniej próbuje gryźć innych graczy?

KB Jak ktoś zrobi coś raz, to jeszcze zrozumiem, ale jak ktoś powtarza takie agresywne zachowanie, to nie tyle głupie, tylko to już jest problem. Powinien być szacunek do drugiego człowieka, a nie robienie krzywdy, bo ktoś komuś drogę na boisku zablokował.

Małgosia:

Dał nam popalić. Teraz, jak patrzę na to z dystansu, nie wiem, czy dobrze robiłam, że tyle od niego wymagałam, ale chciałam, żeby był dobrze wychowany. Wiadomo, bez karności się nie da. Ale w jego wypadku to był odwrotny skutek. Ile ja się wypłakałam. Starałam się, ale autorytetem to dla niego od samego początku był Jurek. Oni godzinami rozmawiali. Nieraz mówiłam: Jureczku, pogadaj z nim. Na krótko, ale skutki jakieś były. Kiedyś z mamą na giełdę o czwartej rano jechałam, a tam z górki Kuba idzie. Był u kolegów, siedzieli długo. Dla niego to była ucieczka od codzienności. Przez okno wchodził do domu i spać. Lali się. Dawid zupełnie odmienny charakter. My zawsze chciałyśmy go porządku nauczyć, bo bałaganiarz niesamowity. Dawid mówi: Ja nie będę po nim sprzątał. Tylko pięści zaciskał, jak to między braćmi. A Kuba robił, co chciał, zakochał się, nie spodobała mi się ta dziewczyna, jak ją zobaczyłam. Miał siedemnaście lat.

Dwa albo trzy lata starsza, i to był główny powód naszych nieporozumień. Nie mogłam jej znieść. A on: Nie będziecie mi mówić. No to ja: Pakuj się i będziesz żył na własny rachunek. Przykro mi było bardzo, bardzo to przeżyłam. Płakałam niesamowicie. Nie odzywał się jakiś czas, ale przyszedł do mnie po dwóch czy trzech tygodniach: Kuba, przepraszam cię, on tak samo, uściskałam go. Żałowałam później bardzo, że tak się zachowałam, ale tak mi pyskował. Tego nie można było cofnąć. Do tej pory nieraz o tym myślę.

Zaraz po śmierci Hani to z nim absolutnie nie można było o niej mówić. Teraz to tak ogólnie na temat Hani rozmawiamy. Ale bardzo długo to było tabu. Od razu wychodził. Później, jak wydoroślał, to może trochę więcej, ale też nie bardzo. Najwyżej tak ogólnie, a że Hania to była taka czy taka. O ojcu? Wcale. Broń Boże.

Dawid:

Na pewno wydoroślał, bo jak był młodym chłopcem, miał różne głupoty w głowie. Potrafił stuknąć niejednemu. Mieli z kumplami taką paczkę, że jak, nie daj Boże, jednego ktoś zaczepił, to szli jak w ogień. Był w tym dobry, potem, jak to do mnie dochodziło, to musiałem nieraz prostować. Jak słyszałem Błaszczykowski, szesnaście lat, chwycił chłopa dwadzieścia osiem lat o głowę większego i go tak przygniótł, że ten potem uciekał, to nieraz się o niego bałem. Bili się z trzema bliskimi kolegami, z którymi do dzisiejszego dnia się kumpluje.

Jeden z nich w takiej bijatyce dostał znakiem drogowym w głowę. Był nieprzytomny przez dwa tygodnie. Miał problemy z mową, pękniętą czaszkę. Napadli go we czterech i nie dał rady. I to taka sytuacja, której ja się bałem, żeby to tylko nie spotkało Kuby. Ale niejedna matka przyszła do domu, do babci, i mówiła, że Kuba komuś nastukał.

To nie było tak, że on szedł i mówił: Ej, ty dzisiaj dostaniesz. Ale jeżeli ktoś go prowokował, to on nie odpuszczał. A jakie to były prowokacje? Na przykład kolega coś mu brzydkiego powiedział na dziewczynę, no to zwrócił mu uwagę raz, drugi, tamten jedną, drugą wiązankę mu rzucił, bo piątej nie zdążył, bo jak Kuba go dopadł, to... dostał ze dwa razy, żeby wiedział, że tak się nie robi. Znam to z opowiadań, bo nie przypominam sobie, żebym sam kiedyś dostał. *(śmiech)*

Inna sytuacja. Byliśmy na Gazdówce, szliśmy sobie i jakiś chłopaczek do nas burczał, Kuba go oklepał i mówi do mnie: Poczekaj chwilę. Koszulkę zdjął, znowu go oklepał, założył ją z powrotem. I poszedł do domu. Ale wtedy to oni już z Jasiem urzędowali i z Radkiem.

Można było dostać, nawet jak się źle odpowiedziało. Chociaż jak się dobrze odpowiedziało, to też. *(śmiech)* To była taka walka dobra ze złem. *(śmiech)*

Z Kubą generalnie nie było łatwo. On ten charakterek miał zawsze taki. Nie, bo nie, po prostu. Babcia to babcia, wiadomo, ale z ciocią to miał różne przeboje. Nawet była taka sytuacja, że na parę miesięcy zamieszkał u mnie. Było między nimi dosyć mocne spięcie i chyba został wyeksmitowany. Ale to musisz ustalić. *(śmiech)* Ciocia się w końcu się wkurzyła i powiedziała, że ma dość.

Ona ma szklarnię: ogórki, pomidory. Jak były wakacje, ciągle nas ganiała: podlejcie, pozamiatajcie, wywieziemy to i tamto. Jak tylko nas dorwała, to tylko: Pomagaj. Nieraz Kubę prosiła: Wynieś kosz, poodkurzaj, zrób coś. A on nie. Poszedł gdzieś, wrócił późno, wstał o trzynastej, zjadł obiad, wykąpał się, znowu wyszedł. Był to taki okres Kuby buntownika.

Groźbą z nim nie można było, bo to przynosiło odwrotny skutek. Sposób, w jaki rozmawiał z nim Jurek, to było skuteczne. Nigdy nie groził, nie wypominał. Rozmawiał z nim dyscyplinująco, ale na poziomie. Nie podnosił głosu. Ale co do pewnych zasad, to go pouczał. Na pewno nie tak jak ciocia. Była nerwowa, ale teraz już jest dobra dla Kuby. *(śmiech)* Wtedy to ona swoje, on odpysknął, i tyle.

Teraz jest o wiele mniej wybuchowy.

Jak komuś krzywda się dzieje z naszej rodziny i on to widzi, to od razu reaguje. Bardzo tego nie lubi. Żeby go naprawdę wyprowadzić z równowagi, to musiałoby dojść do jakiegoś incydentu. Jest wielu ludzi zawistnych, a przychodzą do niego i udają przyjaciół, to go wkurza.

Tę historię usłyszałam pierwszy raz od Kuby, gdy znaliśmy się zaledwie parę miesięcy. Opowiedział mi ją w lobby hotelu l'Arrivée w Dortmundzie, kiedy przyleciałam na mecz BVB z Realem Madryt. Wracaliśmy do niej jeszcze wielokrotnie. Tym razem opowie ją Jurek Brzęczek.

14 grudnia 2008 roku, piwnica w Truskolasach

Jurek:

Byliśmy z żoną na jubileuszu sześćdziesięciolecia Górnika Zabrze, ale ustaliliśmy, że jak tylko część oficjalna się skończy, to wsiadamy w samochód i jedziemy do Kuby, który miał tego dnia dwudzieste trzecie urodziny. Uroczystości się przeciągały, wreszcie wsiadamy w samochód, zima, dosyć ślisko, wszyscy tak dziwnie wolno jadą, co jest? Pytam żony i nacisnąłem pedał hamulca, wpadłem w poślizg, ale że droga była prosta, to wyprowadziłem samochód i zaczęliśmy jechać spokojniej. Dojeżdżamy do domu, impreza trwa, towarzystwo już trochę na rauszu i nagle jeden z chłopaków powiedział coś w moim kierunku, ale ja tego nie odebrałem negatywnie. Kuba to jednak usłyszał. Był naładowany. Zerwał się, jakbyś zobaczyła jego posturę. To była postawa jego taty, tak, w tym momencie widziałem Zygmunta. Zacisnął usta i mówi do mnie: Nikt cię tutaj nie będzie obrażał. Widzę, co się dzieje, i słyszę jego głos: Kto to powiedział? Jak złapałem jego rękę, to była stal. Mówię: Kuba, spokojnie. A on: Nikt cię tu nie będzie obrażał. Był w takim stanie, że jakby ktoś go sprowokował w tym momencie, to on by chyba mu krzywdę zrobił...

Agatka do niego podchodzi, ale ją też odepchnął. Nikt tu cię nie będzie obrażał. Muszę zrobić porządek. Dostał szału. Mówię: Kuba, nikt mnie nie obraził, spokojnie, chodź, usiądziemy, porozmawiamy. Nie, ja słyszałem, że ktoś cię obraził. Posadziłem go, usiadłem na nim okrakiem, żeby mieć nad nim kontrolę. Mówię: Kubuś, spokojnie, jesteśmy razem, są twoje urodziny... Widzę, że powoli mu mija. On był w jakimś transie, ale zaraz zrozumiesz, dlaczego to wszystko się wydarzyło. W pewnej chwili mówi: Chodź, musimy się przejść. OK, idziemy. Weźmiemy Agatkę? Niech się z nami przejdzie. Wychodzimy. Nie chciał się ubrać, zresztą nie wiedziałem, gdzie on chce iść. Schodzimy po schodach i on mówi: Gdzieś was zaprowadzę. Była dwunasta w nocy. Przeprowadził nas przez podwórko. Wchodzimy do budynku, którego dziś już nie ma. Tam wtedy były szklarnie i chłodnia na kwiatki. Nieprzyjemnie, ciemno, obskurnie. Chcę zapalić światło, a on: Nie zapalaj światła. Ja wam wszystko opowiem. Był półmrok, a on mówi: Tu jest murek, tu jest ściana. I w końcu przeszliśmy do takiej starej piwniczki. Drzwi były zamknięte, a trochę wcześniej był otwór w ścianie na pomieszczenie, gdzie były piece do kotłowni szklarniowych. Dochodzimy tam, on mówi: Tu jest skrzynka, usiądziemy, ja usiądę tutaj, na ziemi, bo ja tu zawsze przychodziłem i siedziałem. Zaczynamy rozmawiać, powoli puszczają mu emocje. Dlaczego tak musi być, dlaczego nie ma mojej mamy? Ja bym wszystko oddał, ja bym przestał grać w piłkę, tylko żeby ona była, dlaczego on to zrobił?... Było bardzo dużo emocji. Zaczyna płakać. Pierwszy raz widziałem, żeby płakał. Agata płacze, ja płaczę, daję mu się wygadać. Siedzi na ziemi, Agata na skrzynce, ja na jakimś wiaderku. Ciemno, ale po jakimś czasie oczy się przyzwyczaiły i już swoje zarysy widzieliśmy. A on mówi: A wiecie, że moja mama teraz tutaj z nami jest?

Słucha tego, co mówimy. Ja zawsze tu przychodziłem i rozmawiałem z nią. I znowu powtarza, jak mu ciężko, że jest sam, że nie ma jej. Dla niego najważniejsza była mama. – Dlaczego tata to zrobił, nigdy mu tego nie wybaczę. Spędziliśmy tam ze dwie godziny i wreszcie Kuba mówi: OK, musiałem to zrobić, tego potrzebowałem. Wracamy. Nie wiem, jak często tam przychodził, ale z tego, co mówił, wywnioskowałem, że to była dla niego swego rodzaju ucieczka.

PS Kilka dni później po tym zdarzeniu Kuba został ogłoszony polskim piłkarzem roku w prestiżowym plebiscycie tygodnika „Piłka Nożna".

V.

GDYBY NIE JUREK?

„Wszystko, co wiem o moralności i obowiązkach, zawdzięczam piłce nożnej".

ALBERT CAMUS.

wrzesień 2014

MD Zawsze mieliście ze sobą takie relacje?

KB Nie. Mamy je, odkąd trafiłem do Wisły Kraków. Miałem wtedy dziewiętnaście lat. Wcześniej, kiedy Jurek grał jeszcze w Austrii i nie był ze mną na co dzień, to wierzył we wszystko, co mu inni o mnie mówili. A często mówili źle. I to była bariera w naszych kontaktach.

Kim więc w historii o Kubie jest jego wuj, najmłodszy brat jego mamy, Jurek Brzęczek? Kiedyś utytułowany piłkarz i były kapitan polskiej reprezentacji, dziś szkoleniowiec Lechii Gdańsk grającej w ekstraklasie. Piłkarskim mentorem czy przede wszystkim kimś, kto przeprowadził go przez przez najtrudniejsze chwile w dotychczasowym życiu?

Sam Kuba pytany o to, kto jest dla niego piłkarskim autorytetem, wzorem mężczyzny, kumplem na dobre i na złe, bez wahania odpowiada, że to właśnie bez Brzęczka nie dałby sobie w życiu, ale i z życiem rady.

To ta jaśniejsza strona medalu, bo była i ta druga, ciemna, kiedy to także Jurek Brzęczek musiał zmierzyć się z tragedią, jaka dotknęła ich rodzinę. Miał zaledwie dwadzieścia pięć lat, kiedy to właśnie on musiał zrobić wszystko, żeby poskładać ją na nowo. Czy kiedy będzie czytał te słowa, to przyzna, że ocalenie Kuby przed zatraceniem i wyprowadzenie siostrzeńca na ludzi to jeden z najważniejszych meczów, jakie przyszło mu w życiu rozegrać?...

Brzęczek jest serdeczny i autentyczny. Imponuje pasja, z jaką mówi o piłce, piłce i jeszcze raz o piłce. To od niego dowiedziałam się, że – jak wynika z jego piłkarskich doświadczeń – bramki z reguły padają w siedemdziesiątej ósmej minucie meczu. Rzeczywiście kilka razy się to sprawdziło.

Wielokrotnie rozmawiałam o Kubie z Jurkiem. Bardzo serio traktuje wszystko, co dotyczy jego siostrzeńca, ale w przeciwieństwie do Kuby ma zdecydowanie mniejszy dystans do krytycznych uwag na jego temat.

Kiedy o nim opowiada, to zawsze z przejęciem. Nigdy letnio. Mam wrażenie, że czasami on sam już nie wie, czy bardziej zastępował Błaszczykowskiemu ojca, czy przyjaciela. Między nimi jest zaledwie kilkanaście lat różnicy.

Są i tacy – samo życie – których denerwuje ta zażyłość. A i Jurek nieraz usłyszał, że Kuba dostał się do tej czy innej drużyny dzięki protekcji Jurka. Jeśli nawet, to czy w końcu nie rekomendował on gracza, który miał kiedyś znaleźć się w setce najlepszych piłkarzy świata?

„Czy zazdrości pan swojemu siostrzeńcowi sukcesów klubowych?” – chce wiedzieć dziennikarz tuż po półfinale Ligii Mistrzów 2013. „Mnie to pytanie nie przyszło do głowy – odpowiada Brzęczek – ale rozumiem, że świat piłkarskich emocji rządzi się swoimi prawami. Nie, ja mu kibicuję z całego serca. Sześć lat temu trafił do Borussii, która była wtedy daleko w tabeli, a jej finanse nie wyglądały różowo. Kuba przeszedł z tym zespołem długą drogę, a nagrodą były tytuły mistrzowskie, Puchar Niemiec, a teraz półfinał Ligi Mistrzów. Dzięki temu, że Kuba daje z siebie wszystko w Borussii, zyskał olbrzymi szacunek wśród zawodników i fanów BVB" („Przegląd Sportowy, kwiecień 2013 r.).

Jurek:

Nasz kontakt jest wyjątkowy. To nawet coś trudnego do zdefiniowania. Obaj jesteśmy bardzo emocjonalni i mnóstwo rzeczy razem przeżyliśmy. Nie było nigdy między nami konfliktu. Doskonale rozumiem, co on przeżywa w konkretnych sytuacjach. I pewnie to też spowodowało, że mamy do siebie zaufanie. Nawzajem szukamy wsparcia.

Dawid:

Jako małe dzieci, jeszcze jak mama żyła, mieliśmy wpajane, że Jurek to jest wielki autorytet w naszej rodzinie. Ktoś, kto osiągnął i widział w życiu bardzo wiele. Było wiele sytuacji, że jak był problem, to od razu telefon do Jurka. Jak tylko przyjeżdżał, to siadali i debata. A Jurek mówił wtedy: Róbcie tak, nie tak, to zostawcie. Słuchali go. Był najmłodszy z rodzeństwa. Ale w wielu sytuacjach jego głos był ważny. To powodowało, że Kuba słuchał się go najbardziej. Nie obrażał się. Pewnie nie zawsze się z nim zgadzał, ale jeśli przemyślał, zastanowił się, to gdzieś tam argumenty Jurka do niego docierały. Po miesiącu, roku czy po pięciu latach, ale te rozmowy zostawały u niego w głowie. Tak myślę. To szczęście od Boga, że urodził się brat mojej mamy Jurek Brzęczek. Szczęście od Boga, że udało mu się tyle osiągnąć i że kończył karierę w momencie, w którym akurat Kuba ją zaczynał. Zawodowo też przeżył tyle, że potrafił Kubie w sytuacjach kryzysowych doradzać.

I doradzał dobrze. Jest wielu zawodników, którzy zrobili karierę, może i większą, ale jak miałbym wybierać, który z nich miałby być moim doradcą, to na pewno wybrałbym Jurka. Jestem pewny, że wielu z nich nie byłoby w stanie pomóc Kubie. Czyli ktoś w górze nad nami czuwa...

Jurek:

Wielu, kiedy byłem młody, dawało nam odczuć: ty jesteś wsiok. Nam to nie bardzo przeszkadzało, nie mieliśmy kompleksów, co więcej, chcieliśmy pokazać, że nieważne, gdzie się urodziliśmy, bo też mamy swoją kulturę, charakter i talent, który chcemy za wszelką cenę wykorzystać. Jak się okazuje, to się opłaciło. W tamtym czasie rywalizacja pomiędzy miastami czy wioskami sprowadzała się głównie do rozgrywek piłkarskich. Pamiętam, jak miałem lat dziesięć i mecz piłki nożnej w drużynie wiejskiej to było wielkie wydarzenie. Na to się czekało. W niedzielę po obiedzie większość albo szła na mecz u siebie, albo jechała z rodziną na spotkanie wyjazdowe. To były zupełnie inne czasy niż dziś. Wtedy się nie mówiło o pieniądzach. Tylko o pasji.

W wieku jedenastu lat zacząłem poważnie trenować. To było po mistrzostwach w Hiszpanii, kiedy Polska zajęła trzecie miejsce, a moim idolem był wtedy obecny prezes PZPN Zbigniew Boniek. Zapisałem się wówczas do poważnego klubu Rakowa Częstochowa. Na treningi dojeżdżałem z Truskolasów na Raków ponad dwadzieścia pięć kilometrów. Jeździłem autostopem, ludzie czasami podwozili, a czasem nie. Jeżeli się spóźniłeś na autobus, to wracałeś i o dwudziestej trzeciej do domu, a trzeba było jeszcze odrobić lekcje, na drugi dzień jechać do szkoły, po szkole do domu, zostawić torbę, wziąć drugą i jechać na trening. Szkoła życia.

A że historia lubi się powtarzać, któregoś wieczoru dzwoni do mnie Tomek, przyjaciel Kuby. Właśnie coś sobie przypomniał i chce, żebym o tym napisała. Podczas ostatniego pobytu Kuby w Polsce, wracali nocą samochodem do Truskolasów i Błaszczykowski zauważył na poboczu chłopaka, który czekał na autobus. Zatrzymał się i zaproponował podwiezienie. Kiedy już jechali w trójkę, Kuba z zapałem opowiadał zaskoczonemu autostopowiczowi, że kiedyś on też czekał na mrozie na autobus i bywało, że długo nikt się nie zatrzymywał. Autostopowicz był pod takim wrażeniem, że przez całą podróż nie odezwał się ani razu.

Dawid:

Jurek miał siedemnaście lat, jak wyjechał do Poznania. Byłem wtedy w drugiej klasie podstawówki. Pamiętam, jak raz pojechałem z babcią do niego i kupił mi resoraka – to taki malutki samochodzik.

Zabawkę. Były ferie i miałem się uczyć tabliczki mnożenia. Ale chyba się nie nauczyłem, bo jak wracaliśmy jego polonezem, to próbował mnie pytać i z tego, co kojarzę, to nie bardzo dobrze odpowiadałem. Był już poza domem, ale dla mamy, cioci Teresy, Gośki, wujka Krzyśka nadal był wzorem.

Jak ktoś go pozna jako człowieka i zamieni z nim kilka zdań, to od razu widzi, że nie jest to ktoś, kto działa na wariackich papierach. Tylko wszystko robi rozważnie. Nie działa pod wpływem impulsu. Pamiętam, że jak miałem osiem czy dziewięć lat i jechaliśmy razem do sklepu, on, zanim kupił łóżeczko dla synka, to z piętnaście razy się zastanawiał: a może takie, a może takie. Nieraz myślałem, co on tak myśli. Chcę łóżeczko, jest, wchodzę, kupuję i wychodzę. A on myślał, a może to, może inne. I teraz się śmiejemy, że jak kupuje garnitur, to ogląda, dotyka, w lewo, w prawo.

Jurek:

Może jakbym miał jego charakter, to bym więcej osiągnął. On działa bardziej impulsywnie. I zawsze tak było. Pamiętam, jak Kuba i Dawid mieli po jedenaście i czternaście lat, to było krótko po śmierci Hani. To chyba była pierwsza zima, jak do nas przyjechali, do Innsbrucku. Były święta i pojechaliśmy na narty. Trasa zjazdowa, na której wcześniej były rozgrywane igrzyska olimpijskie. Oni wcześniej jeździli tylko po naszych małych górkach. Pytam ich: Umiecie? Oni: Oczywiście. Jeździli na małych, to dadzą radę na dużych. Jedziemy windą do góry, zakładamy narty, ale ja jeszcze dobrze nie zdążyłem swoich założyć, a oni już puścili się w dół. Kuba pierwszy, a ja za nimi. Widzę, że Dawid jeszcze dawał sobie radę. Starszy, silniejszy, a ten zasuwa i jedzie na strzałę. Ja na gazie do niego i widzę, że traci siły. Dojeżdżam i wołam: Skręcaj, hamuj! A on: Nie wiem, jak. Przewracaj się. Przewrócił się. Czy wy jesteście nienormalni? To nie są padoły, że zjedziecie pięćdziesiąt metrów. My jesteśmy na prawie trzech tysiącach metrów. Jak na padołach możemy zjeżdżać, to z góry też damy radę – odpowiedzieli. Pamiętam też ich przyjazd do Izraela, gdy grałem tam w klubie Maccabi Hajfa i obiecałem im wakacje. Dzwonię do nich i mówię: Chłopaki, nie możecie teraz przyjechać, przełóżmy to, coś mi wypadło. Jak oni się o tym dowiedzieli, byli rozczarowani, a na następny dzień telefon: Tak jest zawsze, obiecałeś, a teraz mówisz, że nie. I Kuba odłożył słuchawkę. Zadzwoniłem: OK, musimy jakoś to zorganizować, przylatujcie. I przylecieli. Byli chyba ze dwa tygodnie, pojechaliśmy nad Morze Martwe. Mówię: Nie można tutaj normalnie pływać, nie daj Boże, żeby woda dostała się do nosa, oczu czy ucha, będą problemy. Uważajcie. Dawid był OK, ale Kuba musiał coś sprawdzić, woda dostała mu się do ucha, ale nic nie powiedział. Byliśmy potem na pustyni, przyjechaliśmy wieczorem do domu i ucho zaczęło go boleć. Ale się nie przyznał. Dopiero Dawid mi powiedział, że go boli. Zadzwoniłem do klubowego lekarza, przyniósł lekarstwa, przez dwa, trzy dni Kuba cierpiał. On zawsze musiał wszystkiego spróbować.

Inna historia. Wielkanoc. Kuba miał piętnaście lat, pojechał na obóz do Niemiec do szkółki piłkarskiej niedaleko Jeziora Bodeńskiego, której patronem był Karl-Heinz Riedle (były piłkarz Borussii Dortmund.) Zostawiłem go tam, chociaż nie znał języka. Obóz kończył się w południe. Siedział do późnego wieczora i czekał na mnie. Odebrałem go gdzieś około dwudziestej drugiej wieczorem, a on taki zadowolony. Dostał jakąś nagrodę i trener mu powiedział:

Ty dużo osiągniesz. Po siedmiu latach Kuba jest już w Borussii Dortmund. Spotykam się z Riedlem po finale Ligi Mistrzów. Zaczynamy rozmawiać i mówię mu: A wiesz, że Kuba był na tym obozie, który organizowałeś?

Tobie Kuba też mówił, że nie jest romantyczny, ale...

On musiał być bardzo twardy, bo często zostawał ze swoimi problemami sam. Jak nie był jeszcze wielkim piłkarzem, to nieraz wielu wieszało na nim psy.

Jak się gdzieś coś wydarzyło, a on był w pobliżu, to wiadomo, kto był winny. Podejrzenia zawsze szły w jego kierunku.

Wielką zaletą Kuby jest to, że potrafi słuchać. Jeśli na początku zwrócisz mu na coś uwagę i on nie do końca to przyjmie, to wiesz, że zacznie się nad tym zastanawiać i to analizować. Nie zawsze od razu przyzna rację, ale w jego zachowaniu widać, że to przemyślał. Teraz jest już inaczej, bo jest dojrzalszy, ale wcześniej jak uważałem, że coś jest nie tak, to po prostu zwracałem mu uwagę. Mówiłem: Pamiętasz, co ci powiedziałem trzy lata temu, jakie było twoje zachowanie na boisku? A on na to: Masz rację. I to jest mądrość młodego człowieka, który potrafi słuchać. Słuchać i wyciągać wnioski. Sportowiec, piłkarz musi dużo wcześniej dojrzeć, bo jego kariera tak naprawdę zaczyna się w wieku dwunastu–trzynastu lat. Niekiedy wcześniej.

wrzesień 2014

MD Nadal grasz z Jurkiem w kości przez Skype'a?

KB Tak. Niekiedy gramy do pierwszej, drugiej w nocy. Ostatnio zagraliśmy z piętnaście partii, a jedna trwała dwadzieścia pięć minut.

Kuba przed finałem Pucharu Niemiec
16.05.2014

Gra uczy nas szacunku do siebie i drużyny przeciwnej, i zawsze powinniśmy sobie go nawzajem okazywać. A nie bezmyślnie się faulować. Robienie komuś krzywdy z premedytacją jest okropne.

Kuba Błaszczykowski i Karim Haggui, mecz Borussii Dortmund z Hannover 96 na AWD Arena w Hanowerze, 07.11.2010

Kuba Błaszczykowski podczas rewanżowego meczu $^1/_8$ finału Ligii Mistrzów pomiędzy Borussią Dortmund i Juventusem Turyn (0:3), 18.03.2015

Dużo ze sobą rozmawiamy, staram się wszystkie jego mecze oglądać i na gorąco robimy pierwsze analizy. Omawiamy to, co było dobre, a co złe. Chociaż teraz jest już trochę inna sytuacja, bo Kuba jest bardziej doświadczonym zawodnikiem (Jurek Brzęczek).

Kuba Błaszczykowski i Jurek Brzęczek

Agata Błaszczykowska, Marzena Brzęczek, Kuba Błaszczykowski, Jurek Brzęczek, sylwester 2009/2010, Władysławowo

Kuba pisze esemes: za 10 min. jestem. A wtedy moja żona pyta: A co, Kuba przyjechał? Idziemy gdzieś, na przykład do kina. Nawet nie ma chwili zawahania, że odpowiem, już leżę czy jestem po kolacji, tylko zaczynam się ubierać.

Tomek (Kicha), przyjaciel Kuby, sierpień 2014

W kości nauczył mnie grać i to w tę tak zwaną jego odmianę. Jak byliśmy razem na wakacjach na Sardynii, to graliśmy cały czas, czy na pompki, czy na wejście do zimnego basenu (Łukasz Piszczek).

Kuba z bratem Dawidem i Łukaszem Piszczkiem, wakacje, Sardynia, 2012 (gra w kości)

Chciałbym, aby chociaż raz zadzwonił i powiedział: Jasiu, wyjedź po mnie na lotnisko, bo jeśli myślę o nim jako o przyjacielu, to zastanawiam się, w czym ja mógłbym mu pomóc? Nikt z nas by się nie zamienił na jego życie po tym, co przeżył (Janek).

Janek, Arek, Adam (Babaś), przyjaciele Kuby, sierpień 2014

Kiedy Kuba był szczęśliwy? Jak jeździliśmy moim maluchem i nagle paliwa brak, wtedy Kuba wysiadł i mnie pchał. Pchaliśmy auto do domu, potem na stację, i był szczęśliwy. To była frajda (Radek).

Radek, przyjaciel Kuby, Częstochowa, sierpień 2014

MD Można oszukać przez Skype'a?

KB Ale jaki to ma sens?

MD No, nie lubisz przegrywać...

KB To nie ma znaczenia. Wolę przegrać uczciwie niż wygrać nieuczciwie, bo to mi nie sprawia żadnej przyjemności. Był okres, że graliśmy bardzo często, teraz trochę rzadziej – Jurek ma swoje obowiązki, ja też. I zawsze gramy na pompki: kto przegra, robi dwadzieścia pompek.

MD Też przez Skype'a?

KB Nie, mamy do siebie pełne zaufanie.

MD Zajęć mnóstwo, a tu dwóch dorosłych facetów – siostrzeniec i jego wujek, jeden w Dortmundzie, drugi w Częstochowie, a teraz w Gdańsku – siedzą i grają w kości, robią pompki...

KB Tak, czasami do drugiej w nocy. *(śmiech)*

VI.

NIE OPOWIADAM INNYM O TEJ PRZYJAŹNI...

„Bóg jeden wie, że ciężko jest być przyjacielem sławnego piłkarza".

ERIC CANTONA

Żeby spotkać się z przyjaciółmi Kuby, którzy, jak się później okaże, swoją lojalnością przypominają bohaterów z *Chłopców z Placu Broni* Molnára, jadę w jego rodzinne strony. Kilkutysięczne Truskolasy i ich mieszkańcy, to naturalne tło historii życia dorosłego już piłkarza. Dziś jest tutaj niekwestionowaną gwiazdą, a każdy jego przyjazd nie przechodzi niezauważony. Nasz Kuba przyjechał – powtarzają sobie bliżsi, ale i dalsi znajomi. Są wśród nich też tacy, którzy nigdy nie powiedzieli o nim dobrego słowa. Dziś przekonują, że zawsze w niego wierzyli i sekundowali mu w najtrudniejszych chwilach. W tych tragicznych, też gdy nieraz słyszał za plecami: idzie syn mordercy.

Czekając na pojawienie się przyjaciół Kuby, w myślach tworzę ich portret pamięciowy. Szef kuchni, strażak i zawodowy żołnierz... Nie ukrywam, że wyobraźnia podsuwała mi dość stereotypowy obrazek tzw. wiejskich chłopaków. Fajnych, ale... Przepraszam was, chłopaki... Pomyliłam się.

Siedzą przede mną trzej młodzi mężczyźni: Janek (zawodowy żołnierz), Arek (pracuje w rodzinnej firmie) i Babaś (zawodowy strażak). Tomka i Radka poznam kilka dni poźniej. Ci, z którymi teraz rozmawiam, są pewni siebie, kontaktowi, mają autoironiczne poczucie humoru. O takich jak oni mówi się dzisiaj: Europejczycy. Dobrze znam te pierwsze minuty, kiedy obie strony badawczo się sobie przyglądają. Musimy być czujni, uważajmy, żeby niepotrzebnym słowem nie zrobić kumplowi krzywdy... Najdłużej rozmawialiśmy o przyjaźni, jaką sobie nawzajem zaoferowali. Kto na kogo zasłużył? Co takiego dali sobie nawzajem, że jeden za drugiego byłby gotów skoczyć w ogień? A byłby?

Pytam, śmieję się razem z nimi, ale też łapię ich za słówka. Może trafię na jakiś nieznany jeszcze i przez nikogo nieopisany trop, który pozwoli mi bardziej zgłębić osobowość naszego bohatera?

Mijają godziny, a ja nadal nie natrafiam na jakąkolwiek wyrwę w tej trwającej prawie całe ich życie przyjaźni. Kuba wkurza się, gdy przy innej okazji pytam, jak to się stało, że ich po drodze „nie zgubił". Zwłaszcza gdy zaczął funkcjonować w świecie, który pewnie pozostanie dla nich niedostępny.

Zaskoczyło mnie to, że o niektórych fragmentach z przeszłości Kuby wiem, w każdym razie tak mi się wydaje, od nich więcej. Jak to możliwe, że nie padły między nimi pytania, które mnie, dziennikarzowi, już z samego obowiązku cisną się na usta? Czy dlatego, że obcemu odpowiada się na nie łatwicj, a ci najbliżsi rozumieją się bez słów?

Dawid:

Świat, w którym żyje Kuba, nazywam światem rekinów. Wiele osób próbuje zostać jego przyjaciółmi. Ale żeby zyskać zaufanie

Kuby, to nie jest takie proste. Jak Kuba widzi ludzi, którzy próbują mu się podlizać, to bardzo tego nie lubi. To nie jest tak, że pozna się z kimś w grudniu, a w marcu już mu zaufa. Na pewno może zaufać tym, z którymi się znał, zanim na przykład był kapitanem drużyny narodowej.

wrzesień 2014

MD Chcę teraz zapytać o twoich przyjaciół... Jesteś dosyć zamknięty, a mimo to masz ich wielu...

KB Takich, o których mogę tak powiedzieć, to w sumie pięciu.

MD Tych pięciu?

KB Tak. Janek, Radek, Babaś, Tomek i Arek, którego poznałem później. No i Piszczu tutaj, w Dortmundzie. Można te moje przyjaźnie podzielić na etapy, jakie miałem w swoim życiu. Na początku był Adam, znałem go od przedszkola. Razem chodziliśmy do szkoły podstawowej, a potem średniej. I chociaż wkrótce nasze drogi się rozeszły, bo poszliśmy do różnych szkół, to kontakt mamy do dziś. Adam jest zawodowym strażakiem.

MD W Truskolasach?

KB Tak. Znamy się już prawie dwadzieścia pięć lat. Jest to ktoś, komu mogę zaufać.

MD To dla ciebie ważne?

KB Bardzo ważne. Zaufanie to fundament.

MD Powiesz im wszystko?

KB Komu, chłopakom? Wiesz, jaki jestem...

MD No, nie powiesz...

KB Nikomu nie powiem, póki sam ze sobą tego czy tamtego nie przerobię.

MD Kolejny przyjaciel...

KB Radek i Janek, z którymi też długo się znam, ale bardziej zaczęliśmy się kumplować w okresie dorastania.

MD Czyli w tak zwanym okresie burzy i naporu?

KB Tak. *(śmiech)* Tworzyliśmy zgraną ekipę. Jak miałeś kilka złotych w portfelu, to się cieszyłeś. Pamiętam, dostawałem dziesięć złotych od babci, tyle kosztował u nas wstęp do dyskoteki. Zawsze wcześniej spotykaliśmy się w barze i graliśmy w pokera. I były dwa wyjścia: albo wygrałem i mogłem iść spokojnie na dyskotekę, albo przegrałem i mogłem iść spokojnie spać.

MD Nie wchodziłeś na dyskotekę „spokojnie" przez okno?

KB Na pewno też wchodziłem. Działo się trochę w tym życiu. *(śmiech)* Ostatnio jechaliśmy samochodem i kumpel mówi, że fajnie by było, żeby znowu na tym rynku się spotykać. Mieliśmy wtedy różne głupie pomysły... Dwóch gości stawało z jednej strony ulicy, dwóch z drugiej i jak jechało auto, to udawaliśmy, że coś ciągniemy przez drogę. Ale to było śmieszne, dopóki policja nie zaczęła nas szukać. Drugi raz kumpel zrobił człowieka ze słomy, ubraliśmy go w spodnie, koszulkę i czapkę, i położyliśmy na przystanku. Udawaliśmy, że go bijemy. Ludzie stawali i dzwonili na policję.

MD Ile mieliście wtedy lat?

KB Z czternaście.

MD Jak się kłóciliście, to o co?

KB Nie było jakichś większych kłótni w naszym gronie. Jeśli już, to kłóciliśmy się z obcymi.

MD W tamtych latach ludzie byli dla ciebie serdeczni, dostawałeś od nich wsparcie?

KB Nie. Ludzie oceniali nas z bratem na zasadzie: jak ojciec morderca, to i synowie są tacy sami. To było straszne dla takiego młodego chłopaka jak ja. Jak pomyślę o tym w kontekście własnych dzieci, to wydaje mi się to bardzo słabe. Ale my też byliśmy megaagresywni. Trzeba było swoje przeżyć. Moi kumple są bardzo charakterni, lojalni. Jestem ich pewien w stu procentach. Gdyby mi się noga powinęła, wiem, że oni byliby po mojej stronie. Znają mnie, wiedzą, jaki jestem, i wiedzą, że jak coś zrobię albo nie, to widocznie miałem swoje powody.

MD Wymagasz, żeby myśleli tak samo jak ty?

KB Nie. Przyjaźń polega też na tym, aby inni mówili ci prawdę, jak zrobisz coś źle. To jest bardzo ważne. Dużo przeszliśmy razem. Kiedyś wracaliśmy z dyskoteki i Radek dostał w głowę znakiem drogowym. Miał pękniętą podstawę czaszki, uraz prawej ręki, nie mówił, miał problemy ze wzrokiem. Potrzebował czasu, aby wrócić do formy. Był u mnie w Dortmundzie już wiele razy i jutro znowu przylatuje. Mamy fajny kontakt. Ma też swoje problemy, niestety.

MD Janek?

KB Jest zawodowym żołnierzem i też przeszliśmy razem dużo. Teraz ma problemy z czasem, bo drugie dziecko mu się urodziło. Ale zawsze, jak przyjeżdżam, to się widzimy. Pamiętasz, niedawno jechałem do niego na pępkowe?

MD A jak sprawić, żeby to, że obraca się na innej orbicie finansowej, nie...

KB Nie lubię tego...

MD A jednak chciałabym wiedzieć...

KB Jakie to ma znaczenie, czy jesteś osobą publiczną, czy nie? Znam tyle osób publicznych, które nie potrafią się zachować tak jak ci, którzy są niepubliczni...

MD Chyba nie zrozumiałeś, o co pytam: Jak sprawić, żeby w pewnym momencie inny styl życia, po prostu pieniądze, które ty masz, was nie podzieliły?

KB O tym to mogą powiedzieć chłopaki. Czy coś się zmieniło od momentu, jak mieliśmy po piętnaście lat do dziś? I czy ja się zmieniłem?

MD Na pewno przy okazji zapytam. Jesteś znany, bardzo znany. Coraz więcej ludzi krąży wokół ciebie. Jesteś otwarty na nowe znajomości?

KB Wiesz, jaki jestem. Porozmawiać porozmawiam. Odpowiem, ale to wszystko.

MD Przyjaźń jest ci potrzebna do czego?

KB Ma przypominać młode lata, jak miałem dziesięć, piętnaście, osiemnaście lat i było dużo sytuacji, kiedy potrzebowałem i dostawałem wsparcie od kumpli. Zwłaszcza teraz nie mogę o tym zapominać.

MD Nie zawiedli cię nigdy?

KB Nie.

MD Miałeś przyjaciółki?

KB Nie.

MD Czemu?

KB Żona by mi na to nie pozwoliła.

MD Ty się w sprawie przyjaciół żony pytasz?

KB Jakoś tak się ułożyło, że nie mam. Chociaż mam bardzo dobry kontakt z moją teściową. Ale to inna płaszczyzna.

MD Trudne słowa dla ciebie, także w przyjaźni, to...

KB Trudne? Nie lubię słowa: obiecałeś. Bo nigdy nie obiecuję. Zwracam na to uwagę.

MD Co złego jest w tym słowie?

KB Że nie wiesz, co będzie i czy będziesz miał możliwość dotrzymać słowa.

Dawid:

Kuba, nawet gdy już był piłkarzem tak zwanej wysokiej klasy, to zawsze jak przyjeżdżał, chciał, żeby spotykali się z chłopakami w Truskolasach. Na moście czy na przystanku. Do dziś ma ochotę usiąść tam w jakimś kapturze na głowie, tak żeby go nikt nie widział. Pośmiać się, jak wtedy, gdy człowiek był jeszcze beztroski. Dla niego to są ważne wspomnienia i lubi do nich wracać. Często w męskim gronie wspominamy stare dzieje, ale też opowiadamy sobie o tym, co teraz dzieje się w naszym życiu. Tak, zawsze w gronie męskim. *(śmiech)* W pięciu czy sześciu jedziemy sobie na przykład na dyskotekę, siadamy w rogu, kupujemy piwko, siedzimy, powygłupiamy się, popatrzymy na imprezę, jedni potańczą, drudzy postoją. Jak trochę wypiję, to i potańczę. A Kuba? Tańczy tylko na prywatnych imprezach, no i na weselach. Opowiada nam historie, które przeżył jako zawodnik Borussii. Anegdoty z szatni, nie tylko z Borussii, ale też z czasów Wisły. Jak mu wiaderko z lodem włożyli do szafki, kiedy dobry mecz zagrał. To tak, żeby go ostudzić, bo wszyscy się nim zachwycali. Chłopaki też o sobie opowiadają. Pogramy w karty. W pokera. W swoim towarzystwie czujemy się bardzo dobrze.

wrzesień 2014

MD Ufasz tym, którzy…

KB …którzy coś ze mną przeszli. Zostaliśmy razem wystawieni na jakąś próbę. Z drugiej strony, jeśli ktoś moje zaufanie zawiedzie, to wtedy…

MD Sprawdzasz i dajesz jeszcze jedną szansę?

KB Jeżeli zaufanie zostaje zachwiane, to potem ciężko pewne rzeczy odbudować. Jak mnie coś zaboli, to mnie boli. Najgorzej jest z tym później żyć, bo pewne rzeczy nie mieszczą mi się w głowie. I wtedy to jest trochę tak, jakbym się bił z samym sobą. Zaufać jeszcze raz czy już nigdy?

MD To męczące także dla innych...

KB Czasami intuicja podpowiada mi, że trzeba zrobić tak, a nie inaczej, i tak robię. Wtedy nie zastanawiam się, czy robię źle, czy dobrze, bo i tak się później okaże, kto miał rację. Zaufanie to proces. To nie tak, że zdobywasz je na pierwszym spotkaniu... Ważne, jak się ten ktoś zachowuje, jak reaguje w sytuacjach stresu, gdy ma słabsze momenty. Za mądry jestem?

MD Dla kogo? *(śmiech)* Ja mam inaczej...

KB Od razu na pierwszym spotkaniu?

MD Tak.

KB Może to też wynika z tego, co przeżyliśmy, jak byliśmy młodzi. Jak człowiek miał koło siebie ludzi, którzy mu pomagali i go wspierali, to wtedy pewniej jest łatwiej. A jeśli ono parę razy zostało wystawione na próbę, wtedy, jak ci było źle, to, uwierz mi, że jest inaczej. Jakby ci się noga powinęła, od razu byś wiedziała, kto jest z tobą. Sztuką jest to, aby otaczać się takimi ludźmi, w których towarzystwie dobrze się czujesz... Dlatego większość ludzi, którym ufam, to ci, z którymi robiłem babki w piaskownicy. *(śmiech)*

MD Robiłeś babki w piaskownicy?

KB Foremek wtedy nie mieliśmy. *(śmiech)*

Dawid:

Jak był dzieckiem i ktoś mu coś zrobił to on do dzisiejszego dnia to pamięta i ciężko, żeby wybaczył. Wiele takich sytuacji było. Są tacy, którzy niby się cieszyli, jak dobrze grał, ale równocześnie mówili: zobaczymy, co będzie, jak dozna kontuzji. Takie rzeczy szybko do nas dochodzą. Ale Kuba jest taki, że jak słyszy, że ktoś szepcze coś za jego plecami, to podchodzi i mówi: Jak chcesz coś powiedzieć, to powiedz mi to prosto w oczy. Jest cała rzesza ludzi, którzy próbują się teraz do niego odzywać, szukać z nim kontaktu, bo jest znany, a gdyby nie był, to pewnie nikt by nie wiedział, że istnieje ktoś taki jak Jakub Błaszczykowski z Truskolasów. Nikt by z nim nie szukał kontaktu.

Ma dużo znajomych z reprezentacji, chociaż nie twierdzę, że to są jego przyjaciele. Tak jak mówisz, przyjaciół ma się od początku i na całe życie.

Tomek (szef kuchni w Kubaturze):

– rozmowa przeprowadzona w sierpniu 2014 r. w Częstochowie.

Jestem pewien, że nie wiem jednej piątego tego, co ty wiesz. Ty jesteś z zewnątrz i obserwujesz. Kuba na pewno nie jest kimś, kto chce być w centrum zainteresowania.

Nasza znajomość trwa bardzo długo. Zakumplowaliśmy się już po śmierci jego mamy. Miał wtedy dwanaście–trzynaście lat.

Stałem na bramce, a Kuba przeniósł się do Rakowa Częstochowa i zaczął grać w naszej grupie. Pamiętam, że często w trakcie rozgrywania akcji pomijaliśmy linię obrony. Przerzucałem do niego szybką i daleką piłkę i nieraz udało nam się w ten sposób gola zdobyć. Mieszkałem trzy minuty od stadionu, to zostawał u nas czasami na noc. Mama zapraszała, nawet jak były czasy, że nie było jakiegoś wykwintnego obiadu, to chociaż kanapki robiła. A jak była w pracy, to chłopaki sami otwierali sobie lodówkę. Kuba moją mamę bardzo lubi i ona go też.

Byliśmy dziećmi, nie zdawałem sobie sprawy z powagi sytuacji, w jakiej znalazł się Kuba. Jak przychodzisz na trening, to musisz skupić się na piłce, a po treningu albo szliśmy do mnie do domu, albo się wygłupialiśmy. Były żarty. Myślę, że on w czasie treningu odcinał się od złych wspomnień. Ale w jego domu w Truskolasach to już nie było ucieczki od tragedii. Bo w głowie masz tylko jedno. Wiele czasu od tamtych dni już minęło. Kiedyś jechaliśmy autem, jak grał jeszcze w Wiśle Kraków, i puścił mi bardzo popularną piosenkę Ich Troje *Nie pij, tato*. Chyba z dziesięć razy z rzędu. Zapytałem go, czy to nie jest przykre dla niego. I wtedy on mi zaczął trochę opowiadać o tym, co się stało. Byłem zaskoczony, że nawet łza mu się nie uroniła. To był jedyny taki moment. Powiem szczerze, że czułem się bardzo źle, słuchając tego. Bo on tak twardo, gołe fakty, bez emocji przedstawiał, a ja wiem, że tych emocji kumuluje w sobie bardzo dużo. My często jedziemy i w ogóle nie rozmawiamy. Potrafimy zamienić cztery–pięć zdań, a tak to muzyka albo ryk silnika. Ale potrafimy też jechać i całą drogę rozmawiać, jak jest taka potrzeba. To tak jakoś zawsze naturalnie wychodzi.

Uważam, że on ma czasami bardzo trudny charakter, ale za tym zawsze kryje się cel, który chce osiągnąć. Zdarza się, że jest w stanie nas posłuchać albo coś zmienić. Czasami też coś za dużo powie, ale zawsze ma wytłumaczenie. Przecież on nic takiego nie powiedział. *(śmiech)*

Słowo: przepraszam? Ja nic usłyszałem. Jeśli usłyszałaś, to zazdroszczę.

Ile jest w nim zagadki? Często pytamy, ale nie zawsze odpowie. To wydaje się lekceważące, ale ja mam wrażenie, że on po prostu znowu gromadzi informacje. Boję się tylko, żeby on kiedyś nie umarł z tymi wszystkimi myślami, które zostawia dla siebie. Jurek jest dla niego takim rodzicem. O wielu rzeczach z nim rozmawia, ale Jurek też w stu procentach nie wie tego, co w jego głowie siedzi. Myślę, że odpoczywa w aucie. Lubię szybko jeździć i lubię, że on lubi i że dzięki niemu miałem możliwość przejechać się takimi autami. Jak wsiadam do jego auta, to po prostu się wyciszam. Albo przypominamy sobie, jak się busem jechało na trening czy jak on jeździł passatem i był zadowolony, że nie musi jechać pekaesem. A jak dostał potem omegę, to był trzy razy bardziej zadowolony, że nie musiał passatem jechać. Wiadomo, apetyt rośnie w miarę jedzenia. Dla mnie głównym źródłem informacji o piłce jest Kuba. Chociaż on też nie jest taki, że przyjdzie i powie: słuchajcie, a to i tamto, czy jak jest w szatni. Tego dowiaduję się od kogoś innego, że na przykład złapał kogoś za fraki i go pod szafkę podniósł. Od niego się nie dowiedziałem, tylko kiwał głową, ale zaraz szukał innego tematu. Dlatego uważam, że ma charakter, bo nie robi niczego na pokaz, że na przykład wyjdzie z szatni i powie: Ja tam rządzę. On po prostu robi to, co uważa. On zawsze się czymś wyróżniał. Na pewno nie wzrostem *(śmiech)*, wszędzie był najmniejszy, ale jak to moja mama mówi, miał to coś, pokrętło w nodze i symulator. Wyczucie sytuacji, do tej pory tak ma, prowadzi piłkę, biegnie ktoś za nim, on nie ucieka, tylko specjalnie jeszcze przed rywala wskoczy, żeby na przykład wymusić jakiś faul. On zawsze miał spryt, jechaliśmy na różne turnieje i nie było takiego, na którym nie zostałby wyróżniony albo nie został królem strzelców, albo najlepszym zawodnikiem.

Brał nagrodę, podziękował i spadał. Widziałem jeszcze w dawnych czasach zachowanie niektórych chłopaków, z którymi wtedy graliśmy. On grał, a oni nie, to były teksty: mama mu zmarła, to go wpuszczają. Nikt nie miał odwagi w jego kierunku tego powiedzieć, ale za plecami mówili. Do tej pory często wspominamy sytuację, jak się nawzajem masowaliśmy. Na obozach mieliśmy trzy–cztery treningi dziennie, to nie były czasy, żeby w klubie był lekarz czy masażysta. Siadaliśmy więc w takim wagonie i jeden drugiego masował. Mówili, że najlepiej to robiłem. Za dziesięć złotych ich masowałem. I wyobraź sobie, że do tej pory go masuję. Teraz za darmo. *(śmiech)*

W wieku dziewiętnastu lat wyjechałem do Anglii uczyć się języka. Kuba poszedł wtedy do Wisły Kraków. Nie wyobrażałem sobie, żeby z czwartej ligi móc iść do Wisły Kraków. Potoczyło się fajnie. Ja nie zostałem piłkarzem, bo nie widziałem perspektyw. Mimo że grałem nieźle, grałem w kadrze Częstochowy, w kadrze Śląska, zajęliśmy czwarte miejsce w mistrzostwach Polski, ale ja nie miałem warunków na bramkarza. Bo jestem wzrostu Kuby.

Wyglądam na wysokiego? Bo mam koszulę w pionowe paski. *(śmiech)*

Nigdy go o pieniądze nie prosiłem – ale wiem, że gdybym poprosił, to Kuba da. Ale nie chciałbym zepsuć naszych relacji. To chyba najgorsze, co mogłoby być.

Został skrzywdzony przez los, a teraz los jakby mu to wszystko wynagradza. On często wspomina, że ma „kontrolę" z góry. Ja nie znam drugiej takiej rodziny jak oni. Tragedia też ich połączyła. Pójdziesz do nich na imprezę, to czujesz, jakbyś w tej rodzinie był.

Nie ma rzeczy, których by Kuba nie zrobił dla bliskich osób albo żeby się zawahał. Ja akurat nie byłem na finale Ligi Mistrzów w Londynie, ale chłopaki, którzy pojechali, to byli wręcz zaskoczeni. On ich potem wszystkich zaprosił na ten event po meczu. Co na pewno nie było łatwe.

Kuba jest daleko i nie widzimy się dość często, to się dla niego poświęcamy *(śmiech)*, bo każdy z nas ma problemy w domu. Jak on przyjeżdża, rzucamy wszystko. Musimy się z nim spotkać. On niczego nie wymaga, ale samą swoją obecnością wymusza to na nas.

Po prostu pisze esemesa: Za 10 minut jestem. A wtedy moja żona pyta: A co, Kuba przyjechał? Idziemy gdzieś, na przykład do kina. Nawet nie ma chwili zawahania, że odpowiem, już leżę czy jestem po kolacji, tylko zaczynam się ubierać.

Dla mnie to normalne.

Jak przyjeżdża, to jednoczy ludzi. Jest hasło: Kuba robi grilla. I od razu jest trzydzieści osób. Nie ma tak, że ktoś zadzwoni: Nie dam rady. Dwie rzeczy denerwują mnie u niego. To, że ma bardzo zmienne decyzje, jak baba w ciąży. Hasło na przykład: Jedziemy nad wodę. Nastawiasz się, wszystko przekładasz i dzwonisz do niego, a on jeszcze śpi: Nie, bo coś tam. I już jest inna koncepcja. Jedziemy do Katowic albo do Warszawy coś załatwić. Ale też w jakiś sposób chcemy się dla niego poświęcić, bo wiemy, że nie jesteśmy mu obojętni.

Twierdzi, że jak skończy karierę, to zaczniemy inaczej żyć. Bardziej rozrywkowo. Teraz gdziekolwiek się nie ruszymy, to od razu szukamy miejsca w rogu, za ścianami, za kwiatami, a i tak wszyscy wiedzą, że on tam jest.

Chcesz wiedzieć, czy on się zmienił? Ci, którzy go nie znają, uważają, że tak, i to jest normalne, Ale jak można być przyjacielem kogoś, kogo się nie zna? Teraz wielu ludzi się podszywa pod jego znajomego, wujka, kuzyna itd. Wiem, że on nie jest święty i idealny. Ale uważam, że dla tego naszego grona to on jest jeszcze lepszy, niż był kiedyś. Nam się wydawało, że siłą rzeczy będzie inny, że będzie nieosiągalny, a on potrafi naprawdę ważnym ludziom odmówić, bo się umówił z nami. Potrafi zadzwonić: Chcesz bilety na mecz? Chcesz przyjechać? Mówię: Nie, daj szansę innym, byłem na dwóch meczach Ligi Mistrzów i na obydwu z Realem Madryt.

Jak teraz o tym kapitanie piszą, że nie powinien nim być, to ja uważam, że powinien być. Nie widzę innego. Piszą też ciągle o tej aferze biletowej, a najgorsze, że to inni swojej dupy bronią, bo to przez nich ta afera miała miejsce. Gdyby się dało, to sam bym o tym napisał. Takie rzeczy bardzo bolą. Albo kto miał interes, żeby w gazecie w Niemczech pisać, że Kuby babcia zmarła? W ogóle jak ktoś się źle o nim wypowiada, to się rzucam do gardła.

Załamał się? Jak nie grał na Euro w 2008 roku. Chodził zdenerwowany, wkurzony, nie można z nim było normalnie porozmawiać. Teraz pewnie by tak nie było, bo już jest bardziej dorosły. Jak jest kontuzja, to ja z nim nie mam kontaktu nawet przez tydzień.

Ja też nigdy wtedy na niego nie naciskam.

Uważam, że na tyle go już poznaliśmy, że wiemy, na co go stać, czego możemy od niego wymagać, a czego nie. Na przykład żeby szedł z nami na imprezę i tańczył na parkiecie. Nie zrobi tego. Tańczy, ale na imprezach zamkniętych. Mam parę zdjęć jeszcze z mojego wesela, jak tańczy. Ludzie, którzy na nim byli, nie sądzili, że on może się tak dobrze bawić. Jak na przykład jakieś szpagaty robił. On jest taki podpuszczacz. Ma czasami ochotę na jakieś głupoty, ale my sobie zdajemy sprawę, że on za dużo ryzykuje.

Najważniejsza jest rodzina, a w jego przypadku to prawda. Widzę po nim, jak tu przyjeżdża, chce się z nimi widzieć. Chce pomóc. Wszyscy go szanują, jest dla nich autorytetem. Mimo że to gnojek, bo są w rodzinie ludzie starsi, z większym doświadczeniem życiowym. Mimo to liczą się bardzo z jego zdaniem. Po części pewnie dlatego, że jest, kim jest.

Nie lubi samotności.

Myślę, że wtedy te wszystkie czarne myśli go nachodzą. On zaraz do mnie dzwoni: Przyjedź, bo nie wytrzymam. Agata wyjeżdża.

Do osiemnastego jej nie będzie (jak na studia jeździła). Ma takie lęki. Może twardo spać po imprezie, ale płacz dziecka czy coś zbije się na dole, on zaraz się budzi. Śpi bardzo czujnie. Cały czas jest na takim czuwaniu. Bez przerwy musi coś robić, wstaje rano i od razu coś kombinuje. U niego jest spontan.

Teraz jak Kuba był w Polsce, graliśmy w pokera w garażu u Dawida. Najlepsza miejscówka. Wiadomo, w domu dziecko małe śpi, a tu się krzyczy, stół przynieśliśmy, obrus. Dawid, Babaś, Radek, Paweł, Kuba i ja. Koc rozwinęliśmy, bo karty się fajnie ślizgają, jak się rozrzuca. Żetony mamy.

Często, jak zakładamy się o coś, to też na pompki gramy.

Chce wygrać, ale nawet jak przegrywa, to się cieszy, że może z nami posiedzieć. Do trzeciej–czwartej w nocy gramy. Często ktoś się wykrusza, bo musi iść do dziecka, które za dwie godziny wstanie. To takie czynniki zewnętrzne, które decydują, że musimy kończyć, bo tak to moglibyśmy grać dwadzieścia cztery na dobę. Nie jest tak, że jak on przyjeżdża, któraś z naszych żon zabroni. Jest tylko kwestia: do której. Zaufanie mają na tyle, że wiedzą, że jak idziemy z nim na imprezę, to nawet lepiej, bo wtedy musimy się pilnować. A najgorsze są pokusy i zawsze, jak idziemy na imprezę, mówimy, że on to nasza przynęta. Dziewczyny się uśmiechają. Wiadomo. *(uśmiech)*

Janek

(zawodowy żołnierz wojsk chemicznych w Tarnowskich Górach):

– rozmowa przeprowadzona w Truskolasach w sierpniu 2014 r.

Chciałbym, aby chociaż raz zadzwonił i powiedział: Jasiu, wyjedź po mnie na lotnisko, bo jeśli myślę o nim jako o przyjacielu, to zastanawiam się, w czym ja mógłbym mu pomóc. Nikt z nas by się nie zamienił na jego życie po tym, co przeżył.

Jak gramy w cokolwiek, to znowu jesteśmy dzieciakami.

Jak Fifę 14 wydawali, to dzwonił z Dortmundu o dwudziestej pierwszej: Jasiu, gramy. Północ, ja rano do roboty, a on: Gramy i koniec. Jego każde zwycięstwo tak samo cieszy. Kuba mi kiedyś powiedział: nigdy nie odpuszczaj, nawet jak będziesz wygrywał sto razy. On ze mną wygrywa piętnaście razy, ale nigdy mi nie odpuści. Zawsze wyciska ze mnie wszystko, żebym tylko się postarał. Pewnie, że go zaboli, jak raz na dwadzieścia razy wygram. Z każdej wygranej potrafi się tak cieszyć, jakby mnie ograł pierwszy raz.

Kiedyś miałem taką grę, że nie wolno jej było wyłączyć, bo się nie zapamiętywała, to chodziła non stop trzy dni. Można tam było postawić garnuszek z wodą i by się zagotowała. O piłce nie gadamy. Każda porażka nawozem sukcesu, ma takie ulubione powiedzenie.

Filmik pokazywał z pępkowego czy nie?

Jak widzi tablicę „Truskolasy", to od razu jest wyluzowany. Ostatnio nie mógł dojechać, bo w korku stał z pięć godzin. Cały czas dzwonił, a jak przyjechał, to było widać, że jest zadowolony. Pewne hamulce puszczają i robi się luz.

I tak jak chłopaki mówią, jak jedzie, to zawsze gdzieś koło Opola jest telefon: Zbliżam się, szykujcie się. Czasami jest maraton. Raz nas nie było trzy dni. Kawalerskie było, jedzie się z jednego miejsca w drugie, przyjeżdża się tylko do domu. Prześpi.

Dla mnie nie ma wad. Może to, że lubi pospać, bo dłużej siedzi.

Jak się dowiedziałem o tej tragedii? Moi rodzice przyjechali ze sklepu, wiadomo, jak to jest na wsi. Poczta pantoflowa. Jak powiedzieli, co się stało, to zdębiałem. Pani Hanka nas woziła na treningi, wymieniała się z moją mamą, bo nie chciały nas samych puszczać.

Byliśmy takie bąki małe. Jak go wtedy zobaczyłem, w tych pierwszych dniach po tej tragedii, to głupio by tak było podejść i coś powiedzieć.

Kiedyś byłem u niego w Dortmundzie, to były jego początki w BVB, i zeszliśmy na ten temat. Ale on jest taki raczej skryty, zawzięty. Zastanawiał się wtedy, czy się z ojcem spotkać. Przeczytał książkę o Janie Pawle II (jest fanem naszego papieża, bardzo go szanował) i przy kolacji (byłem ja, Kicha i Agata) pytał, jak byśmy zrobili i czy ojcu wybaczyć. Myślał, żeby przebaczyć. Ja nie wiem, czy bym się podniósł z kolan po czymś takim tak jak on.

Mieliśmy piłkarską kadrę, ja też byłem mały, ale gruby, a Kuba jak zakładał strój taki jak pozostali, to miał długi rękaw, a oni mieli krótki. *(śmiech)*

Kuba bywa porywczy. Jak mu się białka wywrócą, to trzeba uciekać. *(śmiech)*

Przyszliśmy tu kiedyś do nich do domu na mecz, telewizor 50 cali. Babcia siedzi w pierwszym rzędzie, pilot w ręce, to jest dla niej tak ważne. A ja jak przychodziłem z treningu do domu, to mama mówiła: Znowu te śmierdzące ciuchy. A u nich to była taka wyrozumiałość, wierzyli bardzo w to, co Kuba robi, i on też za to powinien im dziękować. Zawsze mówiłem, że Kuba będzie grał wysoko. Ale że aż tak wysoko zajdzie, nie sądziłem.

Arek

(pracuje w rodzinnej firmie):

– rozmowa przeprowadzona w Truskolasach w sieprniu 2014 r.

Pamiętam, jak byliśmy na jakimś meczu w Dortmundzie. I potem oni w BVB mieli jakieś spotkanie, a on mówi do nas: Panowie, piętnaście minut i zaraz wracam. I wrócił.

Zawsze śpi do czternastej, co mnie wkurza. Z nim nie można się umówić rano.

Kiedyś zamieniliśmy parę zdań na temat tej tragedii, ale to było, jak w Wiśle Kraków grał, i wtedy mówił, że mu brakuje mamy.

Pamiętam jak dziś, na sali w Truskolasach graliśmy. Miał paczkę chipsów, wziąłem ze dwa i tak zaczęliśmy gadać. Potem graliśmy razem w Stradomiu, skuterem jeździliśmy razem, i tak się już potoczyło...

Kuba był diabeł. Jeździł z tyłu, ale najpierw chciał z przodu, ale nie wiedział, że z przodu było zimno. Pojechał raz, a za drugim razem: zmieniamy się.

Jak Kuby tata zmarł, wziąłem telefon i zadzwoniłem, i zapytałem, co się stało. Kuba mówi: tak i tak. Pytam: Jechać z tobą? Nie powiedział nic. To pojechałem.

Nas z Truskolasów jeździło na treningi więcej. On z Dawidem, potem ja, Kuba zawsze grał świetnie, a jak gorzej, to zawsze zrobił w meczu jeden myk, który pokazywał, że on naprawdę jest dobry.

Jego porażki nie rujnują, ale budują go.

Jak na wakacje chcemy jechać, to mówi, że się dostosuje, ale nie możemy się zebrać.

Jak Kuba wróci po kontuzji, będzie kapitanem.

Często jak jedziemy samochodem, mówi: Posłuchaj, to ci się na pewno spodoba.

Kuba ma specyficzne poczucie humoru. *(śmiech)* Jak zakończy karierę, ciężko będzie, bo straszy nas, że tu przyjedzie. *(śmiech)*

Jak wygrywa, jest szczęśliwy. Jak siedzimy wszyscy razem i jest kupa śmiechu, to też jest szczęśliwy. Gęba mu się cały czas uśmiecha. A jak jedzie samochodem, to jest taki ryk. Czasami myślę: Po co do tego wracać? Do tej tragedii.

Adaś

(zawodowy strażak):

– rozmowa przeprowadzona w Truskolasach w sieprniu 2014 r.

Znałem go jeszcze przed śmiercią mamy. Jesteśmy rówieśnikami. Chodziliśmy razem do przedszkola.

Potem podstawówka, siedzieliśmy razem w ławce. Nie zawsze się dogadywaliśmy, więc potrafiliśmy sobie w pysk przyłożyć, ale zaraz następnego dnia się godziliśmy.

Wieczorem przybiegł do nas brat mojej mamy i mówi: Nie uwierzycie, co się stało. Hanka Błaszczykowska nie żyje. Ja byłem mały łepek, chciałem biec do Kuby, ale mama mnie nie puściła. Tylko mi powiedziała, że zmarła, ale o szczegółach dowiedziałem się po jakimś czasie. Miałem jedenaście lat. Przez pierwsze parę dni nie dzwoniłem do Kuby, nawet do niego nie poszedłem, bo nie wiedziałem, co mu powiedzieć. Dopiero później. Ale takiego tematu między nami bardzo szczerego odnośnie do tamtej historii nigdy nie było.

Nie chciał o tym rozmawiać. Może on nie chciał przed kolegą się otworzyć.

Za każdym razem, kiedy coś osiągał, to zawsze mówił, jakie teraz mieliby fajne życie z mamą. Że tak bardzo żałuje, że tego nie dożyła. Że teraz mogłaby być dumna z niego, bo wiadomo, Kuba raczej nie był grzecznym dzieckiem.

Jak byliśmy w podstawówce, to ksiądz zorganizował wyjazd do Włoch na turniej. W jednym meczu zremisowaliśmy chyba 1:1, aż on wziął piłkę od środka boiska, przeszedł wszystkich i strzelił bramkę. Było 2:1.

Co do dziewczyn miałem z nim taką sytuację. Chodziło o jedną z tych, z którą można powiedzieć, że Kuba był. I oni się pokłócili, a ja jako ten dobry wujek chciałem ich pogodzić. I on wychodzi z imprezy i widzi, jak ja na parkingu z nią rozmawiam. Wrócił, wziął mnie pod lustra, spojrzeliśmy sobie w oczy. Nawet nie zdążyłem mu powiedzieć: Chciałem tylko was pogodzić... ale rozeszło się. *(śmiech)*

On gra we wszystko. Zapominalski jest.

Wysyła esemesy, ale nie za często. Są bardzo krótkie. Ja mu piszę, że fajny mecz, a on: Dzięki. Przeważnie gadamy przez telefon.

Najfajniejsze jest, jak się do Kuby dzwoni i on jest zajęty albo gra w jakaś grę, to tak fajnie się zawiesza. – Robisz coś? – Nie. – Jak nie, jak się nie odzywasz?

Często proponuje nam wspólne wyjazdy. Nawet było tak, że mówił: Dajcie tyle, ile chcecie na to przeznaczyć, a ja dołożę. Ale my nie chcemy w taki sposób. Byłoby nam głupio i niezręcznie.

W każdym meczu reprezentacji Kuba wypada bardzo dobrze. Nawet jak całej kadrze nie wyjdzie, to widać, że Kuba się stara. Chcielibyśmy, żeby dalej był kapitanem. Według mnie będzie kapitanem. Nie ma co sobie tym głowy zawracać.

Konrad

(handlowiec):

– rozmowa przeprowadzona w Truskolasach w sieprniu 2014 r.

Niedawno siostra przyjechała do nas z trójką synów, a oni są tak za Kubą, że poprosiła, czy mogą wpaść, żeby sobie z nim zrobić zdjęcie. Zrobiłem grilla, Kuba przyjechał ferrari i wszystkich woził. Dzieciaki zwariowały. Szał był. Nie ma u niego czegoś takiego, że on nie ma czasu. Jak tylko przyjedzie, zawsze wszystkich odwiedzi. Sukces na pewno go zmienił w tym sensie, że łatwiej mu w życiu, ale charakter mu się nie zmienił. Był znowu z miesiąc temu. Miał jakąś rehabilitację i pojechaliśmy z chłopakami na Orlika zagrać sobie w piłkę. Siedział tam z nami, patrzył, a przecież mógł robić coś innego. Mnie się najbardziej podoba u niego to, że został takim normalnym chłopakiem.

Jak go widzę, to kurczę, kto by pomyślał, razem tu przecież jako dzieciaki lataliśmy, a teraz...

Szybkość reakcji, szybkość biegowa to wrodzone, ale reszta to ciężka praca. Ja mu życzę jak najlepiej, ale to taka kontuzja, że z niej ciężko wrócić.

Jurek

(przedstawiciel w firmie farmaceutycznej):

– rozmowa przeprowadzona w Truskolasach w sierpniu 2014 r.

Ja też grałem z Kubą i chociaż on był z tysiąc razy lepszy ode mnie, to raz mu sprzedałem siatkę między nogami... i już zawsze będę mógł powiedzieć, że Kubie Błaszczykowskiemu siatkę założyłem.

Chłopak dużo przeżył. My wtedy na rynku byliśmy, pamiętam, że pogotowie jechało, ale dopiero rano się dowiedziałem, że to mama Kuby. Z Kubą nigdy o tym nie rozmawiałem, a i on nie poruszał tego tematu.

Radek

(pracuje w Anglii):

– rozmowa przeprowadzona w Częstochowie w sierpniu 2014 r.

Raczej nie opowiadam innym o tej przyjaźni.

Z Dawidem do przedszkola chodziliśmy, a z Kubą znałem się od zawsze. Był barwną postacią. Bardzo żywy. Do wszystkiego z taką werwą podchodził. Potem, jak trochę dorośliśmy, zaczęliśmy się spotykać, to często do baru razem chodziliśmy. Graliśmy tam w pokera o bilety na dyskotekę. Cwaniaków nie brakuje, to i były jakieś bójki. Kuba dawał sobie radę, piłkę trenował, był silny. Nie powiem, że się nie szukało zaczepek, ale przeważnie to te znajdowały się same. *(śmiech)* Życie nocne w Truskolasach było, a później to każdy odsypiał. Te bójki też często były, bo ktoś z naszych przyszedł, poskarżył się i tyle.

Ja go podziwiam za to, że nic się w nim nie zmieniło. Podziwiam go też za to, że jest, jaki jest. Teraz na urlopie byłem u niego trzy razy i mówię: chłopak złoto. Nie odbiła mu sodówka. Mógłby się otoczyć nowymi znajomymi, ale zawsze pod koniec sezonu czy po sezonie z Anglii leciałem do Dortmundu. Mieliśmy kilka dni tylko dla siebie. Miał zakończenie sezonu, był jakiś bal, a on mówi: Spokojnie, za godzinę będę. Podwieźliśmy go, czekamy, a za pół godziny Kuba dzwoni: Gdzie jesteście? Wtedy jedziemy do niego. Bo on jest publiczną osobą, woli nie wychodzić. To siedzimy w domu, gramy w Heroesów tak jak on. Jesteśmy fanatykami tej gry. To strategiczna gra. Mamy różnych bohaterów, jest siedem zamków, są smoki, giganty, feniksy. Rywalizujemy. Kuba nie lubi, jak przegrywa. Czasami przyznaje, że ktoś był lepszy.

Trochę Kuba opowiedział o tym, co się zdarzyło, ale to ciężkie rzeczy, lepiej o dobrych rzeczach rozmawiać. No, coś tam o ojcu mówił, ale... On był nauczycielem mojego starszego rodzeństwa.

Pamiętam mamę Kuby jeszcze z przedszkola, jak po Dawida przychodziła. Zawsze jej było pełno. Zawsze taka życzliwa.

Teraz on sobie to już poukładał. Najważniejsze, że się nie załamał. Pamiętam, mówiło się dużo o tym.

Poza tym on tylko piłka i piłka. Kuba, Dawid w Rakowie trenowali. Długo byli na tym samym poziomie, ale Kuba, mimo że niższy o głowę, wszędzie był pierwszy. Jak ta słynna akcja wejścia po piorunochronie, kiedy wszedł po piłkę na dach szkoły. Piłkę ktoś kopnął, a szkoła już była zamknięta. To było crazy. Wysoko, ze dwa piętra. Jak zszedł, to mówi: Mówiłem, że będzie dobrze, to będzie. Z samolotami też tak samo. Zawsze wie, że zdąży. W Dortmundzie jak jesteśmy, powinniśmy być już po odprawie, a my dalej w domu. Spokojnie. Nigdy się nie kłóciliśmy, raczej jakaś przekomarzanka, ale żeby tak skakać sobie do oczu, to nie. Jak jestem w Anglii, to rozmawiamy głównie telefonicznie, nie to, że codziennie, ale dzwonimy w miarę możliwości.

W medialnej Polsce Kuba drażni, bo nie jest brat łata, nie będzie mówił tego, co chce usłyszeć dziennikarz.

Tak, lubi błyszczeć, ale żeby nie było tego za dużo. Są dni gorsze i lepsze. Zdjęcie czasami, oby nie za dużo. Lubi, jak ładna fanka. To inna mina do aparatu. *(śmiech)* Uśmiech też.

Nigdy nie ważę się go poprawiać. Mimo że jest młodszy, to on często mi w życiu doradzał, i dobrze doradzał. Ja mogę tylko zapytać: Kuba, a nie lepiej byłoby tak?

Na finale Ligi Mistrzów 2013 dał nam odczuć, że jesteśmy najważniejsi dla niego. Party było w Muzeum Historii Naturalnej, w którym wcześniej byłem jako turysta i nie myślałem, że będę miał okazję bawić się na balu i jeszcze ze wszystkim piłkarzami. Był Götze, Reus. Hummels podchodzi i mówi do mnie po polsku: Jak się masz? Niemiec, a lubi Kubę i docenia.

Jak jesteśmy sami w domu, to też sobie czasami coś ugotujemy.

Ostatnio też co prawda z paczki, ale ugotowaliśmy makaron z przyprawami w smaku maggi. Zupka chińska też była. *(śmiech)* Zalewa się makaron trzystoma mililitrami wody, a potem na patelnię. Kuba to w sumie robił. Jak Kuba powie, że coś jest dobre, to wiem, że jak to samo zamówię, to się nie zawiodę. On lubi mielone i tatara.

Kiedy Kuba był szczęśliwy? Jak jeździliśmy moim maluchem i nagle paliwa brak, wtedy Kuba wysiadł i mnie pchał. Pchaliśmy auto do domu, potem na stację, i był szczęśliwy. To była frajda. Szybko tam jeździliśmy i te zakręty. Fajna zabawa.

Tego, że się spóźnia, nie traktuję jako wady, mnie czasem też się to zdarza. Nie przypominam sobie, żeby mnie zawiódł.

Czasami potrafi miło zaskoczyć. Kiedyś dostałem takiego esemesa – tu Radek się waha, ale w tym samym momencie w sukurs przychodzi mi Jurek Brzęczek, pojawia się na tarasie i mówi: Radek, Małgosi mówimy wszystko – w którym napisał: Kocham Cię. To trzeba być wielkim człowiekiem. Poczułem się tak szczęśliwy, że taki człowiek jak Kuba tak potrafi. Ja tam się tym nie chwaliłem. Jesteś pierwszą osobą, której o tym mówię. Zachowałem go… o, mam, to było 6 marca 2014 roku. To był trudny czas w moim życiu prywatnym. Odpisałem (Radek czyta): Kubuś, jesteś wielkim piłkarzem, wielkim człowiekiem, a dla mnie przede wszystkim wielkim przyjacielem. Znajomych to jest duże grono, ale jak potrzebujesz pomocy, to często niewiele osób zostaje przy tobie.

Wiesz, kiedyś byłem w sytuacji bez wyjścia. Pracowałem we Francji i spóźniłem się na autobus do Polski. Miałem w kieszeni pięć euro, bo win francuskich nakupiłem całą walizkę i jeszcze córki urodziny były na następny dzień. Zadzwoniłem do Kuby. Z Paryża do Dortmundu jest z pięćset kilometrów i pytam, jakby to ogarnąć. I on mi to ogarnął. Był po meczu, więc Dawida wysłał, który przyjechał do mnie do Paryża. Pojechaliśmy do Dortmundu, potem Kuba mi kupił bilet do Katowic. Zdążyłem.

On po tej ostatniej przerwie spowodowanej kontuzją jest tak głodny grania, że do składu szybko się wbije i będzie jeszcze mocniejszy.

Babcia zawsze go gani za tę jego niepokorność. Babcia życiowa. Pogodna i swoje docinki też ma.

Słuchamy tej samej muzyki. Niektóre kawałki są sentymentalne i myślę, że my też jesteśmy sentymentalni. Jak tak się usiądzie i pomyśli, jak kiedyś było beztrosko i że jedyne, co nas obchodziło, to czy iść do szkoły, czy nie *(śmiech)*, to się prawie wzruszamy.

A jak się nie szło, to autobusem się jeździło tam i z powrotem. *(śmiech)*

Łukasz Piszczek

(piłkarz, reprezentant Polski, obrońca BVB):

– rozmowa przeprowadzona w Warszawie, 12 października 2014 roku

Z Kubą znamy się już osiem–dziewięć lat. Pierwszy raz spotkaliśmy się w młodzieżowej reprezentacji Polski. Kuba grał wtedy w KS Częstochowa w czwartej lidze, a ja grałem w Gwarku Zabrze. Zaczęliśmy się kumplować. Byliśmy w Szwajcarii na ME do lat dziewiętnastu i choć Kuba jeszcze siedział na ławce rezerwowych, to już wychodziliśmy razem między treningami. Na kawę czy herbatę. Pamiętam, że wtedy odwiedzał go Jurek z rodziną, z kuzynami. Potem Kuba był w tym samym internacie co ja. Mówiliśmy sobie tylko cześć. On był w Górniku Zabrze bardzo krótko. Wrócił do Częstochowy i przeszedł do Wisły Kraków. I wtedy to już szybko się ta jego kariera potoczyła. Przyszedł jako zawodnik znikąd i od razu przebił się do pierwszej jedenastki.

Skumplowaliśmy się na zgrupowaniach reprezentacji. A przyjaźń rozkwitła, jak trafiłem do Dortmundu. Nasze córki są prawie w tym samym wieku. Rozumiemy się bardzo dobrze i myślę, że widać to doskonale na boisku. Wierzę, że już tak zostanie. Finał Ligi Mistrzów Londyn 2013 BVB–Bayern Monachium to obydwaj zapamiętamy na całe życie.

Na boisku jak stałem, to widać było łzy w moich oczach, bo zdałem sobie sprawę, że tyle poświęciłem, żeby dojść do tego finału, a jednak się go nie wygrało. I wiedziałem, że raczej przez najbliższe pół roku nie będę grał w piłkę. Kubie chyba też się wtedy łza zakręciła w oku.

Pochodzimy ze Śląska. On nie lubi, jak tak mówię, bo Częstochowa była wcześniej osobnym województwem i jak mówię, że jest Ślązakiem, to się oburza.

Nie gram już w Heroesów tak jak on. Zresztą on, jeśli chodzi o te gry komputerowe, to przesadza. W kości nauczył mnie grać i to w tę tak zwaną jego odmianę. *(śmiech)* Jak byliśmy razem na wakacjach na Sardynii, to graliśmy całe wakacje czy na pompki, czy na wejście do zimnego basenu.

Mam do niego duże zaufanie, co jest dla mnie ważne, bo moje też nie jest łatwo zdobyć.

Sam mam niewielu przyjaciół. Dwóch, trzech z czasów szkolnych. Zostałem tak wychowany, że jak dostaję od kogoś serdeczność, to staram się ją odwzajemnić. I to chyba działa w naszych relacjach.

Z jego bratem też mam dobre kontakty. Zawsze pogadamy, pożartujemy. Wstrzeliło się to wszystko w dobrym miejscu, w dobrym czasie. Rodziny też się lubią. Spotykamy się.

Zdaję sobie sprawę, jak drażliwy jest dla niego temat mamy. Mieliśmy już taką rozmowę, bo akurat miałem wtedy jakąś docinkę do swojej mamy, a Kuba powiedział mi: Szanuj mamę, bo to jest dobro. I wtedy poczułem, że bardzo mu brakuje mamy, z którą był bardzo zżyty.

Znam tę historię, ale nie ze wszystkimi szczegółami. Jeśli chodzi o jego tatę, wiem, jak to później się toczyło. Starałem się nie wywierać na nim presji, żeby mi opowiadał. Uważałem, że jeśli przyjdzie taki czas i miejsce, to porozmawiamy o tym.

Widocznie wzbudziłaś jego zaufanie, poza tym Kuba na pewno ma teraz potrzebę rozmawiania o tym.

Moi rodzice mają bardzo dobre zdanie o Kubie. Lubią ten jego żart. Mama lubi z nim pożartować. On też lubi jakąś szpileczkę wrzucić.

Już po zakończeniu kariery w Niemczech to myślałem, żeby zamieszkać gdzieś pod Berlinem, niedaleko do Polski. Mam tam serdecznych znajomych, ale to trudny temat, bo trzeba też patrzeć na córkę. Zacznie chodzić do szkoły... Z tego, co wiem, to Kuba na pewno wróci. Jest tak zżyty ze swoją rodziną w Truskolasach, że nie wyobrażam sobie, żeby został w Niemczech.

Kuba obłędnie lubi rywalizację. Nieważne, w co i o co, ale zawsze musi być najlepszy. Ostatnio kupiliśmy sobie takie sterowane samochodziki. Z dnia na dzień zeszliśmy na ten temat. I co? Jedziemy kupić. Takie fajne na pilota. Jeździliśmy u Kuby po ogrodzie. Z pięć godzin nas nie było. Kręciło się koło remisu. Zrobiliśmy tor, trzeba było zjechać, zrobić ósemkę, do celu dojechać i jak najszybciej z powrotem. Ścigaliśmy się. Ważna była technika. Na początku dość mocno wygrywałem. Ale później Kuba wyszedł na prowadzenie, a graliśmy do dziesięciu wyścigów. Wreszcie powiedziałem:

Ale ja już muszę iść do domu. *(śmiech)* Jak wygrałby następną grę, to doszłoby do remisu w dużych punktach. Przeciągałem, jak mogłem, ale widziałem, jak on się denerwuje, bo czegoś takiego bardzo nie lubi.

Ta kontuzja Kuby w meczu z FC Augsburg to był też dla mnie ciężki moment. Widziałem z boku, jak to się stało. Siedziałem na ławce rezerwowych i zobaczyłem, że trzyma się za kolano. Wtedy tylko chciałem wiedzieć, czy je przekręcił. Pytam, a on mówi, że skręcił, i wtedy taki gest miałem, że pogłaskałem go po głowie. Co zauważyłaś. Później, jak na tej ławce siedziałem, to nie mogłem w to, co się stało, uwierzyć. W sumie nic nie pamiętam z pierwszej połowy meczu i tego, co się działo na boisku. To są takie przykre rzeczy.

Teraz Kuba miał ciężki okres, bo jak już wychodził z kontuzji, to strzelił mu mięsień. Był mocno podłamany, byłem u niego na drugi dzień i widziałem, że go to przytłoczyło.

Mówiłem mu, żeby się nie martwił. To nie jest fajne, ale zdarzyło się i tego się już nie cofnie. Ale widziałem też, że to po nim tak spływało, co mówiłem.

Kuba jest w gorącej wodzie kąpany, ja zresztą też.

Jest jeszcze bardziej niecierpliwy niż ja. Musi być tu, teraz i koniec. Zawsze musi być na jego. Ja też tak mam, ale nie aż w takim stopniu jak on.

Jeśli nawet się pokłócimy, to tylko na chwilę. Pamiętam, graliśmy Ligę Mistrzów, była taka sytuacja, że on wyrzucał piłkę z autu i krzyknąłem, żeby ustawił się trochę inaczej, a on mówi: K..., co chcesz, przecież gram w piłkę. Przemyślałem sprawę: Przecież nie mówię tego, żeby ci popsuć humor, tylko chcę ci podpowiedzieć.

W trudnych dla niego momentach staram się przy nim być. Jak jesteśmy w klubie, to chodzimy wszędzie razem, a od czasu tej kontuzji staram się często do niego wpadać.

Jak szedłem po meczu eliminacyjnym Polska–Niemcy (11 października 2014 r.) do tunelu na Narodowym, to zobaczyłem, jak rozmawia z Hummelsem, i miałem wrażenie, że bardzo mu szkoda tego, że nie mógł z nami zagrać. – Co ty się ze mną nie przywitasz? A on: – Nie chcę przeszkadzać. – No, co ty gadasz? Wepchnąłem go do szatni. Na pewno boli go to, jak traktuje się go w Polsce.

październik 2014

MD Przyjaciele mówią o tobie tak dużo dobrego, że...

KB Nigdy mi nie zależało na tym, aby mnie inni chwalili. Jedyna pochwała to była za to, jak grałem na boisku. Czy jak kibice doceniali to, co robiłem na boisku. A tak w życiu... nie jestem przyzwyczajony do tego, żeby być chwalonym. To wy tak sądzicie...

MD Kto wy?

KB Ty, Agata, a dla mnie to nie ma znaczenia, nie jestem przyzwyczajony...

MD To nie jest miłe?

KB Miłe, ale moja ambicja jest największym motywatorem do tego, co robię, bo nie lubię przegrywać, to mnie napędza... nawet zastanawiam się, co będzie, jak skończę karierę i zabraknie mi tej rywalizacji. Jak przez tyle lat coś robisz i rywalizujesz, to gdzieś to w tobie zostaje. Fajniej jest grać o coś, niż grać o nic. Poza tym moje odczucia na własny temat po tym, co przeszedłem, w jakimś sensie zeszły do minimum.

MD Hummels powiedział mi, że jesteś delikatny... Kehl powtórzył to samo.

KB W tym sensie, że jak coś mówię, to tak, żeby kogoś nie urazić? Może o tym mówili... *(śmiech)*

MD Po kim masz poczucie humoru?

KB Wujek Krzysiek, najstarszy brat mamy, ma specyficzne poczucie humoru. Jakbyś go poznała, to by ci na pewno podpasował. Niezły aparat i też stwarzał problemy, jak był młody.

MD No to na pewno u ciebie zapunktował? *(śmiech)*

KB Uciekał z domu, robił różne numery. Bardzo go lubię, on mnie chyba też. Supergość. On i jego żona, ciocia Basia, często bronili mnie, na przykład na wywiadówkach, kiedy w szkole mówili, że smykuję, i nawet jak czegoś nie zrobiłem, to było, że i tak ja to zrobiłem. A Basia jak wysłuchała złych rzeczy o mnie, to wiele razy stawała w mojej obronie.

MD Poczucie własnej wartości też sobie sam wypracowałeś?

KB Nie wiem, ale czuję, że mimo wszystko wygrałem swoje życie. Gdybym podjął złe decyzje albo gdybym się poddał, pewnie nie siedzielibyśmy tutaj i nie rozmawiali. Spełnienie marzeń to najważniejsza rzecz w życiu człowieka. Im więcej ich masz, im więcej możesz ich spełnić, tym bardziej czujesz się dowartościowany. Na samym końcu to ty decydujesz, jak swoje życie poprowadzisz i jakie je będziesz miał. Decydujesz o tym, czy jesteś coś wart, czy nie. Ja swoje życie wygrałem, chociaż nie chciałbym tego mówić w momencie, w którym teraz jestem, bo jeszcze dużo przede mną. Jestem ostrożny w ocenianiu siebie, poza tym nigdy nie mówiłem, że nie robię błędów. Robię, popełniam i, co więcej, zdaję sobie sprawę z ich konsekwencji.

MD Twoja filozofia życia wydaje się przejrzysta: upadasz, wstajesz, idziesz dalej, upadasz... Gdyby to jednak było takie proste...

KB Ale wiesz, że to się kiedyś skończy? I że jak skończę grać w piłkę, to wtedy przystopuję.

MD W czym?

KB No właśnie w tym. Dziś pracuję na komfort w późniejszym życiu. Nie mogę odpuścić. Mam nadzieję, że zacznę korzystać z tego, co mam. To, że gram w piłkę, to wspaniałe, ale równocześnie mam poczucie straconego czasu w stosunku do rodziny. Uważam, że każdy dzień poza domem to dzień stracony. I po to tak ciężko pracuję, żebym, jak skończę granie, robił z życiem to, co będę chciał. Mimo że na przykład Jurek mówi mi, że to nie będzie proste i że nie dam rady, to zobaczysz, ja będę żył tak, jak będę chciał. Nikt mnie nie będzie do niczego zmuszał.

Na pewno wrócę do Polski, mimo że jestem tu już osiem lat. Wrócę tam, gdzie są moje korzenie. To, że dziś chcemy iść razem z kolegami na most w Truskolasach, to jest dla nas jak taki wehikuł czasu. Mogę przenieść się z chłopakami do czasów, kiedy było beztrosko, chociaż bez pieniędzy, z torebką słonecznika w kieszeni. Z chlebem za złotówkę z piekarni o drugiej w nocy i z jednym piwem na dziesięć osób. Nigdy się od tego nie odetnę.

MD Kiedyś nie będzie i tych kumpli, i mostu, i tego słonecznika...

KB Będzie rodzina. Kumple, którzy mają zostać, też zostaną.

MD Kiedy zapytałam jednego z nich, jaki jest Kuba jako przyjaciel, odpowiedział: To raczej ja zastanawiam się, co jako przyjaciel mogę zrobić dla Kuby, żeby poczuł się spokojnie, bezpiecznie, żeby był zadowolony...

KB To też świadczy o tym, jak ważna jest dla nich nasza przyjaźń. Wiem, że Radek, Janek czy Babaś, gdyby mieli sytuację taką, jaką ja mam teraz, to robiliby to samo co ja. Od początku chodziło o to, żeby to, co rodziło się wtedy między nami, przetrwało.

MD Wiesz, co im w tobie przeszkadza?

KB Nie wiem.

MD Chcesz wiedzieć?

KB No...

MD Że jesteś niepunktualny, że za długo śpisz albo że dzwonisz, że za dziesięć minut mają być w kinie, a minutę przed spotkaniem jest zmiana planów. Mimo to jestem pod wrażeniem tego, co o tobie mówili. Żadnych fałszywych tonów, a wierz mi, że dobrze nadstawiałam ucha.

KB To też przez pryzmat takiego szkiełka zawsze się nieco wyolbrzymia. *(śmiech)* Bo jak się spotykamy, to jednak trzeba trochę czasu, aby ponownie wejść na te nasze prawdziwe tory. Zwłaszcza z tymi, z którymi nie mam stałego kontaktu Są bardziej wycofani, nie zadzwonią, bo nie chcą przeszkadzać. To też kwestia charakteru.

MD Wiesz, że oni się „boją" niektórych kawałków, które im puszczasz?

KB To często jest stan mojego ducha. Muzyka w moim życiu odgrywa bardzo ważną rolę, pozwala mi się wyłączyć, myśleć, przerabiać problemy.

MD Tomek opowiadał, że kiedyś jechał z tobą samochodem i bez przerwy puszczałeś ten sam utwór, z tych ciężkich, a kiedy indziej, jak jedziecie, to w ogóle się do siebie nie odzywacie.

KB Czasami cisza jest dowodem na to, jak się rozumiemy. Nie musisz nic tłumaczyć, bo druga osoba wie, co się dzieje.

ELDO, *Kamienie*

(A ja biegnę gniewny po ulicach)
Mam kamienie w zaciśniętych dłoniach
Mam nadzieje, wiarę, chęć, by zostawić tu coś po nas
Szalona młodość pod rękę na barykady nas prowadzi
Chociaż powiewają tam tylko podarte sztandary
Przepraszam, mamo, znowu nie wrócę na noc
A może rano będziesz czekać na mnie pod ciężką bramą
Nie gniewaj się, wiesz, że tak trzeba
Wiesz, że muszę, mówiłaś: rób tylko to, co słuszne
Na tych ulicach eksploduje moje serce
Tak z wolności, pierwszy raz czując szczęście
Byłem głodny, byłem samotny, było mi zimno
To nieważne, ucieczki sumienie nie chce udźwignąć
Są takie sprawy, śmiertelnie poważne, nie czujesz strachu
A od nich nie liczysz na łaskę
Znasz konsekwencje i skutki tych wyborów
Ale musisz, to oni dali ci trzydzieści lat powodów
(A ja biegnę gniewny po ulicach)
Obok ujadają psy i groźnie warczą tanki
Powietrza gryzie smak, na plecach grają białe pałki
Dziwny to marsz z krzyku i upokorzeń
Niech grają, jeden kamień więcej na naszej drodze
Kolejne nie, sprzeciw, weto dla bandytów
Nie z nami sprawca, znajoma krew płynie po chodniku
Złamane palce ledwo mają siłę pisać
muszą, to obowiązek pokonać ich chociaż w myślach
Mogą co tylko chcą, a chcą pełną pulę
Zamknąć w klatce myśli, smycz założyć na duszę
Kaganiec na usta, serce zmienić w maszynę
a to uczyni mnie trupem, chociaż fizycznie jeszcze żyję
Miasto śpi, my spróbujemy je obudzić
i zapalić światło solidarności ranem u ludzi
Znamy konsekwencje i skutki tych wyborów
lecz musimy, to oni dali trzydzieści lat powodów.

VII.

DWAJ PANOWIE K.

„Miałem szczęście, że trafiłem na takiego piłkarza jak on".

JÜRGEN KLOPP

Są gracze, którzy bez względu na to, jak wysoką pozycję zajmują w rankingach piłkarskich umiejętności, jak tlenu potrzebują trenerów, z którymi rozumieją się bez słów. Tych, którzy dając im cenne wskazówki na boisku, jednocześnie gwarantują im poczucie „bezpieczeństwa" poza nim. O takich trenerach mówi sie, że stoją za swoimi piłkarzami murem bez względu na to, co zgotuje piłkarski los. Rugają swoich wybrańców na treningach, zgarniają ich z murawy w sześćdziesiątej ósmej minucie meczu (czego Błaszczykowski szczerze nie znosi), ale w kontaktach z mediami nigdy nie dadzą im zrobić krzywdy. Będą o nich walczyli i publicznie nie wypowiedzą słów, które w jakikolwiek sposób mogłyby nadwyrężyć wizerunek ich ulubieńców. Co dostają w zamian? Szacunek, zaufanie i lojalność. Stałe miejsce we wspomnieniach.

Na spotkanie z Jürgenem Kloppem jadę do ośrodka szkoleniowego w Brackel. I od razu pierwsza zmiana planów. Nie rozmawiamy w pawilonie dla prasy, trener zaprasza do swojego gabinetu. Zmiana druga. Zamiast dwudziestu minut – to podobno standard – będziemy o Błaszczykowskim rozmawiali półtorej godziny. Klopp czyta moją notkę biograficzną i zatrzymuje się przy moim imieniu. „Małgorzata" – powtarza je kilka razy po polsku. Pytam więc, czy wymawianie go przychodzi mu łatwiej niż „rusz dupę", a więc innego polskiego zwrotu, który przecież świetnie zna. Atmosfera wyraźnie się rozluźnia. Taka zostanie już do końca, gdy żegnając się ze mną, niemiecki trener zajrzy do szatni Borussii i zapyta: Kuba, a kto odwiezie Małgorzatę do domu? Jürgen Klopp fajnie i dużo się śmieje. Jest błyskotliwy, szybki w odpowiedziach i, jak to mówią Niemcy: *schlagfertig*. No i do tego jest bardzo męski (nawet jeśli ta uwaga jest interesująca tylko dla kobiet). Co więcej, z tych wszystkich atutów on sam doskonale zdaje sobie sprawę. (Kiedy podzielę się z Kubą wrażeniami ze spotkania z jego trenerem, usłyszę: Ale chyba nie będziesz pisała, że jest przystojny?). Na razie, siedząc na przeciwko jednego z najbardziej trendy i najbardziej cenionego w tej chwili szkoleniowca na świecie, ani na moment nie zapominam, że w Jürgenie Kloppie drzemie medialna bestia, która niejednemu dziennikarzowi i to w najmniej spodziewanym momencie potrafi pokazać, gdzie jego miejsce w szyku. Pamiętam, jak poirytowany odpinał mikrofon i opuszczał telewizyjne studia, jak za nadmierną ekspresję w jednym z meczów Ligi Mistrzów został wyrzucony przez sędziego na trybuny itd. Tyle że to wszystko w oczach kibica i dziennikarza, ale i kobiety czyni go jeszcze bardziej atrakcyjnym. Moja ulubiona anegdota o Jürgenie Kloppie to ta, kiedy wzburzony poczynaniami jednego z sędziów bocznych podbiegł do niego i krzyknął: W czasie meczu może pan popełnić piętnaście błędów, został panu więc już tylko jeden!

Jak na mistrza socjotechniki przystało, Klopp zaczyna nasze spotkanie słowami: Jestem zdenerwowany. I w tym samym momencie głośno się śmieje. Nie pozostaję mu dłużna. Zanim jednak przytoczę to, o czym rozmawialiśmy, warto prześledzić sinusoidę sportowych wzlotów i upadków we wzajemnych relacjach niemieckiego trenera i jego prawego pomocnika z Polski. A bywało między nimi różnie. Od arktycznego chłodu, gdy Kuba grał mało albo siedział na ławce, po wyraźne ocieplenie, gdy systematycznie wychodził na boisko w podstawowym składzie. Zacznę od historii pewnej bramki strzelonej przez Błaszczykowskiego 6 grudnia 2011 roku w meczu fazy grupowej Ligi Mistrzów z Olympique Marsylia. Kuba zdobył ją na 1:0 w dwudziestej trzeciej minucie spotkania (po asyście Roberta Lewandowskiego).

Jurek:

Przez jakieś dwa lata po przyjściu Kloppa do BVB Kuba grał rewelacyjnie, ale mimo to ten wymagał od niego coraz więcej. Miał coraz więcej uwag do jego gry, więcej wymagań, a Kuba był coraz bardziej wściekły. Nie wszystko mu wychodziło, chciał odejść, nie był wystawiany. I taka była cała runda jesienna w 2011 roku. W Polsce też o tym pisali. Robiono statystyki, ile minut Błaszczykowski gra, i oczywiście zaraz dodawano, że jeśli będzie mało grał, to jako kapitan polskiej reprezentacji będzie bez formy itd. Jego to drażniło. Spotykaliśmy się więc, żeby omówić całą sytuację w Dortmundzie z władzami klubu, był Michael Zorc, Joachim Watzke, Wolfgang Vöge [menedżer Kuby], no i ja.

Co dalej z Kubą? – to pytanie musiało paść. Spotkanie odbyło się po meczu Polska–Niemcy (2:2, w Gdańsku 6 września 2011 r.), w którym Kuba strzelił bramkę i bardzo dobrze zagrał. Mimo to musieliśmy zapytać ludzi z BVB, czy chcą, żeby w okienku zimowym

Kuba odszedł, bo teraz nie gra, a on musi grać, bo między innymi chodzi o reprezentację. To było zaledwie kilka miesięcy przed Euro 2012. A oni mówią, że nie, że nie chcą, żeby Kuba odchodził. Są w komfortowej sytuacji, mają z nim jeszcze kontrakt na półtora roku. Ale na dzień dzisiejszy jako ofensywny gracz Kuba strzela za mało bramek, ma za mało asyst, a zarabia za dużo. I Zorc pokazał nam statystyki „Kickera" z jego występów. Już wiedziałem, jaka jest sytuacja. Żegnamy się. Oni jeszcze raz powtarzają, że do końca tego roku nie ma mowy o wypożyczeniu. Może dopiero w czerwcu następnego roku. Wchodzimy do windy. Naciskamy guzik z piątego piętra na parter. Stoimy naprzeciwko siebie i menedżer Kuby pyta: Co o tym myślisz? Oni chcą się go pozbyć – odpowiadam. – Dobrze czujesz. Ale ty mu tego nie możesz teraz powiedzieć.

To był przełomowy moment w karierze Kuby. Jego stosunki z Kloppem były w tym czasie chłodne. Wracam po tym spotkaniu do domu. Dzwoni Kuba. Zaczynamy rozmawiać. I co? – pyta. Mówię: Słuchaj uważnie, oni twierdzą, że są w komfortowej sytuacji, mają kontrakt z tobą na półtora roku, nie mają zamiaru cię wypożyczyć ani sprzedać. Ale teraz grasz poniżej swoich możliwości. I jest tak... jutro na pewno będziesz grał. I musisz zrobić wszystko, żeby karty się odwróciły. Jutro na pewno strzelisz bramkę i wiesz, co masz zrobić? – Nie. – Jak strzelisz jutro bramkę, to pierwsze, co robisz, to biegniesz do Kloppa. A on na to: Nie, ja tego nie zrobię. – Musisz to zrobić. On się tego na pewno nie spodziewa, a jak to zrobisz, to dasz mu sygnał, że jesteś też z trenerem, że walczysz też dla niego. Kuba na to: Nie, ja tego nie zrobię. On ostatnio był nie w porządku w stosunku do mnie. – Nieważne, ja ci to mówię jako trener, Musisz to zrobić. – Nie, nie zrobię tego. – A jednak zastanów się nad tym. Jesteś ofensywnym zawodnikiem i Zorc pokazał mi statystyki, za mało strzelasz, co ja im mogę z Wolfgangiem [Vöge] na to powiedzieć? Nic. Musisz pokazać, że masz niesamowite umiejętności, które zresztą masz. Jutro strzelisz bramkę i biegniesz do Kloppa. Jesteśmy na stadionie, Dawid też był, siedział parę rzędów nade mną. Nie wiem, w której minucie Kuba tę bramkę strzelił [bramka strzelona w dwudziestej trzeciej minucie] i... biegnie do ławki. Mina Kloppa była bezcenna. On się tego nie spodziewał, gdy Kuba taki rozpędzony skoczył na niego. I dla mnie to był znak, że ich stosunki się zmienią. I to był też początek tego, że zaczął strzelać bramki. Miał swój najlepszy okres i cztery miesiące później karta się odwróciła. Borussia chciała ze mną rozmawiać na temat przedłużenia kontraktu. A wtedy my powiedzieliśmy: Jesteśmy w bardzo komfortowej sytuacji. Jesteśmy w bardzo dobrym klubie, mamy ponad rok kontraktu i jeszcze czekamy. Ale to była zasługa Kuby; nie tylko rewelacyjnie grał, ale i przełamał lody i tę swoją dumę. To było zachowanie, którego nikt się nie spodziewał. To było bardzo ważne, żeby Klopp zobaczył, że Kuba również dla niego walczy. Powtarzałem mu często: Kuba, pamiętaj, trener ma kilkunastu zawodników i on musi was zmieniać. No i w kolejnych meczach to Kuba zaczął grać w podstawowym składzie! Później Götze złapał kontuzję, ale gdy wrócił, znów usiadł na ławce rezerwowych i wtedy to Mario był wściekły, bo nie grał. A ja mówiłem Kubie: No widzisz, jaka jest sytuacja? To też wielki piłkarz i trener posadził go na ławce.

[Kiedy jednak Götze siedział na ławie, a Błaszczykowski szalał na murawie, moi niemieccy przyjaciele nie mieli żadnych wątpliwości, że jak tylko Mario wróci do pełnej dyspozycji, to Kuby nie będzie w podstawowym składzie. To tylko kwestia czasu. – Uwierz nam – przekonywali...].

Kuba bardzo szanuje Kloppa. Jak grasz w piłkę nożną, to patrzysz na swoją grę przez pryzmat piłkarza, a potem kończysz karierę i zmienia ci się perspektywa. I to bardzo ważne, żeby to zrozumieć, ale jeszcze wtedy, kiedy grasz. Jeżeli trener ma kilkunastu zawodników na takim samym poziomie i każdego będzie potrzebował w ciągu sezonu, to jeżeli jednemu czy drugiemu nie da pewności, że go potrzebuje, to potem jeśli jakiś zawodnik z podstawowego składu odniesie kontuzję, to ten drugi powie mu, to teraz mam cię w d... I co wtedy? Na przykład ty odnosisz kontuzję, macie kilka meczów do końca sezonu, możecie zdobyć mistrzostwo czy puchar i tego nie zdobędziecie, bo inny gracz poczuł się niepotrzebny i niedoceniony. Pomyśl o tym. Kuba to zawodnik, który bardzo szybko się uczy, wyciąga wnioski i ma trzeźwe spojrzenie na to, co się dzieje dookoła. Ja to nazywam dojrzałością. Zachowanie, interpretowanie decyzji trenera, analizowanie jego decyzji. Muszę ją zaakceptować, jestem wściekły, że nie gram, ale muszę robić to, czego ode mnie wymaga. Kuba z czasów Wisły Kraków a dziś to pod tym względem dwie różne osobowości.

Klopp nigdy nie ukrywał, że Błaszczykowski jest jednym z najcenniejszych zawodników i lepszych pomocników w Bundeslidze. Według niego piłkarzy, którzy potrafią wykorzystać swoją technikę przy niesamowitej szybkości, nie ma w Niemczech wielu. Przy okazji w jednym z wywiadów zdradził niemieckim dziennikarzom, że gdy ludzie z Borussii pytali Błaszczykowskiego o to, kto jeszcze z polskiej ligi powinien u nich grać, ten wskazał... Lewandowskiego.

W jakimś sensie przełomowym w karierze Błaszczykowskiego okazał się mecz BVB z HSV Hamburg (22 stycznia 2012 r.). W tym czasie Mario Götze nadal leczy poważną kontuzję. Kuba wychodzi na boisko w pierwszym składzie i strzela dwie bramki, i zalicza asystę. Po tym meczu dostaje od „Kickera" ocenę „1" (klasa światowa). Po spotkaniu uradowany Klopp żartuje: „Dwie bramki Kuby? To się ostatnio zdarzyło czterysta lat temu" (24.pl, luty 2012 r.). Dziennikarze „Kickera" od dawna nie wystawiali polskiemu graczowi tak wysokich not. A Klopp na jego łamach pyta: „Może Kuba wreszcie otworzył puszkę Pandory?".

Błaszczykowski mowił wtedy, że dwóch bramek w profesjonalnej piłce w jednym meczu nie strzelił nigdy. Ani w Wiśle, ani w Borussii, ani w reprezentacji. I że oczywiście czuje się znacznie lepiej teraz, gdy gra, bo jeśli nie gra – jest zły i smutny.

Dodał, że to oczywiste, że chciałby grać jeszcze więcej, ale że za taktyką szkoleniowca idą wyniki – po co kombinować?

Mogę przypuszczać, że w tym samym momencie Błaszczykowski zaczął się zastanawiać, czy skoro strzelił dwa gole w jednym meczu, to w sumie mógłby strzelić ich więcej...

Z wielu kolejnych wypowiedzi Kloppa wynika, że Błaszczykowski jak mało który z jego zawodników doskonale wpisuje się w filozofię gry niemieckiego trenera. Z defensywy do ataku i z powrotem na pozycje defensywne... Wkrótce Klopp mówi już otwartym tekstem, że „Kuba jest dla drużyny bardzo ważny, bo bardzo szybko wchodzi w mecz. Od razu stwarza sytuację". I że on sam coś takiego widział tylko u graczy wielkiego formatu.

„Harował, biegał i walczył, zaliczył następne asysty i strzelał bramki cudownej urody" – tak o grze Błaszczykowskiego – a tym samym jego przydatności w BVB – z tamtego okresu pisali niemieccy dziennikarze.

Zapewniam, że Jürgen Klopp nie pozwoli nikomu się obijać ani popaść w samozachwyt. On ma swoje sposoby. Poza tym przypuszczam, że koledzy również chcą wycisnąć ze swojej kariery jak najwięcej. Nie trwa ona wieki, raz dwa i zaraz koniec. Jak ma się udać, to najlepiej tu i teraz. Zdrowa zachłanność w odnoszeniu sukcesów to pozytywna rzecz – komentuje pracę ze swoim trenerem Błaszczykowski.

Znamy się już ponad cztery lata, to najdłuższy okres, jaki przepracowałem z jednym trenerem. Ma spory udział w tym, jaki zrobiłem postęp. Każdy w Borussii ma podobne odczucia jak ja. Latem było mnóstwo spekulacji, ale odszedł tylko jeden zawodnik, Shinji Kagawa. Przyszedł Marco Reus, który mimo innych propozycji wybrał Borussię. Myślę, że ze względu na trenera. Poprzedni sezon zacząłem na ławce, ale to mnie nie zniechęciło. Lubię rywalizować, stawiać na swoim, udowadniać, że nawet w beznadziejnej sytuacji wyjdę z niej obronną ręką. Myślę, że trener też to zauważył. Podoba mi się w nim, że dąży do zwycięstwa za wszelką cenę i że słynie z nietypowych metod. („Przegląd Sportowy", grudzień 2012 r.).

Jeżeli trener będzie mnie potrzebował w bramce, to stanę nawet w bramce – mówi pół żartem, pół serio Błaszczykowski (Bundesliga.com.pl styczeń 2013 r.).

Dawid:

W Borussii Klopp bardzo duży nacisk kładł na to, żeby Kuba oprócz tego, że grał do przodu, to równie dużo roboty musiał robić z tyłu. A on, zanim spotkał Kloppa, bardziej koncentrował się na tym, żeby zrobić coś bardziej pożytecznego w ofensywie, a nie zawsze był skłonny do pracy w defensywie. Kiedy musiał, to musiał, ale nie było tak, żeby po skończonym ataku wracał do tyłu, bo tam były jakieś zadania do wykonania. I Kubie na początku strasznie się to nie podobało, ale z biegiem czasu to zaakceptował i stał się dzięki temu lepszym piłkarzem.

Jürgen Klopp:

– rozmowa przeprowadzona w ośrodku szkoleniowym w Brackel w listopadzie 2014 r.

Pierwsze skojarzenie, kiedy słyszę słowo: Kuba? Supergość. Wojownik, ciekawy i głodny życia. Nie interesują go utarte ścieżki. Wiele o nim słyszałem, zanim go zobaczyłem w 2008 roku. Byłem nowym trenerem i nie znałem jeszcze wszystkich graczy BVB. Szczerze mówiąc, nawet nie chciałem wiedzieć o nich zbyt dużo, bo sam chciałem wyrobić sobie o nich opinię. Jednak Joachim Watzke opowiedział mi trochę o Kubie, o jego trudnej i osobistej historii z dzieciństwa. Dodał, że trener Doll, który był w BVB przede mną, nie potrafił sobie z nim poradzić. Kuba często był smutny, może nawet nieszczęśliwy, i nie śmiał się za często. Równocześnie mówił, że jest bardzo mocnym zawodnikiem o ogromnych możliwościach. Bardzo szybkim. Pamiętam słowa Watzkego: Postępuj z nim ostrożnie. Jeśli mu coś obiecasz i potem tego nie zrobisz, to go stracisz. To akurat nie było dla mnie trudne, bo nigdy nie mówię jednego, żeby robić coś innego. To był dobry początek naszej współpracy, bo już wiedziałem, jak mam z nim postępować. Uwierz mi, on był zupełnie inny niż dziś. Zamknięty… to mało powiedziane. Czasami pytam sam siebie, dlaczego mam do niego tak emocjonalny stosunek. Ale zaraz sam sobie odpowiadam, że on przypomina mi mojego syna. I pewnie dlatego w jakimś sensie tak go traktuję. Pokażę ci jego zdjęcie. Zobacz, ma dwadzieścia sześć lat. Wiesz, że oni nawet mają w tym samym miesiącu urodziny? Nie wydaje ci się, że jest do niego podobny? Ale gdybym postawił sobie pytanie, jakim jestem „ojcem" dla Kuby, to...? No właśnie, tak w ogóle dla trenera to żadna trudność bycie „ojcem". Mamy przecież tę samą pasję. Spędzamy ze sobą bardzo dużo czasu na treningach, a czasem i na bankietach. Więc wiem na przykład, o której moi zawodnicy wracają do domu. *(śmiech)* W tym sensie moje relacje z piłkarzami, także z Kubą, można nazwać ojcowskimi. Nie czatuję na WhatsAppie razem ze swoimi zawodnikami, ale przy okazji widzę, w jak częstym kontakcie są ze sobą. Cieszę się z tego. Mam też zupełnie inne spojrzenie na Polskę, odkąd zacząłem pracować z tymi trzema Polakami. Byłem dwa razy w Polsce jako szesnastolatek, ale to był wtedy biedny kraj. Dziś Kuba, Lewy, Piszczu, no i Kraków to moje wyobrażenie o Polsce. Tak przy okazji, pomyślałem sobie teraz, że chyba nigdy nie spotkałem piłkarza o złym charakterze. Może dlatego, że nie dawałem takim zawodnikom zbyt dużo czasu na to, żeby pokazali mi do końca, jacy są. *(śmiech)* Jeśli kogoś nie lubiłem, to raczej nic z naszej współpracy nie wychodziło. Ale jeśli już pracujesz z kimś długo, to nawet nie to, że możesz, ale wręcz musisz pomóc mu w ukształtowaniu charakteru. Jak dotąd to prawie w dziewięćdziesięciu dziewięciu procentach udaje mi się dotrzeć do moich zawodników. Oczywiście, że mogę pytać ich, w czym im pomóc. W tym sensie też jestem dla nich „ojcem". Nie mówiąc o tym, że jeśli piłkarz ma do mnie jakiekolwiek pytanie, to zawsze muszę znać na nie odpowiedź. Tyle że ta nie zawsze jest taka, jaką on chciałby ode mnie usłyszeć. I tu czasem pojawia się problem. Podsumowując, jestem dla zawodników ojcem, ale i ich starszym i doświadczonym przyjacielem. Przy okazji sam też uczę się od nich dużo: nie o graniu w piłkę, ale o życiu jako takim. A potem już razem próbujemy to wszystko przełożyć na lepsze granie w piłkę. Nigdy też nie zapominam, że oni o wiele lepiej w nią grają, niż ja kiedykolwiek to robiłem.

Kiedy zaczynaliśmy z Kubą wspólną pracę, nie byliśmy tak dobrą drużyną jak dziś. Bardzo potrzebowaliśmy, żeby Kuba ze swoją szybkością zrobił nam różnicę w grze. Ale i jemu też musiałem mówić o rzeczach, o których na początku nie chciał słyszeć: Nie graj tak, nie potrzebuję, żebyś tak się zachowywał na boisku, wracaj, poczekaj, nie biegnij od razu, zastanów się itd.

Kuba ma nieprawdopodobny potencjał, żeby być zawodnikiem klasy światowej. Ma fantastyczne umiejętności, chociaż czasami potencjał, by stać się wykorzystuje. Niesamowicie rozwinął się w obronie, rozumie, jak ważne jest zrobienie czegoś razem z drużyną na boisku. Wie, co to znaczy grać dla jej dobra. A to nie zawsze jest łatwe, żeby do tego stopnia ujarzmić własne ego. Przecież skauci ciągle szukają kogoś, kto jest najlepszy. Ale nawet jeśli jesteś najlepszy, to szybko musisz nauczyć się współpracować z drużyną. I Kuba jest właśnie takim team playerem. Zrozumiesz to, jak popatrzysz na Piszcza i Kubę, i na to, jak funkcjonują razem na boisku. Jeśli jesteś na szczycie góry i spada z niej ktoś, kogo nie znasz, to oczywiste, że złapiesz go za rękę, ale utrzymasz ją przez minutę. Jeśli będzie to twój przyjaciel, utrzymasz ją przez pół godziny. Tę zależność mogę przełożyć na zachowania moich zawodników na boisku. Różnica w relacjach, o których mówiłem wcześniej: ojciec–syn i trener–piłkarz, polega na tym, że piłkarze kochają nas tak długo, jak długo z nami pracują, i zdaję sobie z tego sprawę, że to jest *one way road* (droga jednokierunkowa). Mimo to, jak mamy problem, to musimy sobie pokazać, jak ważni jesteśmy dla siebie nawzajem. Nawet jeśli nie na całe życie, to na pewno wtedy, gdy jesteśmy drużyną. Teraz dostaję pokrzepiające esemesy od Kuby i od innych graczy [BVB po rundzie jesiennej 2014 r. była na przedostatnim miejscu w tabeli]. Może obawiają się, że odejdę? *(śmiech)* A ja? Uwierz mi, może tylko przez kilka sekund o tym pomyślałem. [15 kwietnia 2015 r. Klopp zdecydował się na odejście z Borussii] I to nie chodzi o to, że ci, którzy mnie nie znają, mówią teraz: A widzicie, to jednak nie jest dobry trener – bo nigdy nie myślałem o tym, co myślą o mnie inni. Ale to, na czym mi zależy, to żeby jak wchodzę do szatni, zawodnicy, którzy tam są, poczuli się lepiej, a nie gorzej. Pamiętam, że Kuba miał kiedyś w Polsce osiemdziesięcioletniego lekarza fizjoterapeutę [dr. Jerzego Wielkoszyńskiego] i chociaż zdziwiłem się, że on bardziej wierzy jemu niż nam, powiedziałem: OK, ufasz mu? Konsultuj się u niego. Jak Kuba ma kontuzję, to trenuje ponad miarę. Nie ma cierpliwości, żeby niczego nie przyspieszać. Przed laty przyjechał tu ze swoją dziewczyną Agatą, która teraz jest jego żoną, mają dwoje dzieci. Ale jak w życiu, tak i w piłce wszystko się zmienia, i dlatego nie ma sensu mówić: wtedy mogłem to albo tamto, a teraz... Trzeba rozumieć i o tym nie zapominać, na czym polega różnica między dziś a wczoraj. I między innymi tę swoją wiedzę w pracy także z Kubą chcę i muszę wykorzystać. Nie wiem już, z iloma piłkarzami pracowałem. Może z czterystoma, i bardzo chciałbym, żeby każdy z nich mógł kiedyś z uśmiechem podsumować swoją przeszłość. To mój cel jako trenera i jako „ojca". *(śmiech)*

Dziś córka Łukasza śpiewa piosenkę z moim imieniem, a córka Kuby jak mnie widzi, to płacze. *(śmiech)* To są relacje, jakie każdy trener powinien budować ze swoimi zawodnikami. Kuba jest uparty i jeśli jest o czymś przekonany i uważa, że robi coś dobrze, to nie jest łatwo zmienić jego punkt widzenia. Z drugiej strony jest pełen szacunku do tego, co mówi trener. A ja jako trener muszę podejmować nowe decyzje, także co do składu, co trzy dni. To nie stanowi dla mnie żadnego problemu, ale dla moich graczy wręcz przeciwnie. Nie zmienia to jednak faktu, że w grze w piłkę drużyna zawsze będzie ważniejsza niż pojedynczy piłkarz. Kiedy Kuba gra, jest twoim najlepszym kumplem; jak nie gra, to wygląda jak samo nieszczęście. To niewiarygodne. Gdy zdejmowałem go z boiska w sześćdziesiątej ósmej minucie czy wtedy, jak w ogóle nie grał, to to było okropne. Był nawet moment, że chciał odejść z Borussii, bo uważał, że faworyzuję Maria Götzego i że to konkurent do jego pozycji. Powiedziałem mu wtedy: Nie bądź niemądry, Kuba, jeśli będziesz w świetnej formie, znajdę dla ciebie miejsce. A on tylko w kółko mówił to samo: Ty mnie nie potrzebujesz. Rzeczywiście, przypominam sobie, że gdy na konferencji prasowej (23 kwietnia 2013 r.) po tym, jak Mario Götze poinformował, że odchodzi do Bayernu, bo chce pracować z Pepe, jeden z dziennikarzy zapytał mnie, co o tym sądzę. Odpowiedziałem, że Kuba też jest świetnym piłkarzem i że z tego, co wiem, to nie zostawi mnie i nie odejdzie do Guardioli. *(śmiech)* Czy uwierzysz, że on w trakcie wychodzenia z ostatniej kontuzji był jednym z najbardziej radosnych i pełnych humoru graczy? Powiedziałem mu wtedy: Kuba, chciałbym, żebyś taki był zawsze, także kiedy będziesz w pełni sprawny. To był Kuba-show każdego dnia. Czasami cieszył się wręcz jak dziecko. Zresztą każdy mężczyzna ma w sobie coś z dziecka, prawda? Mój wewnętrzny chłopiec ma dziewiętnaście lat. Co więcej, jestem przekonany, że wtedy byłem takim samym gościem, jakim jestem dziś. Polscy zawodnicy z pokolenia Kuby mają świetne umiejętności i bardzo dobre charaktery. Ale jeśli nie potrafisz czekać na sukces, to go nigdy nie będziesz miał. Wiem, jakiej presji medialnej poddawany jest selekcjoner waszej reprezentacji, ale wiem też, że na wasze wielkie sukcesy jest jeszcze za wcześnie. Nie robi się w Polsce wystarczająco dużo dla młodzieży, tej, która dopiero zaczyna grać. Jeśli kiedyś tak się stanie, to będziecie mieli nadzwyczajną piłkę. Na razie jest to eksploatowanie kilku piłkarzy, którzy grają w zagranicznych ligach. Nie, Kuba nie działa mi na nerwy. No, może czasem. *(śmiech)* Może *love* to za duże słowo na określenie naszych relacji i może gdybym oczekiwał wzajemności z jego strony, to bym się rozczarował, ale to dla mnie bardzo ważny zawodnik.

Kuba Błaszczykowski pytany podczas ostatniego letniego obozu kondycyjnego BVB w szwajcarskim Bad Ragaz (sierpnień 2014 r.) o to, czy Klopp jest wymagającym trenerem, w telewizyjnym wywiadzie odpowiedział: A nie słyszy pan, że jak jestem na boisku, wszystko jedno, z prawej czy z lewej strony, i on krzyczy „biegnij, Kuba", to ja od razu przyspieszam? *(śmiech)* Nie ma chyba dla nas, Polaków grających w BVB, zbyt dużo respektu, bo do innych graczy mówi po angielsku i francusku, a do nas używa tylko trzech słów po polsku. „Dzień dobry", „dziękuję" i „rusz dupę". Respekt los – śmieje się do kamery Kuba.

listopad 2014

MD Słyszałam, że dopiero u Kloppa zaakceptowałeś, że to trener decyduje o tym, jak masz grać. I że trudno było ci się pogodzić z tym, że szef jest tylko jeden.

Niesamowicie rozwinął się w obronie, rozumie, jak ważne jest zrobienie czegoś razem z drużyną na boisku. Wie, co to znaczy grać dla jej dobra. A to nie zawsze jest łatwe, żeby do tego stopnia ujarzmić własne ego. Przecież skauci ciągle szukają kogoś, kto jest najlepszy. Ale nawet jeśli jesteś najlepszy, to szybko musisz nauczyć się współpracować z drużyną. I Kuba jest właśnie takim team playerem (Jürgen Klopp).

Jürgen Klopp i Kuba Błaszczykowski, obóz treningowy BVB, Kirchberg in Tirol, Austria, 09.07.2014

Jürgen Klopp, Kuba Błaszczykowski po ostatnim gwizdku w pierwszej rundzie Ligi Mistrzów RSC Anderlecht i Borussia Dortmund, 09.12.2014 (powrót na boisko po 318 dniach, na tyle wykluczyła z gry polskiego piłkarza kontuzja)

Łukasz Piszczek, Reinhard Rauball, Jürgen Klopp i Kuba Błaszczykowski, na lotnisku w Berlinie przed Finałem Pucharu Niemiec, 16.05.2014

Pamiętam słowa Watzkego: postępuj z nim ostrożnie. Jeśli mu coś obiecasz i potem tego nie zrobisz, to go stracisz. To akurat nie było dla mnie trudne, bo nigdy nie mówię jednego, a robię coś innego (Jürgen Klopp).

Jürgen Klopp, Kuba Błaszczykowski, mecz Bundesligi: FC Augsburg-Borussia Dortmund, 10.08.2013

Jürgen Klopp i Kuba Błaszczykowski, obóz treningowy BVB,
09.07.2014, Kirchberg in Tirol, Austria

Najważniejszą rzeczą jest to, czy trener jest z ciebie zadowolony, czy nie. On wie, czego wymagał od ciebie, i to on cię później z tego rozlicza. (Kuba)

KB Na początku nie miałem z tym problemu, dopiero później, jak trener mówił, że muszę się poddać taktyce i muszę robić to, czego on wymaga, to...

MD Przecież jest w tym logika.

KB *(śmiech)* No jest, jak przynosi efekty. Dlatego trzeba znaleźć złoty środek i człowiek nie tyle się poddaje, ile dochodzi do wniosku, że skoro to przynosi rezultaty, to trzeba to robić.

MD Wychodzi mniej więcej na to samo, a jak byś dziś określił waszą relację?

KB Ciężko mi to jednoznacznie powiedzieć.

MD Nie mów jednoznacznie...

KB Kiedyś to wyglądało trochę inaczej. Miałem wrażenie, że częściej mogłem sobie pozwalać na boisku na luz. Teraz, może też z racji tego, że jest nas kilkunastu i trener musi traktować każdego tak samo, to muszę się bardziej podporządkować. Ale od momentu tej ostatniej kontuzji wydaje mi się, że nasze relacje uległy znacznej poprawie. Może dlatego, że nie gram. *(śmiech)*

MD To taki rodzaj szorstkiej serdeczności między wami?

KB To na pewno nie jest tak jak z innymi trenerami. To na pewno nie jest tylko kontakt trener–zawodnik. To coś innego. On potrafi stworzyć taką atmosferę, że człowiek chce mu zaufać. A jak jest rozczarowanie, to potrafi pewne rzeczy wytłumaczyć i znowu można mu zacząć ufać. Wszystkich nas nauczył wielu rzeczy. Przede wszystkim taktyki i poruszania się po boisku. To widać gołym okiem, że pod tym względem jesteśmy mocni jako drużyna. Wydaje mi się, że i on też trochę się nauczył przy nas. *(śmiech)* To był młody trener, kiedy przychodził do BVB. Jego sukcesy są naszymi sukcesami i odwrotnie.

MD Jurek opowiadał, jak nie chciałeś „cieszyć się" razem z nim, kiedy strzeliłeś Marsylii bramkę w Lidze Mistrzów w 2011 roku.

KB Nie chciałem... Jurek musiał mnie trochę przekonywać. Wtedy jeszcze nie czułem tego, że czasami trzeba być „dyplomatą". To akurat był moment, kiedy nie grałem tyle, ile chciałem, obrażałem się na trenera. Nie zawsze miałem rację... Poza tym każdy dzwonił, pytał, podpuszczał. Może bym odpuścił, ale jak każdy ci powtarzał, że trener cię nie docenia, to twoja ambicja bierze górę i się buntujesz...

MD Kiedy jednak już wpadłeś w ramiona Kloppa, to było to autentyczne?

KB Zawsze jest autentyczne. Ludzie, którzy do mnie podchodzą po autografy, też są autentyczni. Tak samo ja. Jeżeli udajesz, to kibic to od razu to wyczuje. Jestem tego pewien. Przecież ja się niczym nie różnię od tych wszystkich ludzi, którzy do mnie dzisiaj podchodzili. Autentyczność to jedyna rzecz, która nas wszystkich naprawdę łączy.

MD A poprzednik Kloppa, Thomas Doll, jaki był?

KB Zbyt krótko razem pracowaliśmy, żebym mógł go ocenić czy porównać do Kloppa. Ale nie wspominam źle tej współpracy. Mimo że mieliśmy wtedy w Bundeslidze trzynaste miejsce, to doszliśmy do finału Pucharu Niemiec. Na tamte czasy to był duży sukces.

MD Twój najbardziej emocjonalny moment w Borussii?

KB Fajną rzeczą było wygranie ćwierćfinału z Malagą w Lidze Mistrzów w 2013 roku. To, co się tam działo i jak szybko następowało jedno po drugim, to był kosmos. Trudno byłoby taki scenariusz wymyślić. Od momentu rezygnacji, gdy wydawało się, że już odpadamy, do euforii. Wygrywasz i jesteś w półfinale. No i później ten mecz w Madrycie i awans do finału, to były naprawdę fajne rzeczy.

MD To w takich momentach macie poczucie, że jako drużyna jesteście jednością?

KB My zawsze jesteśmy teamem. Bez różnicy, czy wygrywamy, czy nie. Niekiedy nawet gdy się przegrywa, drużyna jest bardziej potrzebna. Tylko my sami możemy sobie wtedy pomóc.

MD Gdy pojawiają się problemy, media zaczynają węszyć, a może jednak coś w tej maszynce zaczyna się psuć... a może jednak ten trener nie jest taki dobry... – jak mówi sam Klopp.

KB Niekiedy jest tak, że to, co czytasz, często nie zgadza się z tym, jak jest naprawdę. Sam tego doświadczyłem i dziś to, co czytam, dzielę przez dwa. Jakoś szczególnie się tym nie podniecam ani nie denerwuję. Mówię głównie o mediach sportowych.

MD To paradoks, bo właśnie w nich tego dzielenia na dwa nie powinno być...

KB Ale jest tyle paradoksów i dziś nie chodzi już o prawdę, tylko o sensację, bo tę o wiele łatwiej sprzedać. Chociaż jestem pewien, że wkrótce nadejdzie przegrzanie i ludzie powiedzą: Stop. Nie chcemy tego czytać.

MD Czy Klopp po meczu rozmawia z wami?

KB Nie. Z reguły wtedy są emocje. Na drugi dzień, na treningu, rozmawiamy o meczu.

MD Jak angielscy dżentelmeni w klubie przy herbacie?

KB Nie, ale nie ma tak, że ktoś komuś coś wytyka indywidualnie. Raz wygrywamy, raz przegrywamy i wtedy jest analiza meczu.

MD Można z Kloppem dyskutować?

KB Nie.

MD Hm...

KB To on mówi. Jak chcesz mu coś powiedzieć, to oczywiście możesz, tylko... co masz mu powiedzieć, przecież to jest gość, który bardzo dobrze zna się na tym, co robi, i wie, co zrobiliśmy źle, a co dobrze. Wie, dlaczego straciliśmy bramki.

MD Powiedział ci coś, co zrobiło na tobie wrażenie?

KB Pamiętam, ale…

MD Powiesz?

KB Mówił, że ja i Mario Götze to najlepsi zawodnicy, jakich ma.

MD To ma już tylko jednego.

KB Nieraz mi to powtarzał.

MD Jakoś to rozwijał: Kuba, jesteś najlepszy, bo…?

KB Widzi, co potrafię zrobić z piłką na treningu. I mówi, że jeśli to, co potrafię zrobić na treningu, potrafiłbym zrobić w meczu, to na pewno będzie dużo lepiej. *(śmiech)*

MD Aha, taka wieczna zachęta… ale najwidoczniej w waszym przypadku to funkcjonuje.

PS Kiedy analizowałam sobie swoje spotkanie z Jürgenem Kloppem i to, co i jak mówił, to był jeden z tych nielicznych momentów, w których żałowałam, że jednak nie jestem dziennikarzem sportowym… Okazji do takich rozmów byłoby więcej.

VIII.

WRÓCĘ JESZCZE SILNIEJSZY

„Nie wiesz, jak silny jesteś
do momentu, gdy bycie silnym
staje się twoim jedynym wyborem".

BOB MARLEY

Nie ma znaczenia, jak bardzo się z nim kumplujesz. On i tak sam ze sobą musi przerobić każdą porażkę, kontuzję, każdy niezagrany i każdy słabo zagrany mecz. Nie dzwoń, nie pytaj, nie esemesuj, nie pocieszaj... Kiedy wszystko ułoży sobie w głowie, da znak. Kiedy przygotuje program naprawczy, zadzwoni. To jego sposób radzenia sobie z niepowodzeniami. Reguły gry, których Kuba nie zmieni. W każdym razie tak mówi i jak mantrę powtarza, że porażki są po to, żeby sobie samemu udowodnić, jakim się jest człowiekiem. Inni do tego nie są mu potrzebni.

16 października 2012 roku, Warszawa, Stadion Narodowy, mecz Polska–Anglia w eliminacjach MŚ 2014

Błaszczykowski dzwoni i pyta, czy nie chcielibyśmy przyjść na mecz. Nie ma mnie w Warszawie, ale chcę zdążyć na telewizyjną transmisję spotkania, które jednak się tego dnia nie odbędzie. Ktoś nie przewidział, że będzie lało, i nie zamknięto dachu nad stadionem. Murawa zamienia się w jezioro. Kuba, który chciał być z drużyną i przyjechał na zgrupowanie mimo kontuzji stawu skokowego, do której doszło tuż przed meczem z Anglią, wspólnie z kolegami z reprezentacji czeka w szatni na decyzje sędziów... Spotkanie zostaje przełożone i na drugi dzień ówczesny kapitan ogląda je z trybun.

Najgorszy był początek, czyli moment, w którym musiałem zejść z boiska w meczu z Hannoverem. Dopóki nie znałem diagnozy, po głowie krążyło mi tysiąc myśli, bo nie wiedziałem, co się stało. Nie mogę zagrać w ostatnich meczach z wyjątkowymi rywalami. A czasem na mecz z Anglią czeka się całe życie. Jakoś musiałem to przeżyć, lekko nie było, bo to dziennikarze na każdym kroku przypominali mi o tym, co mnie ominęło – komentował swoją nieobecność na boisku w tym spotkaniu Błaszczykowski (Sport.pl, październik 2012 r.).

Tomek:

Jak jest kontuzja, to nie mam z nim kontaktu. Nawet przez tydzień. Ja nigdy na niego nie naciskam. Kiedy się załamał? Jak nie pojechał na Euro 2008. Trenerem był wtedy Beenhakker. Chodził zdenerwowany, wkurzony, nie można z nim było normalnie porozmawiać. Teraz pewnie by tak nie było, bo już jest bardziej dorosły.

Jurek:

Patrząc na wielkie imprezy, Mistrzostwa Świata, Europy [Paweł Janas, selekcjoner reprezentacji, chciał powołać Błaszczykowskiego do kadry na turniej finałowy MŚ 2006, ale uraz pleców przekreślił te plany], jego brak spowodowany był albo kontuzjami, albo błędami w interpretacji urazu. To właśnie zdarzyło się przed Euro 2008 w Austrii i w Szwajcarii, kiedy selekcjonerem był Beenhakker. Komentowałem wtedy ten turniej dla polskiej telewizji, więc byłem na miejscu w Austrii blisko reprezentacji. Zdawałem sobie sprawę, że to był dla Kuby straszny cios. Ale przez telefon nie było jeszcze słychać wielkich emocji. Chociaż czułem, jak pokiereszowane jest jego ego. Napisałem mu chyba o pierwszej w nocy: Wiem, jak się czujesz, to wielka impreza, bardzo chciałeś na niej być, ale tego się już nie zmieni. Trzeba to przyjąć i udowodnić, że zasługujesz na miejsce, w którym jesteś. Odpisał: Dziękuję Ci, zawsze byłeś dla mnie jak ojciec, wspierasz mnie, ale wiesz, że ta noc jest dla mnie strasznie ciężka. Nie mogę spać i cały czas myślę: dlaczego? Tym bardziej że jestem przekonany, że na ostatni mecz w grupie byłbym gotowy. Dramat. Miałem łzy w oczach. I znowu eseje: Masz rację, że to musiało wydarzyć się po coś, że to ma jakiś sens. To takie jego podejście. Jest rozczarowany, wściekły, ale zawsze tłumaczy sobie, że tak miało być. Próbowałem rozmawiać z jego lekarzem. Ale on najwyraźniej się przestraszył i nie chciał brać na siebie odpowiedzialności. Mówił: A co by się stało, gdyby ten mięsień zerwał się kompletnie? Wtedy wszyscy by mnie zabili, bo to zawodnik, który dopiero zaczyna karierę. Uznałem, że przed wyjazdem Kuby z obozu reprezentacji w Austrii powinienem jeszcze porozmawiać z trenerem i poprosiłem Beenhakkera o spotkanie. Chciałem, żeby spróbowali wczuć się w jego sytuację, zwłaszcza że Kuba był przekonany, że dałby radę w ostatnim meczu. Poprosiliśmy go, żeby mógł na kilka dni wyjechać z Bad Waltersdorf i rozpocząć rehabilitację w Polsce u dr. Jerzego Wielkoszyńskiego. Nie zgodził się. Wypowiadał się o Kubie pozytywnie, ale też mówił, że dla nich to za duże ryzyko. Szkoda.

Historia pokazuje, że w wielu reprezentacjach piłkarze po kontuzjach wracali na ostatni mecz. Zabrakło też trochę w sztabie reprezentacji empatii, bo nikt nie pomyślał, że to już druga taka wielka impreza z rzędu, na której Kuba nie grał. Kiedy zdecydowano, że jednak Kuba nie da rady, to powołali w jego miejsce Łukasza Piszczka.

Wiesz, w naszych rozmowach bardzo często nawiązujemy do tego, czy to, co wydarzyło się w jego życiu – tragiczna śmierć mamy – sprawiło, że on jest tak twardy. To przykre, że decydujemy się na to pytanie, czy gdyby to się nie stało, to czy on by tyle osiągnął, ile osiągnął. Ale ta walka wbrew losowi i to, że trzeba się poświęcić, żeby coś osiągnąć – to jego filozofia życia. Kuba wrócił do Polski, zrobił badania, zaczął ciężko trenować i po tygodniu naszym zdaniem mógł grać.

MD Jesteś cały z tytanu, w stopie też masz tytan?

KB No, mam.

MD Jak przechodzisz przez bramkę na lotnisku, to dzwonisz?

KB Niekiedy pika. Niekiedy nie.

MD Masz jeszcze jakieś sztuczne części ciała poza siatkami w pachwinach?

KB Teraz mam nowe więzadła w kolanie... Nos miałem naprawiany trzy razy. Sport to zdrowie. *(śmiech)*

Dawid:

Ma taki charakter, że jak już ma grać, to na maksa. Nie ma wyrachowania, bo to jest to, co kocha. Musi, wychodząc na boisko, grać jak najlepiej, nie patrząc na to, co może się wydarzyć. Może to ten brak kalkulacji, chłodnej głowy powoduje, że były te wszystkie urazy, że on nigdy nie cofa nogi.

Prosty przykład na wyjazdowym meczu z San Marino (10 września 2013 r.). Gość mu się wpakował, miał ponaciągane więzadła w stawie kolanowym. A patrząc na powtórki, można się zastanawiać, czy właśnie te więzadła w tamtym momencie nie powinny strzelić. Chociaż później i tak dostawał baty za to, że jego drużyna zagrała okropny mecz.

Jurek:

Po takiej kontuzji jak ta w trzeciej minucie meczu z Augsburgiem, gdy zerwał więzadło, to pierwsza noc była bardzo ciężka.

Krótko rozmawialiśmy, a potem wyczułem, że on chce być sam. Napisał, że nie chce na ten temat rozmawiać. Musi ochłonąć. Każdy z nas tak ma. Dostajesz setki esemesów: trzymaj się. I to jeszcze bardziej wkurza. Jesteś wściekły, wszystko przelatuje ci przez głowę, a tu: nie przejmuj się.

Mats Hummels:

Prawie każdy gracz na kontuzje reaguje tak samo. Pierwsze dni są bardzo ciężkie i nie chcesz z nikim rozmawiać. U mnie to trwa jakiś tydzień, a potem musisz się podnieść, bo to jest *one way ticket*. Oczywiście, że go wspieramy. Najpierw bierzesz go mocno w ramiona, a potem mówisz mu: Wrócisz jeszcze silniejszy.

Felicja Brzęczek:

Jak oglądam mecze, to tak się drę. Tylko patrzę, gdzie on jest, żeby tylko nie jakaś kontuzja. Tak jak byłam na tym meczu z Augsburgiem, siedziałam z księdzem Jurkiem, jak to się stało, to tak mnie zatkało, że już nie reagowałam na nic.

Waldemar Fornalik:

Kiedy napisałem do niego zaraz po tej ostatniej kontuzji, żeby się trzymał, natychmiast odpisał: Za pięć miesięcy będę z powrotem. Od razu zaczął pozytywnie myśleć i postawił sobie cel: będę z powrotem szybciej od wszystkich innych, którzy mieli takie kontuzje. Zresztą ta ostatnia była kuriozalna, bo bez udziału przeciwnika. Normalnie to nie powinno się stać. Przecież takie ruchy Kuba wykonywał często. To nawet jest jego znak firmowy.

Kiedy łapię kontuzję, to nie mam w głowie złych rzeczy, tylko te dobre. Według mnie to bardzo ważne, żeby w takich sytuacjach nie dobijać się czarnymi myślami – powtarza wielokrotnie Błaszczykowski. Gdy zerwał więzadła krzyżowe, na Facebooku napisał: Pamiętajcie, że ja się nie poddaję. Serio nic nie jest w stanie mnie złamać! Od jutra walka o powrót!!!.

W ciągu ostatnich miesięcy dostawałam od Kuby kilkunastosekundowe filmiki, na których rejestrował kolejne etapy swojej rehabilitacji. W tle zawsze było słychać kawałki oczywiście... polskich raperów.

Również media na bieżąco informowały o przebiegu rehabilitacji Błaszczykowskiego: Najpierw jedna minuta lekkiego truchtu, później jedna minuta marszu. Zawsze robię pięć takich serii, co daje łącznie dziesięć minut treningu. Tu też musimy uważać, żeby nie zrobić czegoś za szybko. Sam nie mogę doczekać się, kiedy w końcu wyjdę na dwór i lekko potruchtam po trawie. Ale spokojnie, wszystko w swoim czasie [...] Tylko czasami trzeba mocniej zacisnąć zęby. Robię wszystko, by być gotowym na 150 procent (ze strony JB, kwiecień 2014 r.).

I gdy już się wydawało, że Kuba na dobre wraca na boisko, na początku września 2014 roku przy jednym ze strzałów na bramkę poczuł ostry ból w prawej nodze – kolejna kontuzja: naderwanie mięśnia czworogłowego. Kolejne tygodnie przerwy w treningach.

„Błaszczykowski rozmawiał już telefonicznie z trenerem Adamem Nawałką. Jest niestety pewne, że w dwóch najbliższych meczach eliminacji Euro 2016 przeciw Niemcom i Szkocji (11 i 14 października) polska kadra będzie musiała zagrać bez swojego nominalnego kapitana" – brzmiał suchy komunikat prasowy PZPN.

Dla Kuby był to jeszcze większy cios niż wtedy, gdy padł na murawę w meczu z FC Augsburg. Tym razem nie zamierzałam odczekać obowiązkowych kilku dni ciszy i przyatakowałam już po kilkunastu godzinach. Po paru godzinach odpisał: Znasz mnie, muszę to przerobić sam – pojawiło się małe odstępstwo od reguły – ale pisać możesz.

Eldo:

Pracował tak ciężko, żeby wyjść z poprzedniej kontuzji, i nagle się dowiaduje, że znowu coś jest nie tak. Też bym się pewnie załamał. Kuba nie ma już dwudziestu lat, jak coś się przyplącze strasznego, to może nie chcieć się odczepić. Ja mu życzę wszystkiego dobrego, bo to średnio stracić cały prawie rok gry. Mam Kubę wśród znajomych na Facebooku. Widziałem entuzjazm, jaki towarzyszył umieszczaniu jego zdjęć z treningów z okresu przygotowawczego do powrotu na boisko.

Kiedy eksperci magazynu „Kicker" podsumowywali rok 2012, uznali Błaszczykowskiego za największego dżentelmena spośród wszystkich zawodników, którzy występowali wówczas na niemieckich boiskach. Przez trzy lata, czyli przez 5638 minut gry, nie dostał żółtej kartki. Podobnym wyczynem może pochwalić się dosłownie kilku piłkarzy w całej historii Bundesligi.

lipiec 2014 roku, w trakcie MŚ w Brazylii

MD Wczoraj aż dwóch piłkarzy zniesiono z boiska z powodu kontuzji mięśnia dwugłowego. Ty też taką miałeś, między innymi przed Euro 2008, i musiałeś opuścić zgrupowanie…

KB Tak.

MD To okropny ból?

KB Nie jakiś okropny ból, ale uczucie, jakby ktoś ci wsadził nóż w nogę. Taki rozrywający.

MD No to rzeczywiście nic okropnego…

KB Z reguły takie zerwanie mięśni zdarza się, kiedy robisz coś bardzo dynamicznie. Zazwyczaj jest to sprint albo szybki start z miejsca. Włókna mięśniowe nie wytrzymują i się nadrywają. Największe problemy mięśniowe mają zawodnicy, którzy są bardziej od innych dynamiczni.

MD Jesteś w tej grupie?

KB Miałem kilka takich incydentów, kiedy nadrywałem mięsień dwugłowy, to chyba o czymś świadczy. Ale tak naprawdę to nie ma reguły. Czasami kontuzja jest efektem tego, że organizm jest przemęczony.

MD Kontuzja jest wpisana w życiorys sportowca, banał, ale są tacy jak na przykład Jurek [Brzęczek], który nigdy chyba nie miał poważnej kontuzji. Szczęściarz?

KB Każdy ma jakieś drobne urazy. To sport kontaktowy, ale na pewno jedni mają mniej szczęścia, inni więcej. Wynika to też ze sposobu grania. Jesteś ofensywnym zawodnikiem, to wtedy jesteś narażony na częstsze faule.

MD Często faulujesz?

KB Wydaje mi się, że nie...

MD Nie pochwalisz się, że dostałeś tytuł Dżentelmena Bundesligi?

KB Coś tam było. Byłem chyba najdłużej grającym zawodnikiem w Bundeslidze, który nie dostał żółtej kartki. Co wcale nie znaczyło, że najmniej faulowałem. *(śmiech)*

MD Nie fauluje się też dlatego, że zdąży się pomyśleć: Nie zrobię innemu piłkarzowi krzywdy...?

KB To wynika z szacunku dla tego, z kim grasz. Oczywiście niekiedy robi się faule dla „dobra drużyny". Ja też nie mam z tym problemu i to są tzw. faule taktyczne, ale są też takie, gdzie ewidentnie wchodzisz w zawodnika drużyny przeciwnej, żeby mu zrobić krzywdę. Tego nie popieram. Gra uczy nas szacunku do siebie i drużyny przeciwnej i zawsze powinniśmy sobie go nawzajem okazywać. A nie bezmyślnie faulować. Robienie komuś krzywdy z premedytacją jest okropne.

MD Czerwone kartki dostałeś?

KB Wydaje mi się, że jedną. To był akurat faul taktyczny. *(śmiech)* Ja się trochę spóźniłem i przeciwnik się położył na moje nogi. To była druga żółta kartka, chyba w sto czternastej minucie finału Pucharu Niemiec.

MD Wkurza cię, kiedy czytasz o sobie „porcelanowy piłkarz" i że z jednej kontuzji wchodzisz w drugą?

KB Chyba bardziej wkurzają się ci, którzy są wokół mnie, bo ja naprawdę nabrałem już do wielu rzeczy dystansu. Tak jak w przypadku tego konkretnego artykułu o porcelanowym piłkarzu. Jurek zadzwonił do mnie zdenerwowany i mówi: Trzeba coś z tym zrobić. Podchodzę do tego spokojniej, bo wiem, na jakich zasadach to wszystko się odbywa. Ktoś chce ugrywać swoje interesy. Ktoś, kto nie miał do czynienia z czynnym sportem, na przykład dziennikarz, który takie rzeczy pisze, nie wie, że w każdym spotkaniu trzeba dawać z siebie sto procent. I że niektóre kontuzje, na przykład w moim wypadku, wynikają z tego, że się nie odpuszcza. Jeśli ktoś coś takiego pisze, to może chce sprowokować, żebym odpowiedział na zaczepkę. Takie są dzisiaj media. Rzadko miałem z nimi problem, ale też nigdy nie byłem chętny do tego, żeby się z nimi układać. To nie przystaje do wyznawanych przeze mnie wartości.

MD Jak ma się kontuzję, boli ciało – a dusza?

KB Jak coś się stało, to nigdy nie ubolewam zbyt długo nad tym. Bardzo szybko, żeby nie powiedzieć: błyskawicznie, myślę, żeby jak najszybciej przejść rehabilitację i wrócić do pełnej dyspozycji. Nie dołuję się.

MD Słyszałam, jak przeżywałeś, że nie zagrałeś na Euro 2008, kiedy Beenhakker odesłał cię do domu. Pamiętasz tę noc, kiedy ważyły się losy, czy zostaniesz w Austrii, czy nie?

KB Jurek o spotkaniu z trenerem powiedział mi dopiero rano. Mówiłem, żeby to zostawił. Skoro trener podjął taką decyzję, to podjął. Inna sprawa, że jak mnie wtedy Leo odesłał do domu, to byłem przekonany, że na pierwszym meczu owszem, nie byłbym do jego dyspozycji, ale drugi czy trzeci mecz byłbym już w stanie zagrać. Byłem rozgoryczony nie z powodu swojej kontuzji, tylko z powodu decyzji, którą podjął trener.

MD Nie pomyślałeś: Odsyła mnie, bo mam kontuzję, a nie dlatego, że mu się moja fryzura nie podoba...?

KB Tak, ale leczyliśmy tę kontuzję i w drugim czy w trzecim meczu mógłbym już zagrać. Wydaje mi się, że w dwudziestotrzyosobowej kadrze można było zaryzykować i wziąć mnie na mecz, który był dla polskiej reprezentacji decydujący.

MD Trener mówił, że byłeś dla niego ważnym piłkarzem i dlatego nie chciał ryzykować.

KB Jeśli jesteś ważnym piłkarzem, to można było to inaczej rozegrać. Mnie wtedy bardzo ciężko było zaakceptować tę decyzję.

MD Ty też mówisz o Beenhakkerze dobrze.

KB Tak, i nigdy nie powiem o jakimkolwiek trenerze źle... Jeśli miałbym coś powiedzieć, to najpierw powiedziałbym trenerowi. Płyniemy na tym samym okręcie. Ale o trenerze Beenhakkerze na pewno nie powiem złego słowa. Widziałem jego warsztat, jego bardzo fajne podejście do zawodników. Po jego odejściu powiedziałem, że jeszcze za nim zapłaczemy. A pożegnanie z nim? Nikt z nas nie chciał pokazać, że mu się gdzieś tam delikatnie łza uroniła. A to tylko świadczy o tym, jaki to był człowiek.

MD Trudno przeoczyć fakt, że te kontuzje u ciebie pojawiają się zawsze w momentach, gdzie już wreszcie powinna być ta wisienka na torcie, czyli wielkie mecze, poważne turnieje. Zwyczajna sportowa satysfakcja.

KB Dopóki będę grał, to będę wierzył w to, co robię, bo gdybym kiedykolwiek wątpił, to nie wiem, czy byłbym dziś tu, gdzie jestem. W medalowe miejsce też będę wierzył.

MD Doceniam, że sam ze sobą psychicznie przerabiasz swoje kontuzje, ale to jest trudne dla innych...

KB Telefony, esemesy tylko i wyłącznie dołują. W moim przypadku to nie działa. Choć wiem, że intencje są dobre.

MD Ale każdy z nas ma potrzebę, żeby zareagować: trzymaj się, będzie OK...

KB I automatycznie dostaję sygnał, że ja też muszę się tym martwić.

MD Jakby nikt nie napisał, to by cię to nie obeszło?

KB Nie miałbym problemu. Może jestem inny i może nie mieszczę się w ramach „normalnego" zachowania, ale to jest mój problem i to ja muszę sobie z nim poradzić. A ponieważ od razu myślę pozytywnie, zaprzęgam się do ciężkiej pracy i koncentruję na tym, co jeszcze dobrego mnie czeka.

MD Ktoś cię tego nauczył?

KB Życie mnie tego nauczyło. Musiałem dość wcześnie radzić sobie z problemami i nie potrafię już tego w sobie zmienić. Jeżeli sam sobie tego nie poukładam, to nie rozmawiam. Nie potrafię.

MD Zawsze możesz kiedyś otworzyć Akademię Motywacji Błaszczykowskiego...

KB Myślisz? *(śmiech)* Ale wiarygodność, którą sobie wypracowałem ciężką pracą, też nie byłaby tu chyba bez znaczenia? Człowiek musi pewne rzeczy zrozumieć sam. Najpierw musisz poznać sam siebie i wiedzieć, co jest dla ciebie najlepsze. Sam.

Leżałem na murawie, doktor mówi, że to poważna kontuzja, pytam, jak długo nie będę grał, a on na to, że jak potwierdzi się diagnoza, to może i pół roku. To już zacząłem sobie w głowie układać kiedy będę mógł zacząć rehabilitację (Kuba).

Kuba Błaszczykowski doznał kontuzji na Signal Iduna Park w meczu Bundesligi pomiędzy Borussią Dortmund i FC Augsburg 25.01.2014

Kuba Błaszczykowski opuszcza boisko po doznanej kontuzji w meczu Borussia Dortmund-FC Augsburg 25.01.2014, Dortmund

Bieganie bez piłki to monotonia. Męczy psychicznie.
Bieganie z piłką zawsze daje frajdę (Kuba).

Kuba Błaszczykowski i Marco Reus z Borussią Dortmund, 29.07.2014, Bad Ragaz, Szwajcaria

Kuba Błaszczykowski na obozie treningowym Borussii Dortmund, 09.07.2014, Kirchberg in Tirol, Austria

Kuba Błaszczykowski podczas rozgrzewki
w trakcie treningu Borussii Dortmund, marzec 2015, Dortmund, Niemcy

Bardzo szybko, żeby nie powiedzieć: błyskawicznie, myślę o tym, żeby jak najszybciej przejść rehabilitację i wrócić do pełnej dyspozycji. Nie dołuję się (Kuba).

Kuba Błaszczykowski z fizjoterapeutą BVB – rehabilitacja po rekonstrukcji więzadeł krzyżowych, luty 2014

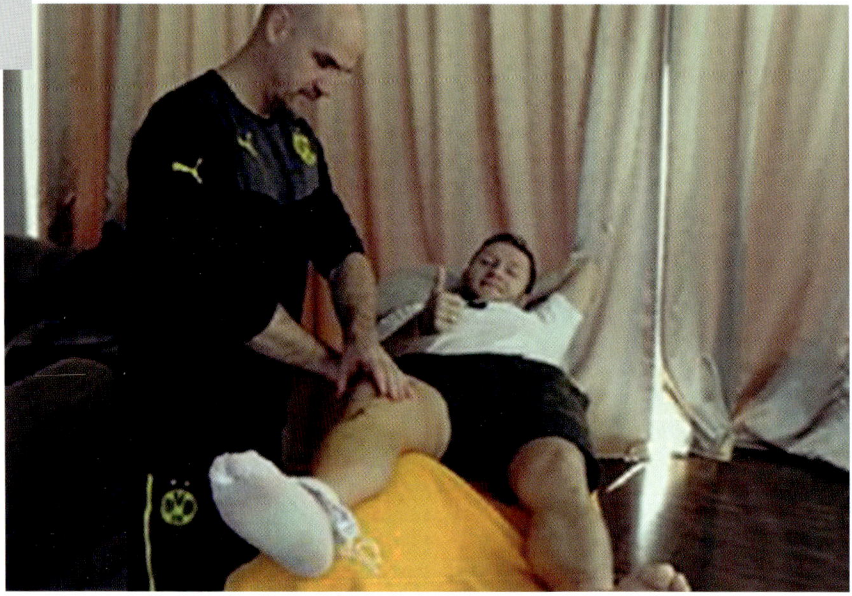

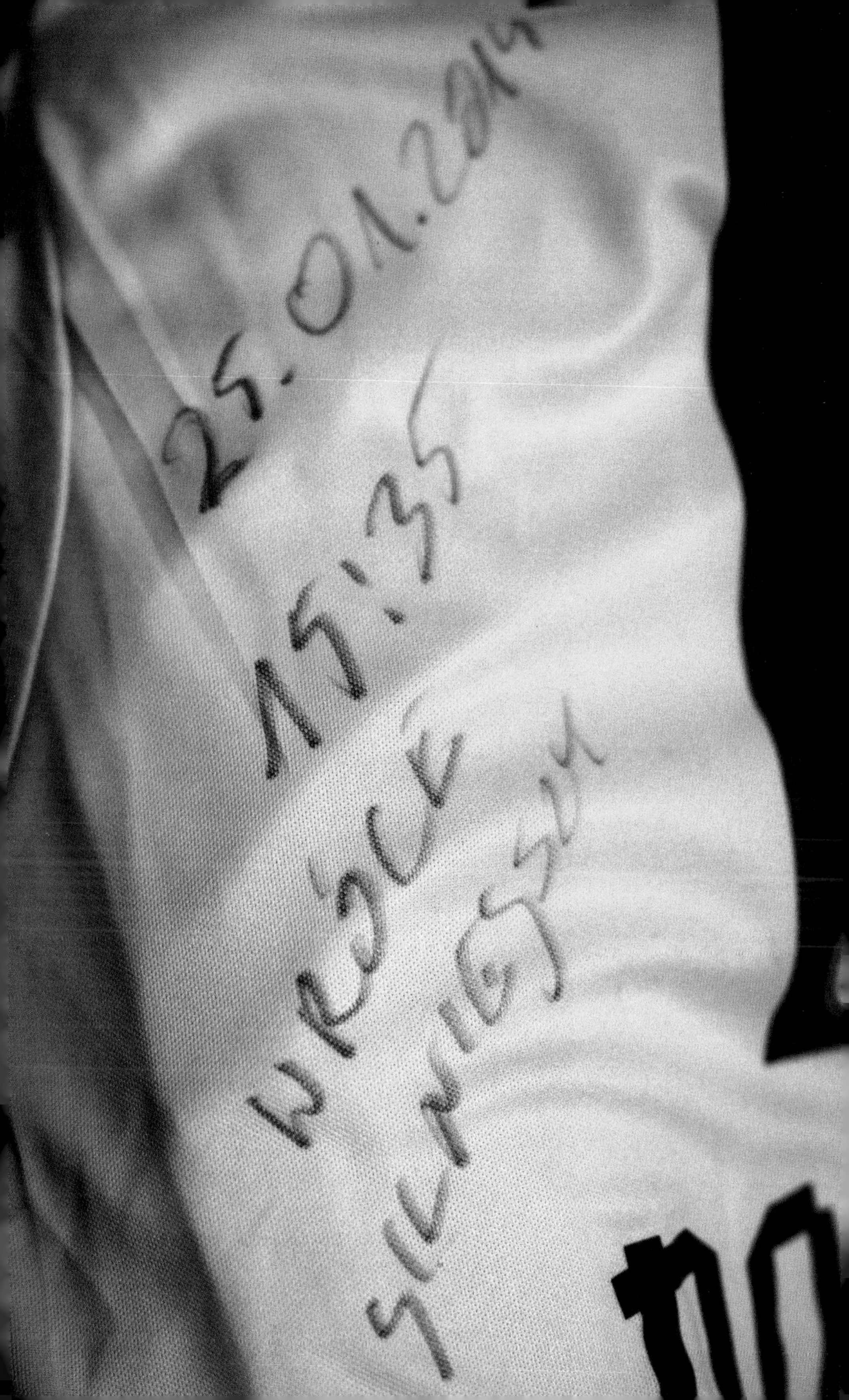
25.01.2014
15:35
WRÓCĘ
SILNIEJSZY

Kuba z koszulką,
na której po meczu
z Augsburgiem 25.01.2014 -
(podczas którego doznał
kontuzji zerwane więzadła
krzyżowe przednie) - napisał
"Wrócę silniejszy"

Dr Jerzy Wielkoszyński, Kuba Błaszczykowski, 2006

Chociaż zdziwiłem się, że on bardziej wierzy jemu niż „nam", to powiedziałem: ok, ufasz mu? Konsultuj się u niego (Jürgen Klopp).

MD Wychodzenie z kontuzji u ciebie to jeden dzień na skatowanie, drugi – jak sam sobie nie pomogę, to nikt mi nie pomoże, a trzeci – walczę?

KB Nie, trzeci dzień jest pierwszym. Od razu. Natychmiast. Tak jak w meczu z Augsburgiem, leżałem na murawie, doktor mówi, że to poważna kontuzja, pytam, jak długo nie będę grał, a on na to, że jak potwierdzi się diagnoza, to może i pół roku. To już zacząłem sobie w głowie układać kiedy będę mógł zacząć rehabilitację, czy od razu po operacji, czy trochę później. Jak najszybciej chciałem wszystkiego się dowiedzieć, żeby sobie to zacząć układać. Od razu.

MD Nigdy się nad sobą nie użalasz?

KB Nie. Może jak byłem młodym chłopakiem, to trochę biadoliłem, ale teraz nie płaczę nad sobą. Bo wiem, że dostałem szansę od życia, i staram się ją maksymalnie wykorzystać.

MD A ty w ogóle płaczesz?

KB No, z płaczem mam problem.

MD Czyli nie płaczesz?

KB Nie, chociaż jeśli już, to zdarzają mi się łzy wzruszenia. Jak widzisz, że komuś dzieje się krzywda albo jak ktoś mimo przeciwności losu radzi sobie z życiem. Inna rzecz, że na śmierć potrafię się tak wyłączyć, że jest mi obojętna. Nie wywołuje żadnych emocji.

MD Kiedyś mi powiedziałeś, że tak jest, odkąd odeszła mama.

KB Jak tracisz najbliższe osoby, to dochodzi do ciebie, że coś wydarzyło się bezpowrotnie. Może dlatego ja od wielu lat nie czuję takich emocji, żeby po prostu się popłakać.

MD To jak rozładowujesz emocje?

KB Krzycząc.

MD Wtedy, kiedy podnosisz na sali stukilogramowy ciężar?

KB Różnie. Jak się cieszę, to lubię krzyczeć. Moja starsza córka robi to samo. Chyba nauczyła się ode mnie. *(śmiech)*

MD Jesteś cholerykiem?

KB Kiedyś byłem nerwowy, a teraz jestem dużo spokojniejszy. Panuję nad emocjami.

MD Czyli znowu samokontrola?

KB Tak. Chociaż generalnie nie chcę kontrolować emocji. Życie publiczne to jedno, a prywatne do drugie. W tym ostatnim nie potrzebuję kontroli. Przebywam z ludźmi, którzy uważają moje zachowanie za normalne, mimo że dla postronnych czasem mogłoby być dziwne.

MD Lubisz się wygłupiać, od ekipy, która robiła ci zdjęcie do jednej z sesji, usłyszałam, że czasami bywasz freakiem.

KB Wszystko razem. *(śmiech)* Mam takie dni, że lubię się powygłupiać, potańczyć, pośpiewać i jak ktoś by mnie wtedy nagrał, to widzisz, jaki jesteś debil za przeproszeniem. *(śmiech)* Ale jestem wtedy naturalny i to jest najważniejsze. W każdym razie dla mnie.

MD Na początku nie chciałeś rozmawiać o tej ostatniej kontuzji. Jednak dziś już po fakcie chyba fajnie przeczytać, co się wtedy myślało?

KB W sumie fajnie. Przypomnieć sobie, jakie były etapy dochodzenia do zdrowia. Najcięższy był ten pierwszy, bo nic nie mogłem robić. Tylko zabiegi i nie miałem gdzie wyładować energii. Miałem problem ze spaniem i ta adrenalina. Noga była cały czas usztywniona. Tydzień można wytrzymać, ale cztery tygodnie to już problem. Drugi etap, kiedy już mogłem chodzić, był dużo przyjemniejszy. Świeże powietrze itd. Można było już coś robić. I trzeci, na którym teraz się znajduję, odbudowa mięśni. Ciężka praca na siłowni. Człowiek jest tak zmęczony, że myśli tylko, żeby położyć się spać. Ale to sprawia satysfakcję, bo już wiesz, że wracasz na odpowiednie tory.

MD Ci, którzy cię znają, mówią: Kuba wróci jeszcze silniejszy. To znaczy?

KB Szczerze? Nie wiem, może wiedzą, że takie sytuacje motywują mnie do cięższej niż normalnie pracy. I że zawsze wyjdę z nich obronną ręką, no i wrócę silniejszy. *(śmiech)*

MD Wychodzi na to, że ciebie nie sukces motywuje do grania, a właśnie porażka.

KB A powiedz mi, jak zrobisz coś fajnego zawodowo, to o czym myślisz: o tym, co dobrze zrobiłaś, czy o tym, co źle?

MD Myślę tylko o tym, co źle zrobiłam, że mogłam o coś innego zapytać, w inny sposób...

KB A czemu?

MD Bo zakładam, że to, co dobrze zrobiłam, jest normalne.

KB A przecież sukces powinien cię napędzać. Uważam, że każda dobrze wykonana praca daje satysfakcję, ale to nie jest tak motywujący bodziec jak porażki czy kontuzja. Wiesz, że masz pół roku przerwy... i to już inny bodziec. Czasami musisz znaleźć się nisko, żeby wiedzieć, jak to jest, jak jest się wysoko.

MD Kontuzje, przeciwności losu bywają szansą dla innych... tak też jest w życiu. Kilka lat temu mówiono, że i tak wrócisz na ławę, jak tylko twój klubowy kolega Mario Götze wyleczy kontuzję...

KB Zawsze tak jest. Na boisko musi wyjść jedenastu zawodników i musisz być przygotowany na to, że konkurent na twoje miejsce jest akurat w lepszej formie.

MD On był dobry, ty byłeś dobry, a jednak na ławę nie wróciłeś.

KB Mario miał kontuzję i ja grałem. Potem Mario wrócił, ale już na inną pozycję.

MD Pytanie laika. Kiedy wraca się po takiej kontuzji, ile czasu potrzebuje głowa, żeby na boisku nie cofnąć nogi, żeby się nie zawahać, nie pomyśleć o ewentualnym bólu kontuzji?

KB To kwestia charakteru. Jedni się boją, że coś im się znowu stanie, z trudem przychodzi im zapomnienie o urazach, a drudzy mogą grać dalej jakby z automatu.

MD A ty?

KB Wydaje mi się, że nie mam problemu, żeby postawić nogę. *(śmiech)* Jak wchodzisz na boisko po kontuzji, to nigdy nie wchodzisz w momencie, którego byś już nie doświadczył na treningu. Musisz mieć pewność, że nic ci się nie stanie. A potem mija trochę czasu i przestajesz o tym w ogóle myśleć.

MD Jesteś uparty?

KB Tak. I postrzegam to jako swoją zaletę, chociaż życie już nauczyło mnie, że w niektórych sytuacjach warto odpuścić. Także w życiowych. Wcześniej na pewne sprawy reagowałbym agresywnie, a teraz mam już do nich dystans. Nie obrażam się.

MD Na dodatek byłeś obrażalski?

KB Tak, jak się ktoś do mnie odzywał pierwszy i przepraszał, to mówiłem, że nie ma problemu. Ale jak byłem przekonany co do swoich racji, to nie odpuszczałem.

MD W związku z tym nadal uparcie twierdzisz, że nie jesteś romantyczny?

KB Tak mi się wydaje.

MD A mi się wydaje, że piłka nożna jest…

KB …romantyczna, tak? *(śmiech)* Powiedz jeszcze, że oglądasz mecze przy świeczkach.

MD Tak, z truskawkami i z kieliszkiem szampana w ręku. A poważnie, to nam, kibicom, także blondynkom, te nieprawdopodobne emocje w trakcie nieprawdopodobnych meczy wystarczają do tego, żeby... się na przykład wzruszyć.

KB To dlatego piłka tak przyciąga. Są różne sporty, ale żadna inna dyscyplina nie wzbudza takich emocji.

MD W jakimś sensie też pokazuje, jakim jesteś człowiekiem, dżentelmenie...

KB No właśnie do tego dążyłem. *(uśmiech)*

MD Przypomniałam sobie tego esemesa, którego mi wysłałeś po styczniowej kontuzji. Napisałeś, że teraz będziemy mieli więcej czasu na książkę.

KB Pomyliłem się?

PS Złamana noga, zerwany mięsień, naciągnięty kolejny, trzykrotnie złamany nos czy wreszcie zerwanie więzadeł krzyżowych w kolanie – to tylko niektóre urazy, jakich doznał Błaszczykowski. Niewątpliwie ta ostatnia kontuzja odniesiona w styczniu 2014 roku okazała się najgroźniejsza, a absencja po niej trwała najdłużej. Gdyby jeszcze przeliczyć to na dni spędzone poza boiskiem, byłoby tego dużo...

IX.

KIBICA NIE DA SIĘ OSZUKAĆ

„Możesz zmienić żonę, poglądy polityczne, religię, ale nigdy nie możesz zmienić swojego ulubionego klubu".

ERIC CANTONA

Piłkarz i kibic – kolejny nierozerwalny w futbolowym scenariuszu rozpisany na role duet. Naczynia połączone, bez których futbol nie miałby racji bytu. Gracz i jego fan. Wspólnota boiskowych interesów. Emocje, bez których w piłce nie liczy się prawie nic. Wiedzą o tym piłkarze i wiedzą kibice. Wie medialny biznes, który z równą powagą traktuje pięknie strzeloną bramkę, jak i orgiastyczne reakcje trybun. Euforię i rozpacz kibiców kochających swojego i szczerze nielubiących obcego. Fair play w tym względzie występuje raczej rzadko.

Prawdziwy kibic nigdy nie wyrzuci z serca i pamięci nazwiska piłkarza i numeru na jego koszulce, którym był wierny latami. Wśród tysięcy zawodników nie przeoczy tego, który dawał i daje z siebie wszystko. Boiskowy idol to także uosobienie marzeń milionów fanów piłki na świecie o byciu kimś innym. Lepszym. Szybszym. To wreszcie marzenie o byciu niepokonanym.

Może on, mogę i ja. Tu wydaje się tkwić sedno uczucia, o którym Eric Cantona mawiał: Możesz zmienić żonę, poglądy polityczne, religię, ale nigdy nie możesz zmienić swojego ulubionego klubu.

W tym względzie zdaje się obowiązywać prawdziwe braterstwo krwi.

Jeżeli Błaszczykowski wypełni swój kontrakt z Borussią Dortmund do końca, ma szansę stać się legendą tego klubu jeszcze za życia. Nie ma wątpliwości, że dla niemieckich kibiców, zwłaszcza tych z Dortmundu, Kuba jest idolem. Jest już ich.

Jak Bóg da, spędzę w Dortmundzie jedenaście lat, czyli kawał życia. To, co powiem, może zabrzmi górnolotnie, ale postaram się spłacić kredyt zaufania wobec klubu, wobec kibiców – mówi w mediach Błaszczykowski. („Przegląd Sportowy", lipiec 2013 r.)

„Miał pan ofertę z Machesteru City, Liverpoolu, Juventusu Turyn, Zenitu Petersburg, Ajaxu Amsterdam, Celticu Glasgow, West Ham czy Villareal..." – dziennikarze wyliczają kluby zainteresowane Błaszczykowskim.

Borussia miała pierwszeństwo. Jak już wspomniałem, mam kapitalny zespół, kibiców i ekscytujące perspektywy. Nie zawsze pieniądze muszą być decydujące. Brałem pod uwagę wiele czynników. Ważnym było to, że moja rodzina bardzo dobrze czuje się w Dortmundzie. Niczego nam tu nie brakuje. Znamy miasto, ludzi, mamy przyjaciół. Gdzie indziej trzeba by było życie układać od nowa, a poza tym mam wątpliwości, czy zawodowo bym awansował. Gram w końcu w czołowej drużynie europejskiej („Przegląd Sportowy", lipiec 2013 r.).

Żeby zrozumieć, kim jest Kuba Błaszczykowski dla fanów, na przykład Borussii, wystarczy pójść z nim na mecz (co dzięki – sic! – jego kontuzji udało mi się parokrotnie).

Kibice już na niego czekają, a gdy wjeżdża na parking Signal Iduna Park, często rozlegają się oklaski. Czy Błaszczykowski zachowuje się wtedy inaczej? Zauważyłam, że jeśli się wtedy uśmiecha, to jakoś tak bardziej serio... Gdy pojawiamy się na trybunach, nie przechodzi niezauważony. Wiem, że on też wie, że wszyscy na niego patrzą. Wiem, że to lubi, ale równocześnie traktuje jako coś, na co zapracował swoją grą, a nie tym, że pokazują go w gazetach. Nawet gdy w trakcie meczu siedzi na trybunach, kibice podchodzą do niego, klepią go po ramieniu. Kuba, czekamy na ciebie. Wracaj. Wiem też, że jeśli zapytałabym go o te oznaki olbrzymiej sympatii, usłyszałabym, że mógłby bez nich żyć. Zgadłam, tak odpowiedział. Raz tylko się wściekł, gdy w czasie jazdy ktoś z drugiego samochodu zaczął robić nam zdjęcia. Po meczu, gdziekolwiek by się nie pojawił, zawsze znajdzie się dla niego miejsce. Chociaż on zachowuje się wtedy tak, jakby wcale tego nie oczekiwał. Gdyby tego miejsca nie było, nie walczyłby o nie. Kiedy po jednym z meczów jednak znajduje się dla nas stolik w jednej z najbardziej oblężonych włoskich restauracji, rozglądam się dookoła i mam wrażenie, że wszyscy są zadowoleni, że tego wieczoru Kuba jest razem z nimi – czy też – że oni są razem z nim. Miłe.

Zauważyłam też, że mój bohater na zdjęciach, które robi sobie z kibicami, przybiera nie tylko różne pozy, ale i robi różne miny. Inną z dziećmi (rozanielona), inną z kibicami (serdeczna), a jeszcze inną, gdy atrakcyjna fanka robi sobie z nim selfie. Które z nich są najlepsze? Rzecz gustu, ale bezsprzecznie wszystkie są prawdziwe. Na żadnym nikogo nie udaje.

Z wielu postów oraz umieszczanych na internetowych blogach wpisów pełnych uznania i sympatii dla Blaszczykowskiego (starałam się nie czytać tych, które zieją agresją, złością czy niechęcią) wybrałam ten, który zaskakuje analitycznym podejściem do jego osoby:

W erze posuchy wypromował się piłkarz Kuba Błaszczykowski, długo czekałem, aż pojawi się ktoś o solidnym charakterze. Człowiek, który pokaże naszym antyfutbolistom, co to profesjonalizm i determinacja [...] Jako że jestem entuzjastą złotych myśli, przypomniały mi się słowa Napoleona: Dla moich Polaków nie ma rzeczy niemożliwych [...] Słuchając go, dochodzę do wniosku, że ten chłopak z Truskolasów ma w sobie coś, czego nie mają inni [...] Błaszczu nie tylko wierzy w marzenia, on z ogromną dyscypliną i rozwagą robi postępy, dąży do tego, by droga, jaką sobie wytyczył, stała się bardziej realna. Jakub Błaszczykowski nie jest równy nikomu, jest sobą i dobrze. Zadziwiająca jest przede wszystkim jego skromność. Mi jako kibicowi imponują słowa: Było dobrze, lecz jeszcze dużo muszę poprawić. Przecież już spełnił swoje marzenie, jest bardzo dobrym piłkarzem. Wygrał wiele: Mistrzostwo Polski z Wisłą Kraków, Superpuchar Niemiec z BVB, był najlepszym piłkarzem według kibiców BVB w 2008 roku i otrzymał wiele nagród oraz wyróżnień. Został kapitanem polskiej reprezentacji. Ma respekt do rywala i tego właśnie brakuje naszym zawodnikom. Tej prostoty i samokrytycyzmu. Jest nie tylko człowiekiem wybitnym jeżeli chodzi o umiejętności czysto piłkarskie... jest super człowiekiem (Krzysztof Łukaszewicz).

...że to niby o mnie? – na sto procent zapyta Kuba, czytając te słowa. No nie, bez przesady. Może to i przesada, ale kibicowi wolno więcej, prawda?

6 sierpnia 2014 roku w sparingowym spotkaniu Śląska Wrocław z BVB na cztery minuty przed końcem meczu, po stu dziewięćdziesięciu trzech dniach przerwy w graniu, Kuba wchodzi na boisko.

Kibice wstają z miejsc. Tak, to jednak jest miłość na całe życie – pomyślałam. Wzruszony Błaszczykowski wybiega na murawę, a kibice po raz kolejny skandują jego imię. Po meczu, już rozluźniony, kiedy udziela wywiadów, mówi, jak bardzo potrzebna była mu taka reakcja fanów i jak dużą niespodziankę zrobił mu Jürgen Klopp, kiedy na kilka minut przed końcem spotkania spojrzał w jego kierunku i zapytał: Chcesz wyjść na te trzy, cztery minuty? Wręczył mu też opaskę kapitana BVB. Gest symboliczny? Jürgen Klopp być może nie jest świadom, że w tamtym momencie po raz kolejny spełnił marzenie chłopca, którym kiedyś był i którym czasami jeszcze bywa Błaszczykowski: zawsze zwycięski.

Taksówkarz w Dortmundzie jest zaciekawiony, czy wiem, że hotel L'Arrivée, do którego jadę, to siedziba BVB. Kiedy słyszy, że wiem i – co więcej – że piszę książkę z Kubą, od razu pyta, czy zostanie ona przetłumaczona na niemiecki. Tak? To wspaniale, na pewno kupię. Niestety, mimo że się spieszę, zwalnia i zaczyna mi tłumaczyć, dlaczego Kuba jest tak ważny dla Borussii Dortmund. To prawdziwy wojownik, wie pani o tym? Czy wiem?

Kiedy w kwietniu 2013 roku po raz pierwszy przyleciałam na spotkanie z Błaszczykowskim, zamieszkałam właśnie w tym hotelu. Pewnego ranka pracujące w nim Polki przyniosły mi do pokoju kartki oraz zdjęcia i zapytały, czy mogłabym dać je Błaszczykowskiemu z prośbą o podpisanie. Im nie wolno tego robić. Oczywiście że to zrobię. Już w Warszawie dostaję od Kuby esemesa: Podpisałem, komu mam to zawieźć? – No nie wiem, zostaw w recepcji. – Ale komu? – pyta Kuba. – No nie wiem, napisz, że dla wielbicielek... Zaczął się śmiać: – To mam podpisać, że dla wielbicielki, tak? – No tak. Wiem, że w końcu Łukasz Piszczek im to wszystko wręczył. Szczerze mówiąc, byłam zdziwiona, że same nie podejdą, nie poproszą. W Polsce to by nie przeszło.

wrzesień 2014

MD Obserwowałam cię kilka razy, kiedy po meczu szedłeś do kolegów z drużyny. To nieprawdopodobne, jaką sympatią się tutaj cieszysz. Tam, gdzie jesteś, tam gromadzi się tłum wokół ciebie.

KB Dla mnie to jest normalne. Przychodzą, chcą autograf, zdjęcie itd., i tak idą do większości chłopaków...

MD Może rzeczywiście nieuważnie patrzyłam... Znany niemiecki raper M.I.K.I napisał o tobie bardzo emocjonalny kawałek, w którym śpiewa: „Bo Ty masz serce, a to dla nas, fanów, tak ważne. Napalony na kasę jak marionetka? Nie, Ty taki nie jesteś. Miałeś swoje oferty, mogłeś dostać dużo więcej. Jakubie Błaszczykowski, u Ciebie wygrało serce!". Jednym słowem, jesteś dla fanów BVB...

M.I.K.I, *Kuba, Kuba*

Prosimy, daj nam ich więcej.
Przypomina mi się Freiburg, tej akcji nigdy nie zapomnę.
Kto tak nie strzela, praktycznie nie ma prawa trafić kiedykolwiek.
Ale pieprzyć to, zdarza się. I tak jesteś gościu liderem.
Dumna południowa trybuna bez końca śpiewa o tobie.
Sześć lat temu trafiłeś do Dortmundu, dziś jesteś wart miliony.
Ale pieniądze to nie wszystko, jakie te miliony mają wartość?
Przy tych fanach i trenerze, który cię uwielbia.
Stajesz się legendą, gdy przy twoim pożegnaniu płyną łzy.
Chór fanów wykrzykuje twe nazwisko.
Jesteś bez wątpienia najsilniejszym Polakiem,
jakiego kiedykolwiek mieliśmy w Dortmundzie.
Przygotujcie mu koronę!

ref.:
Bo ty masz serce, a to dla nas - fanów - tak ważne.
Napalony na kasę jak Marionetka? Nie, Ty taki nie jesteś.
Miałeś swoje oferty, mogłeś dostać dużo więcej.
Jakubie Błaszczykowski, u ciebie wygrało serce! x2

Masz teraz 27 lat, twój kontrakt potrwa przez kolejne 5.
Wtedy będziesz tutaj 11 lat, silny przez cały ten czas.
Nie, ty każdego roku byłeś silniejszy, sam spójrz na swoje postępy.
Według mnie nawet Ronaldo nie dorasta ci do pięt.
Jakub Błaszczykowski albo Kuba - tak nazywa się ten człowiek.
Patrz! On biegnie, biegnie i biegnie - jego część boiska aż płonie.
Polski sprinter, skuteczny i efektowny.
Nawet po meczu we Freiburgu byliśmy z ciebie dumni.
W Polsce kapitan, u nas też postać pierwszoplanowa.
Wielu wcześniej mówiło: ,'Ej, ten Kuba potrafi tylko biegać''.
Ale jak on to robi! Spójrz ten facet prawie lata!
Gdy się rozpędzi, nikt go nie może dogonić.
To niesamowita sprawa, jakie on mecze dla nas zagrał.
I nie odszedł, nawet wtedy gdy pogrążyliśmy się w kryzysie.
Chór fanów wykrzykuje twe nazwisko.
Jesteś bez wątpienia najsilniejszym Polakiem,
jakiego kiedykolwiek mieliśmy w Dortmundzie.
Przygotujcie mu koronę!
(Okrzyk fanów)

Od 2007 roku jesteś jednym z nas.
Nasze flagi mają czarno-żółte barwy.
Jesteśmy chłopakami z Dortmundu. x2

KB Nie wiem, czy M.I.K.I jest znany, czy nie, ważne, że napisał taką piosenkę.

MD Znowu ta skromność?

KB To bardziej nieśmiałość. Nadal zdarzają się sytuacje, że człowiek nie wie do końca, jak się zachować. Choćby ostatnio – pewna pani zaczepiła mnie na ulicy i oświadczyła, że musi mnie przytulić, bo inaczej sobie nie daruje. Idę dalej, a tu znowu ktoś rzuca mi się na szyję.

MD To...

KB Z jednej strony jest szokujące...

MD Bez względu na to, jaka to pani?

KB Bez względu. *(śmiech)* Motywacje są najważniejsze. Bo to też znaczy, jak różne emocje wywołuję w ludziach. Pani zareagowała akurat tak, i to była supersprawa dla mnie. To było bardzo miłe.

MD Też jesteś tak serdeczny w stosunku do innych?

KB Trzeba zapytać innych...

MD Nie ma tu innych.

KB Mógłbym być nieobiektywny.

MD Masz wielu fanów, także wśród małych chłopców, którzy chcieliby kiedyś być tacy jak ty...

KB Zawsze staram się do nich wyciągnąć rękę, żeby zaczęli wierzyć, że to wszystko nie jest takie odległe, że czasami jest właśnie na wyciągnięcie dłoni. Jeżeli masz wewnętrzną wiarę, pozytywnie myślisz i robisz wszystko, aby coś osiągnąć, to nawet gdy się nie uda, rozczarowanie jest mniejsze, bo wiesz, że dałeś z siebie wszystko. Próbowałeś.

MD Widziałam twoje zdjęcia z Wrocławia, kiedy BVB przyjechało na mecz ze Śląskiem Wrocław, byłeś uśmiechnięty jak rzadko kiedy.

KB No byłem, bo to takie niesamowite uczucie. Po pół roku wracasz na boisko i znowu te emocje. Dawno nie byłem też tak zdenerwowany….

MD Jak się milion razy słyszy, że jest się fantastycznym, to jeszcze robi wrażenie?

KB Nie wiem, trzeba zapytać tego, kto coś takiego słyszy.

MD Ty słyszysz. Ludzie cię chwalą, kibice skandują twoje imię.

KB Gra grą, ale to, co sprawia satysfakcję, to jak ktoś podejdzie i powie, że szanuje mnie za to, jak gram, ale jeszcze bardziej szanuje mnie za to, jakim jestem człowiekiem.

MD Skąd wie, jakim jesteś człowiekiem?

KB Jak się kibic rozgląda, to dużo widzi. Kibica na dłuższą metę nie da się oszukać. Jak interesuje się piłką, to stworzy sobie zawsze jakiś obraz człowieka. W tym wypadku mój.

Eldo:

Kuba jest jedynym zawodnikiem, jakiego znam, który zawsze idzie do kibiców, którzy przyjechali kilkaset kilometrów na zgrupowanie reprezentacji i w pięciu przyszli postać przy płocie. Popatrzeć na trening. On ich nigdy nie przeoczy. To ważne, często ważniejsze niż wszystko, co poza tym robi dla innych. Z każdym bezpośrednim kontaktem i w każdej relacji Kuby z kibicem, którą odbywa nie jako zawodnik Błaszczykowski, ale jako osoba prywatna, ta więź staje się mocniejsza. To jest taki gościu, do którego młody kibic, podchodząc po autograf, nie powie: Kuba, tylko: proszę pana. Mimo tego, że Błaszczykowski nadal ma w sobie dużo chłopięcego wdzięku.

Sebastian Kehl:

My, Niemcy, nawet nie wyobrażamy sobie, jak bardzo jest popularny w Polsce. Widziałem to we Wrocławiu na meczu ze Śląskiem. To, jak zareagował na niego stadion, było niesamowite. Ludzie kochają go, ale on musiał sobie ciężko zapracować na to uczucie. Kocha swój kraj ponad wszystko i walczy dla niego na boisku – dlatego ludzie mu po prostu wierzą.

Lubię dzielić popularność z kibicami. Kiedyś jeden z nich zaczepił mnie po wygranej z Czechami w Chorzowie: Panie Kubo, piję za wasze zdrowie, ile wlezie. A rano i tak wstanę rześki i świeży – mówił. A kaca nie będzie? – zapytałem. Co pan, kac po takim meczu? Nie ma mowy. A i do roboty będzie się przyjemniej szło, żeby z kumplami jeszcze pogadać o spotkaniu („Przegląd Sportowy", grudzień 2012 r.).

Beny

(fryzjer Kuby w Dortmundzie):

Pierwszy raz spotkałem Kubę w zakładzie fryzjerskim. Obcinali sobie u mnie z Piszczkiem włosy. Nie poznałem ich, zapytałem, skąd są i czy pracują tutaj na czarno. *(śmiech)* Powiedzieli, że grają w piłkę w Dortmundzie. Tak się poznaliśmy. Potem Kuba zadzwonił, czy miałbym czas go ostrzyc (to był poniedziałek, ja mam zamknięty zakład). Czemu nie? Kubuś przyjechał – wtedy już wiedziałem, kto to jest.

Czasami mówi mi, jak chce mieć obcięte włosy, patrzę, czy mu będzie w tym dobrze. Jeśli tak, wtedy mu zrobię, a jak mi się nie podoba, to nie.

Ja bym mu minimalnie inaczej obciął włosy z tyłu, na szpic, a nie na okrągło. Ale jemu się tak podoba. Jak rozmawiamy, to najczęściej o Polsce i o piłce. Mam jednego z najlepszych klientów w Dortmundzie i z sercem na dłoni. Bo on myśli sercem. Nigdy nie odmówi. Dużo tu do salonu chłopców przychodzi i chcą od niego koszulki czy autografy. Jest przede wszystkim Kubą, a dopiero potem wielkim graczem BVB. Teraz, jak miał kontuzję, to był trochę cichy, ale tak to zawsze się śmieje. Każdy ma szacunek do niego.

Mam wśród klientów wielu Niemców, ale też Turków, i nigdy nikt nic złego o nim nie powiedział. To serdeczny, ciepły człowiek. Ma taką pozytywną aurę.

Nie rozmawiał ze mną o tragedii, która go spotkała. Raz opowiadałem mu o mojej mamie i że się z nią pokłóciłem, ale od razu zobaczyłem w jego oczach, że to taki temat nie bardzo dla niego. Więc szybko dodałem, że teraz między nami jest OK. Jego spojrzenie natychmiast złagodniało. Pierwsze, co zobaczyłem, jak przyszedłem do ich domu, to obraz na ścianie... stadion i mamę pod postacią anioła. To było super.

Dawid:

W Niemczech są dni, kiedy piłkarze rozdają autografy i stoi kolejka ze sto osób. Czas podpisywania: godzina. Z góry jest powiedziane: żadnych zdjęć. Podchodzi Niemiec: Kuba, możemy zrobić jakieś zdjęcie? Nie, dzisiaj żadnych zdjęć, to nie jest moja

Kuba Błaszczykowski po meczu z Rosją na EURO 2012, czerwiec 2012

Jest jedynym zawodnikiem, jakiego znam, który zawsze idzie do kibiców. On ich nigdy nie przeoczy. To ważne, często ważniejsze niż wszystko (Eldo).

Fragment piosenki niemieckiego rapera M.I.K.I o Kubie Błaszczykowskim:
Wszyscy liczymy, że zostaniesz w Dortmundzie na zawsze.
Prawa strona jest twoja, to tam sprawiasz rywalom problemy.
Cała trybuna południowa zawsze stoi za tobą.
My kochamy twoje sprinty, odbiory, dośrodkowania i waleczne serce.
I wszystkie bramki, które strzeliłeś.

Stadion Signal Iduna Park w Dortmundzie i kibice BVB, którzy uchodzą za jednych z najlepszych, najwierniejszych i najbardziej aktywnych na świecie

Mecz towarzyski: Polska-Litwa (2:1), 06.06.2014, Gdańsk

decyzja, tylko odgórne zalecenie, bo ty dostaniesz autograf i zdjęcia, a trzydzieści osób nie dostanie. OK, rozumiem. Idę z nim do restauracji w Polsce. Kuba przeżuwa mięso, a gość staje nad nim i pyta, czy może mu zrobić zdjęcie. W Niemczech nikt nie podejdzie do niego, jak siedzi przy stole, tylko dopiero, jak wstanie. Ale wszędzie jest szept: o, Błaszczykowski. Słucha. Nie podnieca się tym, ale nie da się tego nie słyszeć. Są jakieś teksty, miłe, niemiłe. O, idzie cwaniak – mówią na przykład. Dzisiaj przechodziliśmy przez Częstochowę i mnóstwo osób woła: Cześć, Kuba. Dziewczyny, kobiety krzyczą.

Arek:

Idziemy w Dortmundzie po jakąś grę do supermarketu, a tam gościu z blondyną. I zamiast się na nią gapić, to na niego: Kuba, Kuba. Idziemy do fryzjera, a wszyscy tam od razu w lusterka.

4 października 2014 roku jemy kolację we włoskiej restauracji, do której przyjechaliśmy tuż po przegranym meczu BVB z HSV Hamburg (0:1). Kuba obstawiał zwycięstwo... Kilka godzin wcześniej miałam okazję poobserwować go w roli kibica, kiedy razem oglądaliśmy mecz z trybun. Zweryfikowałam przy okazji jego pogląd, że najważniejsza jest siła spokoju. Ta bowiem obowiązuje przez pierwszy kwadrans meczu, potem Kuba zaczyna komentować grę na boisku, w ruch wchodzi jedna noga, potem druga. W międzyczasie w komórce Kuba zaczyna sprawdzać rezultaty innych grających w tym samym czasie drużyn. W przerwie idzie udzielać wywiadów...

O czym myślał, kiedy po skończonym meczu przemierzał boisko w drodze do szatni – samotnie, mimo iż co chwila zaczepiany przez kibiców? Czuł żal czy jednak pewność... że wróci jeszcze silniejszy?

październik 2014

MD Ktoś mi dzisiaj mówił przed meczem, że z HSV Hamburg BVB wygra 4:2.

KB Ja?

MD Było 0:1.

KB Ale jakbym grał, to byłoby 4:2. *(śmiech)*

Zamawiamy coś do zjedzenia.

MD Dbasz o to, co jesz?

KB Nie za bardzo, ale dbam o siebie... *(śmiech)* Dbam, jak mi się przypomni, ale nie codziennie. Jak idziemy do ludzi, to każdy z nas chce dobrze wyglądać. Ale bez przesady. Jak jestem w pracy, to mam to gdzieś, jak wychodzę, to...

MD A gdzie ty wychodzisz?

KB Do knajpy. Tak jak dzisiaj. Ale nieczęsto.

MD Koledzy mówią, że jak gdzieś idziecie, to zawsze siadasz w kącie. Dlaczego?

KB Staram się pozostawać niezauważanym.

MD Dlaczego?

KB Nie lubię być w centrum uwagi. Wolę usiąść z kumplami, pośmiać się, pożartować, i żeby oni też czuli się swobodnie. Chcę tego, czego mi na co dzień brakuje. Są ludzie mili, ale są i tacy, którzy tylko czekają na jakąś moją wpadkę. Nauczyło mnie doświadczenie, nieraz widziałem, jak to wygląda. Pijesz wodę, a mówią, że to wódka.

Tym razem siedzimy na środku restauracji, a kiedy kończymy kolację, do stolika podchodzi niemiecki kibic.

– Pan Błaszczykowski? Wszystkiego dobrego, wszyscy moi koledzy w Polsce podziwiają pana, przepraszam, że tak w prywatną sferę wchodzę. Jestem Niemcem, ale mam firmę w Polsce i wszyscy tam mówią: Patrzymy tylko na Borussię. Tam grają polscy piłkarze, Najpierw trzech, teraz dwóch. Czekam, kiedy pan z powrotem wyskoczy na boisko.

KB Będziemy się starać. *(śmiech)*

Kibic Dzisiaj mam urodziny, czy mógłbym sobie z panem zrobić zdjęcie?

KB Oczywiście.

Kibic Dziękuję bardzo. Pokażę chłopakom.

MD To jest fajne, bo nikt takiego kibica nie zmusi, żeby podszedł, powiedział miłe słowa.

KB Decydenci w słabszych momentach się odwrócą, a kibice zostaną i dobrze ci życzą. O tym będę zawsze pamiętał.

MD Słyszałeś, powiedział: Pan jest tu i tam. Jest nasz i wasz. To samo powiedział mi dzisiaj o tobie Mats Hummels.

KB Tak?

X.

AGATA

"Małżeństwo i rodzina są tylko i wyłącznie tym, co sami z nich czynimy".

CARLOS RUIZ ZAFÓN

Zanim poznałam Agatę, żonę Błaszczykowskiego, słyszałam, że Kuba miał sporo szczęścia, że trafił w życiu na taką dziewczynę jak ona. Agata to żona i matka wręcz idealna – powtarzał mi Jurek Brzęczek za każdym razem, kiedy była o niej mowa. Powtarzały ciotki i znajomi. Podczas naszego pierwszego spotkania przyglądałam się więc Agacie z zaciekawieniem. Bardzo miła, bardzo ładna i bardzo normalna. Ale dopiero w domu Błaszczykowskich będę miała okazję poznać ją lepiej... Jest śliczną, miłą i naturalną młodą kobietą. Na pewno imponuje tym, jaką jest matką.

Nie raz, nie dwa, kiedy oglądaliśmy telewizję, kiedy graliśmy w kości, kiedy wreszcie było miło... Agata zrywała się i biegła do swoich córek, gdy tylko słyszała, że coś dzieje się w ich pokoju. To normalne – tak przecież reaguje każda matka. Normalne, tylko że w takich sytuacjach nigdy z jej ust nie padło, że jest niezadowolona, że jest zmęczona, że chce się kimś wyręczyć. Gdy przyglądam się Agacie, nie mam wątpliwości, że takie kobiety jak ona powinny mieć dzieci, a dzieci powinny mieć takie matki jak ona. Dla Agaty dzieci są cudem... są tym, co nadaje sens jej życiu.

Żeby było jasne: Agata, która „udziela się" też z wielkim powodzeniem w kuchni, właśnie skończyła anglistykę.

Bardzo kocha swojego męża i nie wstydzi się tego przy wielu okazjach powtarzać.

Kiedy Kuba jechał na trening, a jego żona miała chwilę czasu dla siebie, wsiadałyśmy do samochodu i jechałyśmy do miasta. Robiłyśmy zakupy, czasem Agata musiała włożyć w sklepie szpilki, bo zanim je kupiłam, chciałam zobaczyć, jak wyglądają na zgrabnych nogach.

Zdarzało się też, że łamiąc wszystkie zasady zdrowego stylu życia, zjadałyśmy ciastka, omlety, lody, migdały w cynamonie i cukrze... Rekord pobiłyśmy 8 grudnia 2014 roku, w przeddzień meczu w Lidze Mistrzów Borussii Dortmund z Anderlechtem Bruksela, w którym Kuba miał zagrać po raz pierwszy po długiej kontuzji. Zrobiłyśmy sobie wtedy *no detox day*: hamburgery, ciastka, pasta jajeczna. *No limits*. Z radości. Jej mąż a mój współautor wreszcie wracał na boisko.

Dużo też ze sobą rozmawiałyśmy. O czym? O wszystkim. Dobrze ma ta dziewczyna poukładane w głowie. Nie zaszumiało jej tam od popularności męża, która z niejednej żony uczyniłaby żonę nieskromną.

A Kuba ma... chociaż nie muszę o tym pisać, bo on to doskonale wie. Napisać? OK, ma bardzo fajną żonę.

Alfabet Agaty Błaszczykowskiej

A – Agata

Błaszczykowska. Z domu Gołaszewska. Żona Kuby Błaszczykowskiego od 21 czerwca 2010 roku.

B – bałaganiarz

Jestem bardzo pedantyczna, a on wprost przeciwnie. Babcia zawsze mówi: Tyle lat uczyłam i to nic nie dało. Tam, gdzie stanie, jak wejdzie do domu, to, co zdejmie, to zostawi. Może to i dwa tygodnie wisieć, jemu to nie przeszkadza. Albo walizki. Wróci z Polski, położy w przedpokoju, leżą tydzień, leżą drugi. Ale ja już się nauczyłam, że nie będę tego za niego robić. Na początku robiłam, bo mnie to denerwowało, a teraz już nie zwracam na to uwagi. Ostatnio przychodzi: Kochanie, nie widziałaś mojego brązowego paska? Nie. Nie ma, chyba zgubiłem. Jakiś tydzień później otwiera walizkę, która leżała ze dwa miesiące. O, ile tu jest moich rzeczy, myślałem, że zgubiłem. Wczoraj leciał do Polski, wracam, nie mogę wejść do sypialni, walizka rozwalona w całym przejściu, a na każdym stopniu w łazience wszystkie ciuchy porozkładane. Nie wiem, co on robił. *(śmiech)*

Ta jego wada pogrubioną czcionką powinna być. Mimo że on uważa, że zawsze jest czysto.

B – bilety

Dla mnie jest najgorsze, że to zostało tak, a nie inaczej odebrane, a Kubuś powiedział, że nie będzie się tłumaczył, bo tłumaczy się winny. A przecież o tych biletach powiedział jako kapitan w imieniu drużyny, przecież to nie chodziło tylko o niego. Jak mogłem o tym nie powiedzieć – mówił – skoro jako kapitan muszę walczyć o dobro całej drużyny. W dzień meczu chłopaki przychodzą do niego do pokoju i pytają: Co z biletami? Jak w ogóle może być taka sytuacja? Jak Niemcy to usłyszeli, to nie chcieli wierzyć. Kuba chciał kupić lożę: chodźcie, chłopaki, złożymy się, nie prośmy związku. Ale dla tych, co mniej zarabiają, to był bardzo duży wydatek. Niemcy mówią, że u nich bilety dla rodzin piłkarzy są na pierwszym miejscu, bo zawodnik ma mieć wolną głowę i niczym się nie martwić. Później wejściówki dostają inni.

B – buntownik

Jego do tej pory boli, że został wyrzucony z domu. Nie był święty. Babcia tyle z nim przeszła. Nasłuchała się. Wiadomo, że po takich przejściach dziecku musisz ze trzy razy więcej uwagi poświęcić. Ja nie znoszę przemocy, agresji, i od razu mu powiedziałam, że jakby ze mną gdzieś poszedł i chciał się z kimś bić, to bym wyszła i nie chciała go znać. Ale od chwili, jak się poznaliśmy, nie było jeszcze takiej sytuacji.

C – charakter

On ma silny charakter. Nawet jak będą przegrywać 0:4, nigdy nie powie: Dobra, panowie, odpuśćmy sobie. Nawet w sparingach. On sobie nie wyobraża, jak można wyjść na boisko i nie walczyć. Nawet, jak to jest mecz o nic. Musiał się nauczyć, żeby powiedzieć: przepraszam. Ale idzie mu coraz lepiej. Jest wybuchowy. Jak czasami naskoczy na mnie, to zaraz przyjdzie i powie: Przepraszam, miałem gorszy dzień. Ale i tak zawsze ja jestem wszystkiemu winna. Jak tak czasami z mamą rozmawiam, to ona mówi: Dziecko, tak jest zawsze. Jak u nas hydrant na placu wywaliło, to ja też jestem temu winna. On też tak ma.

C – chillout

To mnie bardzo denerwuje, bo on jak nie gra na komputerze, to cały czas chodzi z telefonem. Jak wsiada do samochodu, to od razu mu się przypomina, że musi do wszystkich zadzwonić. Kiedyś był w kuchni, robił kawę, wołam raz, drugi, nic. Napisałam esemesa, od razu odpisał. Nieprawdopodobne.

D – dojrzałość

Bardzo wydoroślał. Oboje twierdzimy, że to jakiś cud, że dalej jesteśmy razem. Jak się poznaliśmy, to strasznie się kłóciliśmy. O bzdury. On się bardzo denerwował. Dziewczyny szybciej dojrzewają, a on miał dziewiętnaście lat, na chłopaka to nie jest zbyt dużo. Przetrwałam dużo takich sytuacji, że mi się śmiać chciało, a on z tego robił wielką tragedię. Chodziłam do liceum, w szkole miałam koleżanki i kolegów. Cały czas się złościł o tych kolegów. Jak ktoś do mnie napisał wiadomość, nawet o tym, co było w szkole, od razu sprzeczka.

D – Dortmund

Byłam załamana, co drugi dzień chciałam jechać do domu. Kuba miał po trzy treningi dziennie, wychodził po siódmej, wracał na godzinę po trzynastej i potem wracał po dziewiętnastej. Padnięty. Szliśmy zjeść, on szedł spać. Ale cały czas sobie powtarzałam: Wytrzymam, dam radę. To dla naszego związku. On też widział, że się męczę. Po miesiącu pojechałam do Polski na tydzień, żeby się psychicznie zresetować. Można było zwariować w tym hotelowym pokoju. Chodziłam na spacery wokół hotelu. Znałam już grafik sprzątaczek, śmiały się ze mnie, bo stale prosiłam o deskę do prasowania i prasowałam wszystko. Niemieckiego nie znałam, programy w telewizji tylko niemieckie. Książki wszystkie przeczytałam. Tragedia. Później, jak szukaliśmy mieszkania, to się cieszyłam i powoli wszystko zaczęło się układać. Jesteśmy już tu osiem lat.

D – dzieci

Gdyby tylko ktoś próbował coś złego powiedzieć na jego dzieci, to by go na pewno zabolało. To jego słaby punkt.

On bardzo wcześnie chciał mieć dzieci. Ojcem jest idealnym. Jak czasami na nich patrzę, to aż mi się płakać chce. Widać, jak Oliwia do niego podchodzi. On jej bardzo dużo czasu poświęca. Ona jest gaduła, a on z nią siada, wszystko jej tłumaczy. Ja się od razu denerwuję. Ona ma większe zaufanie do niego niż do mnie. Jak są jakieś sytuacje, na przykład idziemy do lekarza, to on jej obiecuje, że nie będzie bolało. A ona bardzo mu wierzy, nigdy jej nie zawiódł. To jest tak rozczulający widok, jak widzisz, jak on się córkami zajmuje.

E – emocje

U niego jest jedna rzecz, z którą ja walczę i próbuję ją zmienić. Po śmierci mamy poczuł, że jest sam na świecie, że nikt go nie rozumie. Nikt nie będzie mu w stanie pomóc. Jak był problem, to nie potrafił o nim rozmawiać. Widzę, że chodzi smutny, zmartwiony, co się dzieje? Nic. No, jak nic? Nic się nie dzieje. Pracuję nad tym dość długo i dopiero ostatnio mi przyznał, że nie potrafi inaczej, bo życie nauczyło go tego, że jak jest problem, to on go musi sam rozwiązać. Ale nie jesteś sam, masz mnie, ja jestem po to, żeby cię wysłuchać, żeby pomóc. A on: Po co ja mam cię obarczać swoimi problemami? Tłumaczę mu, że może mieć we mnie wsparcie, że po coś tę rodzinę ma.

F – fotografie

Przeglądałam zdjęcia jego mamy i też ani jednego nie widziałam, na którym byłaby uśmiechnięta. I tak z babcią Felą ostatnio rozmawiałam, bo tutaj, w Niemczech, są kubki z podobiznami piłkarzy. I Kuba na jednym z nich nie jest smutny, ale nie jest też uśmiechnięty. Ma taki zamyślony wyraz twarzy i babcia Fela mówi, że nie może na to patrzeć. Bo jak patrzy, to zdaje jej się, że jest smutny, i od razu jej się Hania przypomina. Na każdym zdjęciu była smutna.

G – Gadu-Gadu

Kojarzysz taki komunikator Gadu-Gadu? Mój przyszły mąż do mnie tam napisał. Zapytał, czy mam numer telefonu do jego kolegi, z którym grał w drużynie. *(śmiech)* Wcześniej spotykał się z siostrą mojej koleżanki. Znowu do mnie napisał, jak zaczął trenować z Wisłą Kraków, chciał się spotkać, ale wyjeżdżał na obóz na Cypr. Wrócił i się spotkaliśmy.

G – goście

Goście u nas w domu? Z tego, co on opowiada, to u babci też tak było. Nawet to, że babcia ma dużo dzieci, wnucząt, prawnucząt. U niej zawsze ktoś siedzi, weźmie sobie herbatę, sam sobie zrobi coś do jedzenia, otworzy lodówkę. To bardzo otwarty dom i on zawsze powtarza, że tak to zapamiętał i chciałby, żeby w jego domu też wszyscy się tak dobrze czuli i komfortowo. A poza tym my jesteśmy daleko i skoro nie możemy jechać do nich, to on chce, żeby wszyscy do nas przyjeżdżali.

G – gust

Ja sama kupuję mu ubrania, znam jego rozmiary i gust. Ale potrafi wystroić się sam. Ostatnio stwierdził, że jak prasuję, to powinnam układać mu całe zestawy. *(śmiech)* Mówię: No nie, bez przesady. Ale zawsze jak coś kupuje, to się pyta, czy mi się podoba. Ale jak jemu się podoba, a mnie nie, to zaraz się uprze i mówi: Zresztą po co ja się ciebie pytam, jak ty się nie znasz. Zawsze wychodzi na jego. *(śmiech)*

K – Klopp

Swojego czasu śmiali się, że Klopp to taki jego tatuś. Tak samo było z Dollem, z Beenhakkerem. Kuba da się lubić, jest otwarty, pożartuje, pośmieje się. Jak jest napięta atmosfera, stara się ją rozładować, a jak trzeba wstać i uderzyć w stół, to też to zrobi. Zrobi to, co myśli, za to chyba go szanują. Z trenerami zawsze miał dobry kontakt. Jurek [Brzęczek] mi powiedział, że wydawało mu się, że jak Kuba słabiej grał, to Klopp go zdejmował, żeby wzbudzić w nim tę sportową agresję.

K – kompromis

Tak, tak zakręci, że zawsze wyjdzie na jego. Może to jakaś moja wada, że jestem uległa, ale trzeba też iść na kompromis. Wiedziałam, na co się piszę. W życiu się nie spodziewałam, że tak to wyjdzie. Jak tu przyjechaliśmy, to BVB była na trzynastym czy piętnastym miejscu, ale później te Mistrzostwa Niemiec, finał Ligi Mistrzów. Miłe wspomnienia na całe życie.

K – kontuzje

Jak był kontuzjowany, to nie potrafił sobie poradzić z adrenaliną, z emocjami. Szedł spać o piątej czy o szóstej rano. Bo jak regularnie trenujesz czy grasz, to się wyżyjesz na boisku. On wyprawiał wariactwa na siłowni, ale nie można tego porównać z wysiłkiem na meczu.

W ostatni poniedziałek (tuż przed kolejną kontuzją) rozmawialiśmy i mówię: Tyle czasu byłeś w domu, teraz w piątek znowu się zacznie. Pewne było, że on się pakuje i jedzie z drużyną na zgrupowanie. A to się stało we wtorek [9 października 2014 r.]. Za pierwszym razem podszedł do tego, że tak się stało, i tyle. A teraz miał inne nastawienie, był pewny, że wraca, czuł się super fizycznie. A tu kolejna kontuzja.

Wtedy nie wchodzę mu w drogę i jak zejdzie z niego to wszystko, to sam przychodzi. Już się tego nauczyłam. Ja zauważę, że jest zły, bo albo ma taki wyraz twarzy, że od razu można zauważyć *(śmiech)*, albo jest jakieś odburkiwanie. Ale jak go spytasz, co się stało, to i tak ci nic nie powie. Raz rozmawiał z Jurkiem chyba z półtorej godziny przez telefon, pytam, co u Jurka. Nic. To rozmawialiście o niczym przez półtorej godziny? Dopiero wtedy zaczął mówić.

K – kuchnia

Murzynek, bo od razu mu się z mamą kojarzy. Bardzo lubi chili con carne, lasagne. Raz dla mnie zrobił crème brûlée i to był najlepszy, jaki jadłam.

L – lekcja

Wszyscy znają już jego historię, ale chciałby pokazać innym, że nawet po takim przejściu możesz zajść wysoko. To taka lekcja dla innych. Potrafi już o tym mówić otwarcie. Chociaż z kolegami chyba za bardzo o tym nie rozmawiał.

Każdy wie, co się stało, ale każdy boi się zapytać. Chyba faktycznie wiedzą o tym tylko najbliżsi.

N – nieporozumienia

My się w ogóle nie kłócimy. Są sprzeczki, ale to jest normalne. Przy ludziach to nie wchodzi w grę. Nawet jak jesteśmy w towarzystwie i coś nam się nie spodoba, to zawsze o tym rozmawiamy albo w samochodzie, albo już w domu. Jeśli już, to tylko jakieś delikatne zwrócenie uwagi, bo to od razu pożywka dla innych.

Mało się kłócimy, bo jesteśmy tu sami. Jakbym była w Polsce, to zabieram się, jadę do kogoś, a tutaj? Nie ma szans, dlatego, jak jest problem, to od razu go rozwiązujemy.

O – ojciec Kuby

Wioskę obok mieszkał. Jak wyszedł z więzienia, to Kuba się z nim nie widział. Ale kiedy się spotkali, to pamiętam, że zadzwonił do mnie i mówi: Widziałem się z ojcem. Rozłączyło nas. Ja się zdenerwowałam, bo miał taki dziwny głos. Kiedyś zawsze mówił, że nie wie, jak zareaguje, kiedy go spotka. Jak ojciec zmarł, to powiedział, że jednak cieszy się, że się z nim spotkał, bo ma czyste sumienie, i że zadał mu te pytania, które go męczyły. Nie uzyskał na nie odpowiedzi, ale był uspokojony, że z siebie to wszystko wyrzucił.

P – popularność

On za bardzo nie udziela się w mediach. Najbardziej byłam zaskoczona, jak ostatnio byliśmy w Dubaju. Wchodzimy do galerii i jakieś chłopaczki za nami idą. W życiu by mi do głowy nie przyszło, że tam go poznają. W końcu podeszli i pytają, czy mogą dostać autograf. Niemożliwe – mówię – nie, pewnie im się coś pomyliło. On: Tak, pomyliło się! Ze trzy osoby podeszły. A jak byliśmy na Sardynii: Ty jesteś kapitanem reprezentacji Polski – pytali? Tak. To robi wrażenie.

Tutaj jest inaczej, jesteśmy na obiedzie, ktoś podejdzie, Kuba mówi: Przepraszam, jem obiad. W Polsce jakby tak powiedział, to od razu: gwiazdor wielki, nie ma czasu zrobić zdjęcia.

P – poznanie

Miałam szesnaście lat. Znaliśmy się z widzenia. On grał w KS Częstochowa, a mój tata był działaczem Rakowa Częstochowa, ich największego rywala. Byłam z koleżankami w pubie. Z kolegami Kuby znałam się wcześniej i pamiętam, że raz z nimi przyszedł. Wszedł taki zakapturzony, Tomek nas poznał i tyle.

P – problem

On ma łatwość w rozwiązywaniu konfliktów. Jak ja w czymś widzę problem, zaraz mówi: To żaden problem, można z tego wyjść. Jak Oliwia zaczęła chodzić do przedszkola, bardzo płakała, ciągle mówiła, że boi się pani, że boi się rozmawiać po niemiecku, to on się śmiał, że mam fajne życie, że mam tylko takie problemy.

P – przyszłość

Wrócimy chyba do Polski, Kuba jest bardzo rodzinny. Twierdzi, że nie będzie nic robił, jak skończy grać. A ja mu mówię: Tak, przez tydzień, bo potem cię rozniesie energia. Mówi, że musi sobie znaleźć takie zajęcie, żeby czuć adrenalinę, jakieś rajdy czy coś. Powiedział, że idealnie by się w KSW odnalazł, ale ja bym chyba na zawał na stare lata zeszła. On uwielbia KSW, twierdzi, że byłby w tym dobry.

R – randka

Umówiliśmy się w Częstochowie w samym centrum. Stoję, rozglądam się, nie ma go, dzwonię i pytam: Gdzie jesteś? No tu, ja też. Nie poznaliśmy się. Ja stałam, a on siedział w aucie przede mną i nie poznaliśmy się. Spotykaliśmy się ze trzy miesiące, ale niezbyt często, zanim zaczęliśmy razem być.

R – rękawiczki

Po tym naszym pierwszym spotkaniu patrzę, a tu rękawiczki w pubie ktoś zostawił, wzięłam do domu, potem pytam barmanki, czy ktoś się po nie zgłosił, mówi, że nie. Wyrzuciłam. I ze dwa lata temu jedziemy samochodem, wracamy do tego, jak się poznaliśmy, mówię, że ktoś wtedy zostawił rękawiczki, a on: Takie Nike'a czarne? To były moje rękawiczki i ja tyle na nie zbierałem.

R – romantyzm

Ja mu zawsze mówię, że nie jest romantyczny. Oni z moją mamą się śmieją, że się dobrali, bo ani on, ani moja mama nie są romantyczni. Na początku był bardziej romantyczny, ale to wiadomo. Mówi: A co, mamy siedzieć i oglądać komedie romantyczne? Nie, nie o to chodzi. Nieromantyczny to złe określenie, on po prostu nie jest wylewny, jeśli chodzi o okazywanie uczuć.

Ale wiem, że jak przyjdzie i powie: Kocham cię, to jest tak w stu procentach szczere.

S – szczerość

Super nam się rozmawiało, jak się spotkaliśmy. Od początku był bardzo, bardzo szczery. Ja w nim to podziwiam, bo nie każdy potrafi powiedzieć wprost wszystko, co myśli – każdy jakąś maskę zakłada. A jak ktoś o nim źle mówi, to faktycznie, po nim to przysłowiowo spływa.

T – taniec

Tańczymy razem tylko na weselach albo na jakichś rodzinnych imprezach. *(śmiech)* Zawsze jest tak: Pobawię się. No to chodź – idziemy tańczyć. Nie, jeszcze za wcześnie. Albo nie, po północy. Żeby potańczyć, to na dyskoteki z kolegami, nie z żoną. *(śmiech)* Raczej obserwuje.

Nam się razem niezbyt dobrze tańczy. A słyszę, że super się z Kubą tańczy. Teraz jest już lepiej, bo ja mu się do tańca nie wtrącam. On jak sobie w myślach liczy, to jest OK, a jak się zapomni, to bach, w drugą stronę. Śmieją się z niego, bo nie był za dobrym tancerzem i zawsze było widać, że sobie liczy kroki. Ale tak na dyskotece to raczej nikt go nigdy nie zobaczy tańczącego.

T – teściowa

Mama jak poznała Kubę, to od razu go zaakceptowała. Mają bardzo dobry kontakt. Nie spodziewałam się, że tak to się ułoży. Ale wydaje mi się, że odnalazł w niej bratnią duszę. W jakimś stopniu na pewno zastępuje mu mamę.

T – teść

Jak się poznaliśmy, to chodziłam do liceum. Zawsze musiałam być o dwudziestej drugiej w domu. Tacie długo nie mówiliśmy, że się spotykam z piłkarzem, bo on ma wyrobioną opinię na ich temat. Bał się bardzo, że ktoś mnie skrzywdzi.

T – Truskolasy

Pojedziemy do mojej babci, tam, gdzie się wychowywałem – powiedział pewnego dnia. Podjeżdżamy, patrzę, w oknie z dziesięć osób stoi. Ja przerażona. Mówiłeś, że tylko parę osób. No

grzymi mogliby się spotkać. Kuba ma już chyba dosyć, ale my tu codziennie kartki dostajemy ze wszystkich stron. Chociaż najczęściej ze Śląska. Kuba jest bardzo uczuciowy. Mówił ci, że nie jest?

A skąd by to się wszystko brało, jakby nie był? A teraz ten chłopczyk, Dominik, o którego życie walczą, a ta dziewczynka we Wrocławiu. Zawsze wtedy mówi: Babciu, gdyby nie wy, to co by z nami było? Znaleźlibyśmy się w domu dziecka. Nigdy o tym nie zapomnę. Muszę pomagać. Odpowiadam mu: Dziecko, choćby mi przyszło wziąć worek i po prośbie iść, tobym poszła, a jeść bym wam dała. Kuba lubi wspierać, jest uczulony na biedę i nieszczęście.

Dawid:

Kuba charytatywnie niczego nie robi po to, żeby ludzie o tym wiedzieli i żeby mówili: jaki jest dobry. Kiedy był młody, to zawsze powtarzał: jak będę miał pieniądze, to będę pomagał. Często słyszeliśmy też od babci: popatrz na tych, na tamtych, gdybym miała pieniądze, to bym pomogła.

Pytany o to, dlaczego wsparł akcję charytatywną WOŚP, Błaszczykowski odpowiada: [...] od polityki trzymam się z daleka. Ktoś niemądry próbował mnie kojarzyć z tą czy z tamtą partią. Nonsens. A akcje Owsiaka popieram tak jak każdą pomoc dla małych i dużych. Nie wiem, o co chodzi politykom, i nie chcę wiedzieć. Są ludzie potrzebujący pomocy i jeśli człowiek ma okazję pomóc, to pomaga. Każdy z nas otrzymał kiedyś jakąś pomoc – materialną lub inną. Dlatego trzeba dzielić się nią z tymi, którzy jej potrzebują. To poza wszelką dyskusją. („Przegląd Sportowy", styczeń 2013 r.).

Każdego roku Kuba bierze udział w ogólnopolskiej akcji „Szlachetna Paczka" (setki tysięcy ludzi przygotowuje paczki dla potrzebujących w okresie Świąt Bożego Narodzenia), do której włącza się coraz więcej Polaków: „Chcemy zwrócić uwagę Polaków, aby patrzyli na »paczkę« nie tylko przez pryzmat prezentu, lecz tego, że to przyciąganie człowieka do człowieka – mimo tego, że się nie znamy – budujemy więź między pomagającymi a obdarowywanymi. W ten sposób wspólnie zmieniamy nasz kraj na lepsze". Brzmi oficjalnie, ale za tą akcją kryje się olbrzymie zaangażowanie wszystkich uczestników. Byłam znowu w Dortmundzie, kiedy Kuba jechał na spotkanie z polską ekipą telewizyjną, żeby nakręcić materiał promocyjny do „Szlachetnej Paczki". Wrócił po paru godzinach. Nie powiedział nic. Wiadomo. Ale obie z Agatą widziałyśmy, że jest zadowolony.

Październik 2014 roku, Dortmund

MD Charytatywna działalność...

KB Wiesz, że nie lubię tego tematu.

MD Wiem, ale wiesz, że i tak zapytam.

KB Tam, gdzie są media, zbyt wiele rzeczy robi się pod publiczkę. Brzydzę się tym. Jak coś robisz, to robisz to dla tych dzieci i nie musi o tym wiedzieć milion innych osób. Wreszcie robisz to bezinteresownie. A jeśli chcesz coś na tym ugrać, to... wiesz, jak chciałbym dokończyć...

MD Truizm, ale przykład idzie z góry...

KB Na krzywdzie innego człowieka nie chciałbym budować swojego wizerunku i nigdy tego nie zrobię.

MD Ale jeśli ma się czyste intencje, to powinno się wołać głośno: Kopię piłkę, ale też pomagam! Tak powinien zachowywać się każdy przyzwoity człowiek…

KB Ci, którzy mają wiedzieć, że pomagam, to wiedzą. Przy okazji zauważyłem, że ci, którzy najmniej krzyczą, to często najbardziej tej pomocy potrzebują. I jedyna rzecz, o jakiej wtedy myślę, to że życie jest bardzo niesprawiedliwe.

MD Co dzieje się z Dominikiem, któremu pomagasz?

KB Wszystko idzie zgodnie z planem, przyjął pierwszą dawkę terapii, teraz jest już w domu [leczenie musi być kontynuowane, Dominik przebywa na kolejnej terapii w jednej z niemieckich klinik – M.D.]. Ale jeszcze trzeba trochę poczekać.

MD A co dzieje się z jego imienniczką?

KB Tu nie ma dobrych wiadomości. Jak patrzysz na chore dziecko i na to, jak ono cierpi, jak to wszystko dzielnie znosi, to ciężko z tym sobie poradzić. Masz milion myśli na minutę. Znasz mnie i wiesz, że jak ja już się zaangażuję, to nie tak, że tylko zdjęcie i do widzenia. Dopiero teraz dowiedziałem się, że powiedziała mamie: Ja bym tego spotkania nie zamieniła na nic innego. Kiedy ostatnio grałem z nią w chińczyka, była już bardzo słaba… tego się nie da opisać. To jest bardzo ciężkie. Cały czas do siebie piszemy.

MD Osób zwracających się o pomoc jest wiele…

KB Często kieruję się intuicją. To tak jak w przypadku Dominika. Miał przyjechać z innymi chorymi dziećmi do Grodziska Wielkopolskiego na zgrupowanie reprezentacji. Ale lekarze mu nie pozwolili i od razu postanowiłem, że nie może być poszkodowany. Zdecydowałem, że po meczu pojadę do niego do szpitala. Cały czas coś się kręci. Mieliśmy pod swoją opieką dwóch braci z domu dziecka. Musieli z niego odejść, kiedy skończyli osiemnaście lat. Trenują teraz w Rakowie Częstochowa. Jeden z nich, Łukasz, to bardzo fajny chłopak, grzeczny, ułożony. Mają po rodzicach mieszkanie i właśnie je wyremontowali. Koledzy trochę pomogli i fajnie teraz sobie żyją. Łukasz był w Dortmundzie na testach.

MD Bycie potrzebnym to jedno z najwspanialszych uczuć, jakie się nam przydarza...

KB Tylko żeby to zawsze kończyło się dobrze. Wtedy to sprawia satysfakcję. Ale jak wiesz, że nie ma dobrego zakończenia, to podcina ci to skrzydła. W międzyczasie wiążesz się emocjonalnie z chorym dzieckiem i ciężko jest potem żyć. Dla mnie to megatrudny temat.

MD Pomyśl o mamie, jaka byłaby dziś dumna.

KB Oczywiście, że mama byłaby dumna. Tylko jak jest pozytywnie, to myślisz pozytywnie, a jak od tych, którym pomagasz, zaczynają nadchodzić negatywne wieści, to ty też zaczynasz się dołować. Bo wychodzi na to, że aż tak bardzo nie pomogłeś.

Błaszczykowski jest też pomysłodawcą i głównym organizatorem Ogólnopolskiego Turnieju Halowej Piłki Nożnej Młodzików rozgrywanego w jego rodzinnych Truskolasach (pierwszy odbył się w 2006 r.). Najlepsi otrzymują medale z podobizną Kuby, który jest też fundatorem turniejowych nagród.

To wszystko zaczęło się dość niewinnie. Postanowiliśmy z bratem, że zorganizujemy jakiś turniej, i tak wyszło. Czas szybko leci, to już kolejna edycja, widać, że jest duże zainteresowanie, co ogromnie cieszy. Fajnie, że mogę tu być i dzięki temu pomóc któremuś z chłopaków, dla których może to być impuls do prawdziwego grania w piłkę. Przecież ja sam tak niedawno zaczynałem. Życzyłbym sobie, żeby chociaż jedna osoba grająca na tym turnieju zaistniała kiedyś w piłce (ze strony JB, grudzień 2011 r.).

Każdy spośród tych naprawdę znanych graczy ma, co oczywiste, swoich „naśladowców" także poza boiskiem. Słuchać muzyki, której słucha ulubiony piłkarz, nosić się tak jak on i tak zaczesywać włosy. To już połowa ewentualnego sukcesu... Kuba lubi się podobać, nawet jeśli się do tego nie przyzna, i pewnie też kiedyś na kimś się w tym względzie się wzorował. Włosy to dla każdego mężczyzny poważna sprawa i dlatego nieprzypadkowo ułożone są raz w jedną, raz w inną stronę. Żel jest zawsze pod ręką. Jeśli chodzi o ciuchy, to w ich dobieraniu widzę u Kuby coraz większą nonszalancję. To dobry kierunek. Błaszczykowski lubi T-shirty i nosi te z Jamesem Deanem i z Myszką Miki. Z seksownymi dziewczynami też. Przeglądając fotograficzne archiwum Kuby, zdjęcia ogólnie dostępne, ale i „dokumentację" przesłaną mi przez jego żonę, teściową i przyjaciół, nie mogę nie zauważyć, jak Błaszczykowski z chłopaka, jak on to mówi, „ze stajlem", wizerunkowo przeobraża się w mężczyznę, który równie naturalnie wygląda na treningu, jak i w luksusowych reklamach Bossa czy Nike'a.

sierpień 2014

MD Masz fajną fryzurę...

KB Nie przywiązuję wielkiej wagi do wyglądu.

MD Nie? Zwróciłam uwagę, że jak jest zimno, to ty na boisku zawsze w rękawiczkach. Ostatnio w takich rajtuzo-getrach... delikatny jesteś?

KB Nie, ale nie lubię, jak mi w czasie meczu coś przeszkadza, to znaczy jak mam zimne ręce. Odbiera mi to koncentrację.

MD Rękawiczki w czasie meczu nie przeszkadzają?

KB Zależy jakie. Te, które my mamy na boisku, nie przeszkadzają.

MD Są ze skóry?

KB Nie, z tworzywa. *(śmiech)* W każdym razie nie takie z kuchni…

MD Co ty w ogóle wiesz o kuchni?

KB Zostawiam w niej rzeczy, jak wracam z treningu. Nie, tak serio, to lubię coś pokroić, ale muszę mieć ochotę…

MD Ty na wszystko musisz mieć ochotę, to już wiem…

KB Nie mam problemu, żeby w kuchni coś zrobić. Obrać. Kiedyś próbowałem nawet sushi przygotować. Robię to rzadko, nawet rzadziej niż rzadko, ale staram się. A tak przy okazji, to jakie mielone robisz?

MD Według przepisu mamy.

KB Z cebulą?

MD Tak. Bardzo drobno posiekaną i wtedy nie wychodzi z kotletów. A zmieniając temat na też przyjemny, to jakie kobiety ci się podobają?

KB Proste pytanie, ale i trudne pytanie. Wizualnie kobieta może się podobać, ale charakterologicznie nie pasować. Może być zarówno blondynka, jak i brunetka. Zgrabna, zadbana, bo pierwsze wrażenie to jednak to wzrokowe.

MD Silne kobiety są wyzwaniem dla takiego mężczyzny jak ty?

KB Mam charakter przywódcy, lubię, gdy są…

MD …uległe?

KB Nie do końca. Chociaż z reguły muszę postawić na swoim. Ale żona naprawdę świetnie sobie ze mną radzi. Wie, kiedy lepiej ze mną nie rozmawiać.

MD Chcesz czy nie, ale coraz częściej stajesz się bohaterem plotkarskich portali: piszą, że masz czerwony samochód, że lubisz się z tym, a nie znosisz z innym kolegą z boiska...

KB Nie interesuje mnie to, bo co może powiedzieć o tobie osoba, która cię nie zna. Kiedyś może bym się tym przejmował, ale teraz? Wiem, jak najbliżsi mnie odbierają, i to jest dla mnie najważniejsze.

MD Przeglądasz się w oczach innych ludzi?

KB Nie. Przeglądam się w lustrze.

MD Co widzisz?

KB Siebie. Wiesz już o mnie wszystko albo prawie wszystko. *(śmiech)*

MD Więcej już się nie dowiem?

KB Masz jeszcze kilka rzeczy do odkrycia. *(śmiech)*

Tomek:

Ciężko mu dogodzić nowościami. Chciałbym zrobić coś nowego, wykwintnego, a on by chciał mielonego, schabowego, ziemniaki. Ale jak chcę go na przykład namówić na roladki ze szpinakiem czy coś fajnego, słyszę: Zrób, k..., schabowego.

Dla niego kuchnia w Kubaturze to azyl, ucieczka od ludzi. Mam jego zdjęcia w fartuszku. Dużo ludzi jak wejdzie w nasze towarzystwo, to myśli – wariaci. Bo jak my gadamy, to tylko my wiemy, o czym. W naszym gronie to on zazwyczaj podpuszcza: A nie zrobisz tego... a nie dasz rady... Ja mu zawsze mówię, że on wygląda jak Barney z Flinstonów. Nawet taką ksywkę miał w reprezentacji. Śmieję się z niego, bo on często się mnie pyta, czy mam żel do włosów. Zawsze musi mieć fryzurkę zrobioną. Wypachniony. Na co dzień klapki, spodenki, ale jak już gdzieś idzie, to bardzo się na sobie koncentruje.

Chcę jeszcze powiedzieć o tej jego normalności. Ludzie z zewnątrz uważają, że mu odwala, bo nie chce sobie zdjęcia zrobić albo że nie da się z nim w każdej sytuacji porozmawiać. Ale jak on ma komuś obcemu opowiadać, co u niego? Ja czasami się dziwię, że jemu się chce, jak ktoś go zaczepi, że tak stoi i gada dziesięć minut.

Teresa:

Pamiętam historię z adidasami. Chciał sobie wtedy kupić buty za trzysta pięćdziesiąt złotych. Babcia jak to usłyszała, o mało zawału nie dostała. A on: Babciu kochana, ja ci to oddam. Nawet z nawiązką. Babcia dała mu na te buty. Ciężko pracowała i wszystko, co miała, na książeczki im wkładała. Póki będę żyła, będę im pomagała – powtarzała.

Dawid:

Z reguły poranki wyglądają u niego tak, że wstaje, klaszcze, śpiewa, zęby myje, chodzi po domu, kawkę wypije. Komputer włączy. Jak jesteśmy razem, to zaraz chce, żebym z nim zagrał. Chodzi w moich laczkach po domu, potem wyjdzie w nich na dwór. Nie zwraca uwagi na takie rzeczy.

Na Święta Bożego Narodzenia ułożyliśmy taki wierszyk, w którym jest coś z prawdy o nim:

Cieszą się Brzęczkowie,
Cieszą Błaszczykowscy
Że nasz Kubuś kiedyś,
strzelił bramkę Rosji.
Dobra, koniec żartów,
on jest królem fartów.

REF.: Kuba, Kuba Błaszczykowski,
on uważa, że jest boski.
A nasz Dawid to ciasteczko,
lekki jak pióreczko.

Musisz nam kiedyś załatwić wybieg i wtedy wyjdziemy we dwóch. Tylko że ja powinienem być zakryty, bo jak się rozbiorę, to nie mam żadnej muskulatury. *(śmiech)*

Czy jest zabawowy? On raczej nie tańczy na masówkach. Powoli wchodzi w lepszy rytm, początki były ciężkie. Dwa na jeden. W grudniu wracaliśmy z Dortmundu do Polski na wesele kolegi. Było około pierwszej w nocy i mówimy: To zatrzymajmy się we Wrocławiu, kawalerskie sobie w klubie zrobimy. Lożę nam dali taką zamkniętą i super było, ale po półtorej godziny wyszliśmy zobaczyć parkiet. Przychodzi didżej i pyta: Czy możemy cię powitać i oficjalnie powiedzieć, że tu jesteś? Kuba: Nie, nie ma takiej opcji. Zdjęcia tym bardziej nie. Nieraz słyszy wtedy: cwaniak, gwiazda. Weź go stąd lepiej, on tu nie będzie miał życia – usłyszałem od tego prezesa klubu.

Małgosia:

On lubi z nami usiąść tak jak kiedyś, gdy byli dziećmi, żeby pograć w chińczyka czy w kości. Uwielbia wspomnienia, jak z kolegami broili czy jak z mamą przychodzili do nas w soboty. Robiliśmy wtedy jajecznicę na maśle z kiełbasą. Siedzieliśmy razem. Z dziecka to na pewno został mu śmiech.

Teresa:

Osiągnął dużo, a nadal jest normalnym człowiekiem. Bardzo pomaga ludziom. Nie szpanuje nigdy, jest zawsze sobą. Kocham go za to bardzo. Jakieś problemy w naszej rodzinie, a wiadomo, wszędzie takie są, to ja uczę się od niego, że mamy to załatwiać między sobą.

Czasami siostra czy brat cieszy się z krzywdy albo nie chce pomóc, a u nas tego nie ma. Jedno za drugim w ogień by wskoczyło, każde chce drugiemu pomóc, nie tylko finansowo, ale choćby dobrym słowem. I jak rozmawiam z nim czy słyszę, jak on z kimś rozmawia, to potem myślę, co powiedział, i dużo uczę się od niego. Zło, które kiedyś w nim było, przerodziło się w dobro. Pytasz, jakie słowo kojarzy mi się z Kubą? Picziwole, to jakieś przekleństwo, które często powtarza. *(śmiech)*

Dawid:

Wydaje mi się, że on nie ma dużych wymagań od życia. Że musi do końca życia jeździć mercedesem? Chyba nie. Zawsze mówi, że jak już skończy z graniem, to będzie można jechać na długie wakacje i nikt nie będzie nam przeszkadzał. Najważniejsze, żebyśmy byli niezależni i robili to, co chcemy.

Sodowa? Szczerze? Nie przypominam sobie. Nawet jak wchodził do Wisły Kraków nie było tak, żeby nadużywał tego, że gra w takim klubie. Ale wiesz co, zaczynam dostrzegać jedną rzecz... Jak trzeba coś załatwić, nie zważa na to, że należy jechać wcześniej, bo on uważa, że i tak da się to załatwić. Czasami jest tak, że mówię: Słuchaj, trzeba jechać złożyć wniosek, a on: Ja nie potrzebuję żadnego wniosku. Na przykład umawiamy się na czternastą, mówię: Jedziemy, a on: Poczekają. – Jak poczekają? Mamy być na czternastą. – Nie, poczekają i koniec.

W jakimś stopniu zahacza to o obszar tak zwanej sodowej. *(śmiech)* Ale to tylko i wyłącznie z powodu jego lenistwa.

Jak kupił pierwsze audi Q7, to było super, ale pół roku minęło, było już następne auto: nissan GTR. Potem ferrari stało w garażu kilka miesięcy. Nie jeździł za często, bo za bardzo rzucało się w oczy. Każdy gadał o ferrari. A przecież każdy... inaczej powiem: każdy mężczyzna chciałby mieć ferrari raz w życiu. Teraz mu przeszło, ma inne priorytety. Kupuje samochody szybkie, ale przede wszystkim wygodne.

Ubierałbym się inaczej niż Kuba, czasami jego kombinacje nie pasują do niego, ale każdy z nas ma swój styl. Mówię mu: Chłopie, coś ty założył? Akurat chodziło o spodnie, jakieś z materiału w prążki, a on mówi: Poczekaj, za pół roku do Polski przyjdzie ta moda. *(śmiech)*

On mi od czasu do czasu też lubi wrzucić: Co ty założyłeś, co za koszulka? I Jurkowi tak samo. Myślę, że tak jak każdy przywiązuje wagę do wyglądu. Na pewno jest to związane z tym, że on może sobie jechać do Dolce & Gabbana czy Gucciego i kupić to, co mu się podoba. Jakby grał w polskiej ekstraklasie, to by kupował w polskich sklepach.

Fryzury? Teraz obciął inaczej, bo nie mógł grać, jak mu włosy spadały na oczy. Ja teraz też się tak obciąłem, że jedna strona wygolona, druga dłuższa.

Jurek:

Kiedy zapytasz mnie, czego nie wiemy o Kubie, to tego, że to jest facet z wielkim poczuciem humoru. Ludzie tego tak nie odbierają. A to jest gość, który ma niesamowity dystans do siebie.

Rzeczywiście często pada zarzut, że Kuba się za mało uśmiecha, że jest ponury. Znam ten problem z własnego telewizyjnego podwórka. Nie raz byłam krytykowana za to, że patrzę na rozmówcę lodowatym wzrokiem. Jednak kiedy zawód, który uprawiasz, traktujesz serio, to nie śmiejesz się do kamery z byle powodu, prawda? Coś za coś.

listopad 2014 roku, Dortmund

MD Kiedy poczułeś, że odniosłeś sukces?

KB Chyba nie do końca do mnie dociera, że jestem tu, gdzie jestem. Uwierzysz mi czy nie, ale to nie robi na mnie wrażenia. Skąd się to bierze, nie wiem, ale jak coś wygrywamy czy zdobywamy, to też długo się nad tym nie rozwodzę.

MD Po wygranym meczu z Malagą w 2013 roku byłeś w euforii, a jak nie wygraliście Ligi Mistrzów w Londynie, to nie byłeś za wesoły…

KB Ale to coś innego, zadałaś pytanie o sukces. To nie był sukces.

MD Sukcesem jest bycie kapitanem polskiej reprezentacji?

KB Tak, to wyróżnienie. To nie jest mi obojętne. Tyle że ty na to mówisz: sukces, a ja mówię, że to jest duża odpowiedzialność.

MD Na co wydałeś pierwsze zarobione pieniądze?

KB Na samochód, który ciotka Gośka przywiozła z Niemiec. Chciała go sprzedać, a ja akurat trafiłem do Wisły i wiedziałem, że ten samochód mi się przyda.

MD Jaki?

KB Golf III. Czarny.

MD Zadawałeś szyku?

KB Z pękniętym kolektorem pod spodem? Po treningu czekałem, aż chłopaki odjadą samochodami, musiałem zapalić. Oglądałaś serial *Knight Rider* z Davidem Hasselhoffem? Jak odjeżdżał, to za nim leciał kurz, i ja też robiłem taki dym. Musiałem czekać, aż opadnie. Fajną ekipę mieliśmy, a to ważne, bo w tamtych czasach, w których ciężko było mi się odnaleźć, tym, co mi pomogło, było...

MD ...to, że byłeś dobrym piłkarzem.

KB Tak. Bo wtedy zostajesz zaakceptowany przez grupę. Na pewno nie mogli o mnie powiedzieć: Jest słaby na boisku.

MD Jak wychodzisz na stadion i osiemdziesiąt tysięcy ludzi krzyczy: Kuba! – lubisz to, prawda?

KB Na to nie ma ludzi odpornych. To jest miłe.

MD Był moment, że ci odbiło?

KB Pewnie nieraz.

MD Podobasz się kobietom, przepadają za tobą dzieci, masz prawie półtora miliona fanów na Facebooku, komplementy i uśmiechy płyną ze wszystkich stron. Skoro jestem taki wspaniały...

KB Nie myślę w tych kategoriach. Wiem, ile pracy mnie to kosztowało, aby dojść tu, gdzie jestem. I na pewno jestem w tym, a nie innym miejscu także dzięki temu, że jestem sobą.

MD Nigdy nie pomyślałeś: Jestem królem życia?

KB Nie, tak nigdy nie pomyślę. A czy myślałem, że mogę wszystko? Nie, tak też nigdy nie było. Chociaż może ktoś to tak odebrał. Starałem się pilnować. Wyznacznikiem tego, czy ci odbiło, jest to, jakich masz ludzi wokół siebie. Ważne, żeby nie zapominać, skąd jesteś. Z kim jadłeś ciepły chleb czy słonecznik na przystanku...

MD Dzisiaj nie jesz słonecznika...

KB Ostatnio jak robiliśmy u babci grilla, to zatrzymaliśmy się pięćdziesiąt metrów dalej od tego przystanku i przypominaliśmy sobie, jak to kiedyś było.

MD Co znaczy dla ciebie wolność?

KB Być nieograniczanym przez nikogo.

MD Trochę zaskakujące, zważywszy, że podporządkowujesz się trenerowi bez dyskusji.

KB Życie i pracę trzeba ze sobą zgrać. *(śmiech)*

MD Brzmi dziwnie, jak mówisz o piłce „praca".

KB To jak mam mówić: hobby? To jest moja praca.

MD Twoje słabe punkty?

KB Najsłabszy to rodzina. Jeżeli tam krzywda się dzieje, nic innego się dla mnie nie liczy. To dowód na to, że nie jestem niezniszczalny. Nikt nie jest.

MD Najgorsza cecha twojego charakteru?

KB Nie mam złej cechy charakteru. *(śmiech)* Jaka jest najgorsza? Chyba to, że jestem uparty.

MD Dla zasady?

KB Nie, uparty.

MD Za co się lubisz?

KB Ja siebie nie lubię.

MD Pytam poważnie.

KB Nigdy się nad tym nie zastanawiałem. Wstaję rano, patrzę w lustro, puszczam oko. Jest akceptacja i wchodzę do gry.

MD Opowiadał mi Dawid, że Jurek podarował ci kiedyś książkę, w której zapisywałeś swoje marzenia…

KB *Jak zarobić pierwszy milion*, tak?. Mam ją chyba w Polsce, bo jest już bezużyteczna. *(śmiech)* Zapisywałem ją w wieku osiemnastu lat. Inaczej to wyglądało niż dziś. Muszę jej poszukać.

MD Żeby zobaczyć, jak mało kiedyś chciałeś od życia, a jak dużo dostałeś?

KB Jakby ktoś mi powiedział w tamtym momencie, że za dziesięć lat będę tu, gdzie jestem, to na pewno bym nie uwierzył. Wtedy dopiero przebiłem się do Wisły Kraków do pierwszego składu.

MD Jak to możliwe, że ktoś taki jak ty nie chciał się uczyć?

KB Zawsze wierzyłem w to, że będę grał w pikę. Jak pani pytała w szkole: Błaszczykowski, czemu się nie uczysz?, odpowiadałem: Bo ja będę grał w piłkę.

MD Ale przecież jesteś ambitny. Jak szedłeś pod tablicę i nic nie umiałeś, to ta twoja ambicja nie cierpiała?

KB Akurat wtedy nie. Na tym punkcie nie byłem ambitny. Nie byłem najgorszym uczniem w szkole ani w klasie. Większe orły ode mnie bywały. Dużo nadrabiałem inteligencją. *(śmiech)*

MD Maturę zdałeś fuksem czy byłeś przygotowany?

KB Maturę zdałem, bo się do niej przygotowywałem. Polski zdałem, w angielskim trochę mi pomogli, a geografii nie zdałem, ale była amnestia i się udało.

MD Jak słyszę Kuba murarz, to...

KB Ale, Małgosiu, na budowie szef też się ze mnie śmiał: Błaszczykowski do roboty. A ja na to: Ja nie będę tak pracował, ja będę grał w piłkę. Młody byłem, czternaście–piętnaście lat, chciałem udowodnić, że postawię na swoim. A on: Maradona z ciebie nie będzie. I potem parę razy gościa widziałem, jak jechałem samochodem, i robił wszystko, żeby mnie nie zauważyć.

MD Jakich ludzi jesteś ciekawy?

KB Normalnych.

MD Co u siebie najbardziej cenisz?

KB Jestem normalny.

MD Słyszałam, że czasami mówisz: Jak ten czy ten chce się ze mną spotkać, to niech poczeka.

KB Kto tak powiedział, Dawid?

MD Nie zdradzam swoich źródeł.

KB Takich rzeczy nie mówię do osób, które znam, z którymi się wychowywałem, do rodziny. Na sto procent nie. Jak jestem na urlopie, to mam milion spotkań. Wracam o trzeciej w nocy do domu i nie wiem, o której wstanę: o pierwszej czy o drugiej po południu. To nie jest grzech, że chcę się wyspać. Muszę trochę wyluzować, tak jak mi kiedyś powiedziałaś, nie uszczęśliwię wszystkich. Ale czasem jak babcia wysyła nad ranem pod mój dom autobus z pielgrzymami i mówi im: Kubuś śpi w tamtym domu, to proszę: Babciu, jesteś najlepsza, ale ja nie mogę w takim stanie się pokazywać. Chodzi o to, że jestem zaspany, oczywiście. *(śmiech)*

MD Jesteś odważny?

KB Nie wiem. Można być odważnym głupio, a można być odważnym rozsądnie.

Kuba Błaszczykowski. Mecz z Anglią na Wembley w Londynie, październik 2013

Kuba Błaszczykowski po strzeleniu wyrównującej bramki podczas meczu z Rosją na EURO 2012
12.06.2012, Stadion Narodowy, Warszawa

Kuba Błaszczykowski i Joachim Löw, selekcjoner reprezentacji Niemiec
13.05.2014, mecz towarzyski Niemcy-Polska

Jak tysiące kibiców na stadionie chcemy zarejestrować moment powrotu na boisko gracza z nr 16. Sokratis Papastatopulos, grecki obrońca BVB, uwiecznia komórką nasze zadowolone miny (Małgorzata Domagalik).

Małgorzata Domagalik, Łukasz Piszczek, Stadion Signal Iduna Park, ostatnie spotkanie fazy grupowej Ligii Mistrzów, Borussia Dortmund i Anderlecht Bruksela
09.12.2014, Dortmund

Piłkarze reprezentacji Polski, Kuba Błaszczykowski i Łukasz Piszczek, cieszą się ze zdobycia bramki przez Roberta Lewandowskiego podczas meczu towarzyskiego z Wybrzeżem Kości Słoniowej w Poznaniu, 17.11.2010. W tym meczu Kuba Błaszczykowski zadebiutował w roli kapitana polskiej reprezentacji.

Mecz towarzyski w piłce nożnej Polska-Dania (3:2)
Łukasz Szukała (21), Robert Lewandowski (9), Artur Jedrzejczyk (3), Kamil Glik (15), Przemysław Kazimierczak (20), Wojciech Szczęsny (12), Grzegorz Krychowiak (8), Mateusz Klich (11), Waldemar Sobota (5), Jakub Wawrzyniak (14), Kuba Błaszczykowski (16)
14.08.2013, Gdańsk

MD Unik?

KB Nie, doświadczenie. Jesteś młodym chłopakiem i myślisz, że jesteś niepokonany. Nieraz się sparzyłem. Teraz jest więcej rozsądku. Zanim się czegoś podejmę, to trochę się pomyśli i przeanalizuje. Wcześniej więcej robiło się pod wpływem emocji. Jest wiele rzeczy, które zrobiłem za młodu, a teraz bym ich nie zrobił.

MD Na przykład?

KB Nie wszedłbym na dach szkoły po piłkę po piorunochronie. Jak na to patrzę teraz...

MD Nie można było inaczej?

KB Trzeba by było czekać do poniedziałku, a my graliśmy w sobotę. Nie myślałem, tylko chciałem coś udowodnić, zaimponować kolegom. Ale akurat wchodzenie na dach to nic takiego, czym mógłbym się teraz chwalić przed swoimi dziećmi. To było głupie. Poza tym dzisiaj nie mam już takiej potrzeby, żeby coś komuś udowadniać. Oczywiście grając w piłkę, chciałbym, żeby kibicom podobało się to, co robię. Moje podejście do wielu rzeczy jest trochę inne, niż było. Może znam już swoją wartość? Chciałbym imponować swoim dzieciom. Chciałbym, żeby doceniały, jakim jestem ojcem. Zresztą ojcem jesteś zawsze, a czy tatą będziesz? To już coś innego. Inaczej brzmi, jak dzieci mówią do ciebie: ojcze, a inaczej: tatusiu.

MD Przyglądałam ci się dzisiaj z córkami, jesteś samą ojcowską miłością.

KB To nie jest lekkie, jak wiele rzeczy w moim życiu. Poradziłem sobie z tymi rzeczami, więc myślę, że z córkami też sobie poradzę. *(śmiech)*

MD Czego się boisz?

KB Jedyna rzecz, której się boję, to odejście najbliższych.

MD Nie pytam, stwierdzam: tak, jesteś silny…

KB Naprawdę? Nie chciałbym, żeby tak to wyglądało. Wolałbym „atakować" z pozycji, jak ktoś się tego nie spodziewa. *(śmiech)*

MD Jesteś panem swego życia?

KB Górnolotnie to brzmi, ale na pewno staram się wyciągać z życia maksymalnie tyle, ile mogę. A czy jestem panem? Jestem Kubą swojego życia.

Dawid:

Słuchamy hip-hopu, on jest dla takich ludzi jak my, którzy albo coś w życiu przeszli, albo budują w nim coś od podstaw. Na pewno nie dla tych, którzy dostają wszystko za darmo. A przekaz tej muzyki jest taki, że na przykład człowiek swoje marzenia kształtował na strychu, kopiąc piłkę. Potem miał marzenia, żeby jeździć ferrari, a potem już mu na tym nie zależało. Te teksty zostają w głowie.

listopad 2014, Dortmund

MD Słuchałam wczoraj twojego ulubionego Eldo. Przekonywał, że „wszystko, co najwartościowsze w życiu, można mieć za darmo".

KB Jak już poznałaś ten gatunek muzyki, to co o niej sądzisz?

MD Nie będziesz się śmiał?

KB No nie…

MD Z tymi tekstami jest jak z tatuażem, nawet jeśli go usuniesz, to pod nim i tak zostanie blizna, która zawsze będzie ci przypominała słowa, emocje i chwile.

KB Dla młodych chłopaków, którzy są skłóceni z życiem, nie ma lepszej muzyki. To najlepsza muzyka, jakiej mogłem słuchać w okresie buntu. Najlepsza dla tych z nas, którzy nie do końca potrafili się odnaleźć w życiu. Wychowałem się na Grammatiku. Nie można się przy nim pobawić, ale zawsze można przy nim podumać. Co masz, co możesz mieć? Widzisz, ile ci przekazałem w trakcie naszej znajomości. *(śmiech)* Drugi zespół, który lubię, to Bezimienni. Wysłałem ci już piosenkę *Nie mam nic*?

Łączą narodziny, łączą nas pogrzeby
Łączą nas choroby, gdy nadejdą dni biedy
Dostrzegamy wtedy, że tak naprawdę nic nie mamy
Poza mną i tobą, poza mną i wami
Gdy po ciebie przyjdzie anioł w czarnej szacie
Ciesz się tym, że obcy człowiek mówił ci dziś: „bracie"
Dalej w tym temacie, pochowała matka syna
Urnę oznaczyli deszczem łez bliscy i rodzina
Miałeś kilka chwil, które wspomnieć warto
Bólem i tęsknotą u wielu to poparto
Kim naprawdę byłeś, szczere łzy powiedzą
Ile dałeś z siebie, bliscy tylko wiedzą
A nie tłumy gapiów, których ciekawość suszy
Dzielą sami tych na pokaz, które są bez duszy
Masz dzisiaj wszystko, inni nic nie mają
Żyjemy tak długo, jak bliscy pamiętają

KB A pamiętasz ten filmik, który ci wysłałem, i te słowa: „to nie kosmita, tylko człowiek chodzi po wodzie"?

MD Pamiętam.

KB Nie lubię tekstów, w których jest dużo przekleństw. Tego nie kupuję. Wolę te, w które można wkleić swój własny życiorys.

Boso po różach,
Przed siebie idź
Jesteś kot (kot!) walcz zamiast śnić!
Nigdy się nie poddaj
Idź swoją drogą
Nie marnuj czasu (mordo)
Zawsze bądź sobą.
REF 2X
[...] Pamiętaj to człowiek, nie kosmita
Chodził po wodzie

MD Można zaplanować własne życie?

KB Można próbować, ale po tym, co przeszedłem, wiem, że zaplanować się nie da.

Dawid:

On doskonale wie, jakie jest życie piłkarzy. Nagle spadasz ze szczytu, a proza życia nie jest kolorowa.

Kuba za parę lat będzie kończył granie w piłkę. Nieraz się zastanawiałem, co on będzie robił, ale on chyba sam jeszcze nie wie. Na pewno nie chce być trenerem. Mówi, że nie po to będzie tak ciężko pracował do trzydziestego piątego roku życia, żeby potem jeszcze być związanym z boiskiem. Może będzie menedżerem, może z Borussią się złączy i będzie dla nich pracował. Nie, chyba nie wróci do Truskolasów. Powtarza, że Kraków jest pięknym miastem i chciałby tam mieszkać. Może jeszcze wróci do Wisły, a nuż Wisła zaproponuje mu dyrektora sportowego. Może jakiegoś prezesa. Nie wiem. Ale na pewno nie pozwoli, żeby córki mówiły, że nie są Polkami. Na pewno jest zabezpieczony finansowo. Nie jest tak, że szasta pieniędzmi na lewo i prawo. Ale też nie ma tak, że w tym roku musi mieć tyle i tyle uskładane. Jak zaczął grać, dostał książkę, w której trzeba było wypisywać, jakie kwoty chciałby zarabiać, o czym marzy itd. I to się składało w jedną całość, a na końcu tej książki wychodziła twoja osobowość. I co można osiągnąć z takimi marzeniami. Nie pamiętam, co mu wyszło. Trzeba go zapytać. Ostatnio sprzeczaliśmy się, bo on mi zawsze mówi: Pamiętaj, żebyś oszczędzał i że każdy człowiek, nieważne, ile zarabia, jest w stanie oszczędzać. Ja na to, że to nieprawda.

Jurek:

Był blisko, kiedy grałem w piłkę nożną w reprezentacji. Widział, jak różne są koleje losu zawodników. Dobrze grasz, wszyscy cię chwalą, przyjdzie porażka, niszczą cię. Kiedy grałem mecz na Wembley, przegraliśmy 1:3, zdobyłem bramkę – bohater narodowy; cztery dni później gramy mecz ze Szwecją w Chorzowie, przegrywamy 0:1 – i to było praktycznie moje pożegnanie z reprezentacją. Widział to, z drugiej strony ciągle mu powtarzałem: Jeżeli w którymś momencie pomyślisz, że od teraz będzie tylko super, nic złego się nie wydarzy, to bardzo szybko dostaniesz w łeb. I nie tylko jako piłkarz, ale i jako człowiek. Często na ten temat rozmawialiśmy. Znam wielu młodych ludzi, którzy mieli talent, mieli swój dobry okres i potem przepadli, bo się zagubili. Może ktoś ich nie poprowadził jak należy albo oni nie słuchali. Mówiłem Kubie: OK, musisz mieć pewność siebie, jest bardzo ważna, ale ta linia pomiędzy pewnością siebie a arogancją jest bardzo cienka. Jak ostrze noża, jak popełnisz błąd, to się natniesz i szybko możesz wszystko stracić.

MD Kiedy słyszysz dramatyczne historie o losach piłkarzy, o tym, że ta linia oddzielająca sukces od klęski jest bardzo cienka i trzeba uważać, to…

KB To zawsze jest dramat konkretnego człowieka, a my nie znamy przyczyn. Uzależnienie, hazard wynikają ze słabości charakteru, ale może też z tego, że jest się uzależnionym od adrenaliny. Piłkarzom kończącym grę w piłkę może jej kiedyś brakować. Mimo to zawsze trzeba uważać, żeby w osądzie innego człowieka nie minąć się z prawdą i go nie skrzywdzić. Każdy z nas ma swoją historię i każdy z nas zdaje sobie sprawę, że jest coś takiego, jak ta cienka czerwona linia, o której mówiłaś. Jak nie masz mocnego charakteru, to możesz się pogubić.

XII.

BŁASZCZYKOWSKI ZNACZY KAPITAN...

„Sardynkę weźmiesz za ogon
i wrzucisz do morza, a wieloryby
umierają na plaży".

ERIC CANTONA

Jak się zacznie budować dom, to człowiek nie porzuca dzieła w trakcie... – lubi powtarzać Kuba.

9 grudnia 2014 roku, Dortmund

O 20.45 na stadionie Signal Iduna Park w Dortmundzie rozpoczyna się spotkanie ostatniej kolejki fazy grupowej Ligi Mistrzów między Borussią Dortmund a Anderlechtem Bruksela. Siedzę z Łukaszem Piszczkiem w 32. rzędzie na miejscu 46 (w ostatnich miesiącach zajmowałam je często). Trwa mecz. Czekamy na pojawienie się Kuby na boisku. Trzysta osiemnaście dni – na tyle polskiego piłkarza wykluczyła z gry kontuzja więzadeł krzyżowych przednich prawego kolana, jakiej doznał 25 stycznia tego samego roku w pierwszych minutach meczu BVB z FC Augsburg. Trzymamy w pogotowiu iPhone'y i, jak tysiące kibiców na stadionie, chcemy zarejestrować moment powrotu na boisko gracza z numerem 16. Sokratis Papastathopoulos, grecki obrońca BVB, uwiecznia komórką nasze zadowolone miny. Tego dnia Sebastian Kehl i Mats Hummells również oglądają mecz z trybun. Wreszcie w osiemdziesiątej czwartej minucie Kuba zostaje wpuszczony przez Jürgena Kloppa na murawę, a spiker informuje, że pojawia się na niej Jakub Błaszczykowski z numerem 16... Kuuuuba! Kibice wstają z miejsc, rozlegają się brawa, stadion skanduje imię polskiego piłkarza... On sam przyzna, że był to dla niego poruszający moment. I tylko on, bo nie kibice i nawet nie najbliżsi, którzy go w tym czasie wspierali, wie, jak trudno było mu te piłkarskie puzzle poskładać na nowo. Czekał na tę chwilę – poza sierpniowym epizodem w towarzyskim meczu Borussii Dortmund ze Śląskiem Wrocław, w którym zagrał przez kilka minut z opaską kapitana – prawie rok. Na drugi dzień po meczu wśród zdjęć z tego spotkania są i takie, na których tuż przed wejściem na murawę Jürgen Klopp obejmuje polskiego gracza. Długo na ciebie czekaliśmy. Witaj w domu... – zdaje sie mówić trener Borussii. Tak też, jak się potem dowiedziałam, powiedział. A kilka dni później już w bezpośredniej rozmowie usłyszę od Jürgena Kloppa, kim jest dla niego Błaszczykowski i jako piłkarz, i jako człowiek. Kuba... to supergość – powie mi wtedy niemiecki trener. Błaszczykowski wraca do gry... A więc szczęśliwy finał?

Nie do końca. Parę godzin wcześniej, dokładnie w dniu powrotu Kuby do gry w meczu z Anderlechtem Bruksela, po dziesięciomiesięcznej przerwie, PZPN opublikuje oficjalny komunikat informujący, że decyzją selekcjonera Adama Nawałki polska reprezentacja na stałe będzie miała nowego kapitana, Roberta Lewandowskiego. To tylko publiczne postawienie kropki nad „i", bo sam Błaszczykowski o tym, że przestaje być kapitanem, nieoficjalnie dowiedział się kilka dni wcześniej, 4 grudnia. Wiadomość tę selekcjoner przekazał Kubie w momencie, gdy polski pomocnik kończył jeden z najtrudniejszych okresów w swojej piłkarskiej karierze i gdy wreszcie miał wrócić do gry. W tym samym czasie inny trener, Jürgen Klopp, jeszcze zastanawia się, czy następnego dnia nie wystawić Błaszczykowskiego w meczu BVB z TSG 1899 Hoffenheim, mającym rozegrać się 5 grudnia. Ostatecznie Kuba nie zagrał. Z tego, co wiem, bardzo na to liczył.

Nie jestem dziennikarzem sportowym i nie dotyczą mnie środowiskowe konflikty interesów oraz tak zwane słuszne punkty widzenia. Ale jako kibic i, tak po prostu, po ludzku, pytam, czy aby na pewno był to właściwy moment, czy była to jedyna z możliwych dat? Żeby informować polskiego kapitana, kiedy ten po tak długiej przerwie wraca do gry, że już nim nie jest? Czy odpowiedzią, która zamyka sprawę, powinno być lakoniczne stwierdzenie, że profesjonalizm wyklucza emocje i że piłka nożna to nie zabawa dla małych chłopców? Nie trzeba przecież nadzwyczajnej empatii, żeby wyobrazić sobie, co musi dziać się w głowie zawodnika, co dzieje się w głowie kogoś, kto prawie po roku walki o powrót na boisko, gdy znowu trzeba postawić wszystko na jedną kartę, traci to, na czym mu w równym stopniu zależało. Błaszczykowski nigdy nie ukrywał, jak ważna jest dla niego opaska kapitana. Trudno być posłańcem złych wiadomości. Adam Nawałka podjął się tej roli z urzędu i po wielu miesiącach medialnych spekulacji usiadł wreszcie w Dortmundzie ze swoim kapitanem twarzą w twarz.

Komunikat, który miał mu do przekazania, był prosty: Kuba, przestajesz być kapitanem polskiej reprezentacji. Jest takie powiedzenie, że nie kopie się leżącego. Powiedzenie, które obowiązuje pod każdą szerokością geograficzną. Nie kopie się leżącego, prawda? Nie ma chyba kibica, ale nie ma i człowieka, który na to pytanie nie odpowiedziałby twierdząco.

Czy w czasie tej rozmowy trenera z byłym już kapitanem Nawałka odpowiedział Błaszczykowskiemu na to pytanie? I czy w ogóle ono padło? Nie wiem. Ja na pewno bym takie pytanie zadała – w jakimś sensie czynię to w tym miejscu. Dlaczego gracza, któremu tak dużo w ostatnich latach zawdzięcza polska piłka, upokarza się na oczach tłumu? (Słyszę, jak Błaszczykowski, czytając te słowa, mówi: Mnie nikt nie może upokorzyć!). Dlaczego nie można było poczekać, aż Kuba wróci po kontuzji do reprezentacji, i wtedy w majestacie prawa, prawa każdego selekcjonera, także Adama Nawałki, poinformować go o odebraniu mu kapitańskiej opaski? Znam wielu życiowych siłaczy i wiem, jak trudno, ale i zarazem jak łatwo podciąć im skrzydła. Nawet jeśli w światłach jupiterów, a może zwłaszcza wtedy, przekonują, że i tym razem sami dadzą sobie radę. Tak się złożyło, chyba szczęśliwie, że w trakcie pisania tej książki byłam świadkiem, ale i często mimowolnym uczestnikiem zdarzeń, rozmów, które w tej „sprawie" prowokowały i nadal prowokują do stawiania niełatwych pytań... Zadam je więc na kolejnych stronach. Opierając się na faktach, a nie na zasłyszanych plotkach. Powodowana dziennikarską rzetelnością, ale i zwyczajną ciekawością...

„Błaszczykowski znaczy kapitan" – tak od początku miał się nazywać ostatni rozdział tej książki o piłkarzu, który przez cztery lata, od 2010 do 2014 roku, trzydzieści dwa razy wyprowadzał na murawę stadionu naszą reprezentacyjną drużynę z opaską kapitana na ramieniu. Dziś co prawda nosi już ją inny gracz, ale paradoksalnie zdanie „Błaszczykowski znaczy kapitan" nie traci nic na swoim znaczeniu. Dlatego i tytuł tego rozdziału nie został przeze mnie zmieniony. Wychodzę bowiem z logicznego założenia, że charakterologicznie kapitanem się nie bywa, ale jest się nim raz na zawsze.

O umiejętnościach nie wspominam, bo to oczywiste kryterium. Tak jak i to, że z dnia na dzień nie zmienia się swojego nastawienia do gry w reprezentacji, a z pamięci nie wykreśla własnych marzeń. Także tych, żeby kiedyś zostać kapitanem polskiej reprezentacji. Błaszczykowski ma na swoim koncie sześćdziesiąt osiem występów w reprezentacji (sześćdziesiątym spotkaniem rozegranym z Ukrainą w Warszawie w dniu 22 marca 2013 r. dołączył do Klubu Wybitnego Reprezentanta), czternaście strzelonych w jej meczach goli i czternaście asyst. Kibicom będzie się kojarzył z tym, który jak na kapitana przystało – na boisku zostawiał krew, pot i łzy. Znak firmowy. Trzech kolejnych selekcjonerów: Franciszek Smuda, Waldemar Fornalik i Adam Nawałka, powierzało mu dowodzenie narodową drużyną. Droga Kuby do kapitańskiej opaski zaczęła się w sekcjach młodzieżowych: po raz pierwszy otrzymał powołanie do reprezentacji juniorskiej U-19. Grał w czwartoligowej drużynie KS Częstochowa, kiedy w 2004 roku jako dziewiętnastolatek pojechał na Euro do Szwajcarii. W pierwszych dwóch spotkaniach grzał miejsce na ławce rezerwowych i wystąpił dopiero w meczu z Hiszpanami o tak zwany honor – w meczu, w którym biało-czerwoni żegnali się z turniejem. Jak można było wówczas przeczytać, już od pierwszych minut dziewiętnastoletni piłkarz pokazał na boisku, co potrafi. Gdybym wiedział, że jesteś w takiej formie, grałbyś od początku mistrzostw – usłyszał wtedy od trenera Andrzeja Zamilskiego (cytat ze strony JB).

To od tego momentu kariera Błaszczykowskiego nabiera tempa, a jego nazwisko z dnia na dzień coraz częściej wymieniają nie tylko kibice, ale i piłkarska branża. Jeździ na testy, na własne życzenie opuszcza pierwszoligowego Górnika Zabrze i nieoczekiwanie wraca do czwartej ligi. Aż w końcu 24 lutego 2005 roku trafia do drużyny ówczesnego mistrza Polski Wisły Kraków. Transfer ten do dziś określa się mianem sensacyjnego. W czerwcu 2005 roku Kuba zostaje powołany do reprezentacji U-21. Już rok później, w marcu 2006, Paweł Janas powołuje go do reprezentacji. Błaszczykowski na dwa dni przed oficjalnymi powołaniami do drużyny narodowej na towarzyskie spotkanie z Arabią Saudyjską wysyła do brata esemesa: Chyba wezmą mnie do kadry. I rzeczywiście, już wkrótce „gwiazdor" (nie znosi tego określenia) Wisły Kraków otrzymuje taką nominację. W jednym z wywiadów mówi:

To dla mnie ogromne wyróżnienie. Wiem, że na tym świat się nie kończy i nadal muszę systematycznie pracować, nie spoczywać na laurach po jednym powołaniu [...] Ale szansa chyba pojawia się dlatego, że w kadrze na to spotkanie, będące sprawdzianem przed mistrzostwami świata, są powołani niemal wyłącznie zawodnicy krajowi. Mam jednak nadzieję, że też coś innego miało wpływ na decyzję trenera. Może jakimś meczem albo meczami utkwiłem mu w pamięci i postanowił mnie sprawdzić. Muszę to jak najszybciej wykorzystać (Wislaportal.pl, marzec 2006 r.).

Mecz rozegrano 28 marca 2006 roku w Rijadzie. Błaszczykowski, który był na boisku przez czterdzieści pięć minut, wspomina go tak:

Ze swojego debiutu w reprezentacji pamiętam 32 stopnie Celsjusza w cieniu i uzbrojonych żołnierzy, którzy eskortowali nasz autokar w drodze na treningi i mecz („Przegląd Sportowy", marzec 2013 r.).

Rok później przechodzi z Wisły Kraków do BVB, a już wkrótce świetne występy w Bundeslidze sprawiają, że z dnia na dzień równocześnie umacnia się jego pozycja w reprezentacji prowadzonej w tym czasie przez Leo Beenhakkera. Po odejściu holenderskiego trenera (z którym pracę Błaszczykowski bardzo cenił) funkcję selekcjonera obejmuje Franciszek Smuda (2009–2012)... i to on zadecyduje, że cztery lata po debiucie w kadrze opaskę kapitana po raz pierwszy w swojej karierze założy właśnie Błaszczykowski. Jest rok 2010. Kuba ma dwadzieścia pięć lat.

Najpierw miałem być zastępcą Michała Żewłakowa, ale potem wszystko potoczyło się tak, że to ja otrzymałem opaskę. Podświadomie czuję, że jestem gotowy na to wyzwanie. To dla mnie ogromne wyróżnienie. Okres będzie trudny, ale właśnie po to zacząłem kiedyś grać w piłkę, prawda? (igol.pl, grudzień 2010 r.) – skomentował wówczas swoją nominację na kapitana Błaszczykowski. A Franciszek Smuda w wywiadzie dla niemieckiego Sport1.de chwalił nowego kapitana: To prawdziwy Brazylijczyk, na takim piłkarzu jak Kuba chcę budować reprezentację. On ma charakter prawdziwego lidera i – dodał – to będzie nasz kapitan na Euro 2012.

Błaszczykowski po raz pierwszy zakłada opaskę kapitana 17 listopada 2010 roku w meczu towarzyskim z Wybrzeżem Kości Słoniowej (wygranym 3:1).

Franciszek Smuda:

– rozmowa przeprowadzona w grudniu 2014 r.

Darzę go niesamowitą sympatią. Kuba dla polskiej piłki nożnej i dla drużyny narodowej zrobił bardzo dużo. Za mojej kadencji był kapitanem w bardzo trudnym czasie. Myśmy ledwo jedenastu zawodników nazbierali na miarę reprezentacji, a na początku mieliśmy ich tylko czterech–pięciu. To wszystko. Teraz dużo młodych graczy podochodziło. Jest komfort wyboru zawodnika, jest konkurencja, a to podstawa w budowaniu narodowej drużyny. Kiedy został kapitanem, wszyscy mówili, że nie może nim być, bo jest za bardzo zamknięty w sobie. Byłem pewny, że ze swoim profesjonalizmem może drużynie dać bardzo dużo, i tak się stało. Jego wszyscy lubili, walczył o każdego. Obiektywizm, bycie jednakowym dla każdego, nierobienie różnic. Taki musi być kapitan. Gdybym dzisiaj był selekcjonerem, Kuba byłby kapitanem. Nie widzę lepszego rozwiązania. Robert Lewandowski już nie chce oddać opaski, co powiedział publicznie. Ja robiąc Kubę kapitanem, zrobiłem to, co chciałem. Nie pozwoliłem, aby ktoś mi dyktował, jakiego wyboru mam dokonać. Ma pani rację, raczej rzadko się zdarza, tak jak tym razem, żeby na stałe zmieniać kapitana, gdy ten leczy kontuzję, chyba że faktycznie zawodnik po powrocie z kontuzji nie ma już formy. Natomiast jeżeli wraca do swojej formy, to powinien nadal nim być. Ale tę decyzję podejmuje już Nawałka.

Ja pani powiem jedno: Kuba musi wszystko zrobić, żeby dojść do świetnej dyspozycji fizycznej. Jego zaangażowanie i waleczność sprawiają, że na pewno będzie grał w reprezentacji i będzie walczył o wszystko i o tego kapitana też.

Nie wyobrażam sobie, żeby jakikolwiek trener nie znalazł z nim wspólnego języka. Czy żeby miał z nim jakieś problemy. To niemożliwe.

Gdy Błaszczykowski wyprowadza reprezentację na mecz z Wybrzeżem Kości Słoniowej, od trzech lat jest już zawodnikiem Borussii Dortmund i jednym z najmocniejszych punktów niemieckiej drużyny.

Zbiera wysokie noty. W Niemczech – jako piłkarz, a w Polsce – jako piłkarz i dodatkowo jako kapitan. Zachwyty zdają się nie mieć końca. Po towarzyskim meczu, zremisowanym przez Polaków 2:2

z reprezentacją Korei Południowej w 2010 roku w Seulu, media piszą o tym, że kapitan dał przykład. W pierwszej połowie było go pełno. Walczył. Starał się. Po jego kapitalnej akcji i uderzeniu w trzydziestej minucie gola strzelił Lewandowski. W drugiej połowie przy niekorzystnym wyniku Kuba wziął na siebie ciężar gry i uratował nas przed porażką. Błaszczykowski strzelił bramkę i zaliczył asystę (cytat ze strony JB). Sam Franciszek Smuda nie ukrywa i stale podkreśla, że wreszcie ma tak ważne dla każdego selekcjonera poczucie, że i on, i jego drużyna mają kapitana, na jakim im zależało.

W internecie furorę robi słynny już mem, na którym Franciszek Smuda krzyczy na boisku do Błaszczykowskiego: Kuba, sam meczu nie wygrasz, a ten odpowiada: Ale przynajmniej zremisuję. Ten z pozoru prosty żarcik doskonale oddaje osobowość polskiego pomocnika. Walczyć do upadłego. Nie poddawać się, gryźć trawę. I znowu ta zbitka – jest trudno, **ale** dam radę. Żeby było trudno – bo po to też gra się w piłkę, prawda?

To „**ale**..." w ostatniej wypowiedzi również wydaje się charakterystyczne dla postrzegania świata przez Błaszczykowskiego, który lubi powtarzać, że większość tego, co robimy w życiu, jest bardziej lub mniej świadomym pokonywaniem kolejnych przeszkód. Gdyby pokusić się o nazwanie stylu, w jakim Kuba przez te wszystkie lata realizował swoją koncepcję bycia kapitanem, to znowu słowo „wojownik" wydaje się tu najbardziej adekwatne. Wystarczy przejrzeć internetowe fora i portale społecznościowe, by dostrzec, że to jedno z najczęściej wymienianych przez internautów porównań: Błaszczykowski znaczy wojownik, a wojownik znaczy kapitan. Nawet jeśli nie wygrasz, to przynajmniej wiesz, że próbowałeś – to kolejna z ulubionych mantr polskiego piłkarza, który już wkrótce staje się także jednym z najbardziej rozpoznawalnych, ale i fetowanych zawodników w drużynie Borussii, a dla polskich i niemieckich kibiców staje się uosobieniem zawodnika, który zrobi na boisku wszystko, czyli tyle, ile naprawdę będzie mógł. Opcja jest jedna. Zawsze na „całość", żeby nie zawieść oczekiwań innych, ale i własnych. Już niedługo dla kibiców w Polsce, ale i w Dortmundzie Błaszczykowski będzie „ich" Kubą z numerem 16.

Nie obyło się bez wpadek. Mam tu na myśli te wizerunkowe, kiedy emocje u polskiego kapitana brały górę nad chłodną glową. Tuż przed Euro 2012 wybucha w mediach zamieszanie spowodowane zniknięciem z reprezentacyjnych koszulek polskiego godła orła – dla każdego Polaka symbolu wolności, patriotyzmu, powstańczych zrywów, wreszcie wolnej Polski. Nie ma dziecka, które chociaż raz w życiu nie powtórzyłoby zwrotki: Kto ty jesteś? Polak mały. Jaki znak twój? Orzeł Biały. Z perspektywy czasu Błaszczykowski tak ocenia, co się wtedy stało:

Popełniałem błędy, tak jak ten przy „zniknięciu" emblematu orła z naszych koszulek. Z racji mojej funkcji czas oficjalnie powiedzieć – nikt z piłkarzy nigdy nie zaakceptował tej decyzji. Oberwaliśmy nie za swoje winy. To nie my podejmowaliśmy decyzje [...] zdziwiony byłem, kiedy słuchałem, jak prezes PZPN Grzegorz Lato (2008–2012) mówił przed kamerami, że piłkarze zaakceptowali te zmiany. Kiedy dziennikarze pytali mnie o nowe logo PZPN, powiedziałem, że jest ładne, dynamiczne. Zresztą nadal mi się podoba. Gdyby ktoś jednak mnie wtedy zapytał, co myślę o braku orła, odpowiedziałbym, że powinien być na koszulce [...] dostałem nauczkę. Nie można iść na kompromisy, tylko trzeba robić i mówić, co się myśli. I za to ponosić konsekwencje („Przegląd Sportowy", luty 2012 r.). Orzełek wrócił na piersi polskich reprezentantów.

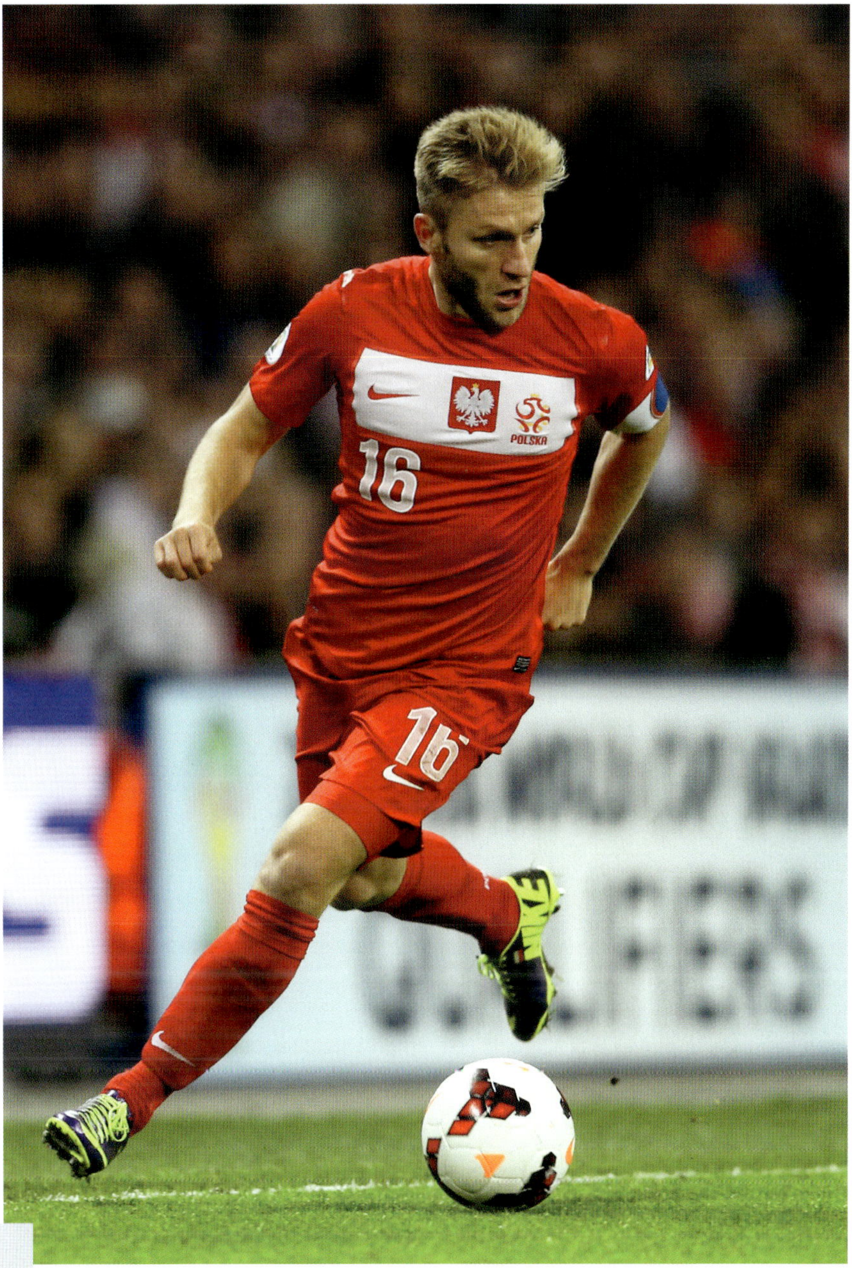

Ale najgorsze miało dopiero nadejść. Rozpoczyna się Euro 2012. Polska jest współgospodarzem turnieju, a Polacy, co było do przewidzenia, po raz kolejny zakochują się w futbolu. Mają jeszcze w pamięci fantastyczną drużynę Kazimierza Górskiego i jego Orły (sic!): Grzegorza Latę, Andrzeja Szarmacha, Kazimierza Deynę i wielu innych. Mija trzydzieści osiem lat od dnia, kiedy polska drużyna zajęła trzecie miejsce na MŚ w 1974 roku w Niemczech (królem strzelców został wtedy Grzegorz Lato) i trzydzieści lat od zdobycia przez polską reprezentację trzeciego miejsca na MŚ w 1982 roku w Hiszpanii. Mija także dwadzieścia lat od chwili, gdy polscy piłkarze pod wodzą Jerzego Brzęczka (wuja Kuby Błaszczykowskiego) zdobyli srebrny medal na igrzyskach olimpijskich w Barcelonie w 1992 roku.

Duch w narodzie bierze górę nad realnymi szansami naszej reprezentacji, a w polskich miastach większość kierowców jeździ z biało-czerwonymi chorągiewkami na dachach samochodów. W tym sportowym zrywie stajemy się jednością. Jest głośno, kolorowo i fantastycznie. Tak powinno wyglądać prawdziwe piłkarskie święto.

Na turnieju organizowanym przez Polskę i Ukrainę po inauguracyjnym remisie z Grekami Polacy rozgrywają świetny mecz z Rosją. Kuba wprawia w zachwyt cały piłkarski świat, zdobywając w pięćdziesiątej siódmej minucie wspaniałą bramkę, którą obejrzało ponad trzynaście milionów telewidzów. Bramkę, którą wybitny piłkarz Gary Lineker określił jako „inspirującą historię". Napisał wówczas na Twitterze: „Wonderful goal! Inspirational story!"

Polski pomocnik błyskawicznie wyrasta, jak to w takich sytuacjach bywa, na narodowego bohatera. Niestety, mistrzostwa kończą się dla Polaków równie szybko, jak się zaczęły. Nasza reprezentacja nie wychodzi z grupy, a po ostatnim meczu Polaków, przegranym z Czechami 0:1 16 czerwca 2012 roku, wybucha kolejna afera, tym razem tak zwana biletowa. Błaszczykowski, do dziś przez niektórych kibiców nazywany pogardliwie Biletellim, staje się jednym z jej głównych bohaterów. O co tak naprawdę chodziło? Tuż po przegranym meczu z Czechami, ówczesny kapitan reprezentacji mówi rozgoryczony do telewizyjnych kamer, że piłkarze byli zdenerwowani, bo oni sami i ich rodziny do ostatniej chwili nie wiedzieli, czy dostaną na ten mecz bilety, czy nie. Zawrzało. W tamtym momencie komunikat wydawał się prosty: polscy reprezentanci zamiast dać z siebie wszystko na boisku, myśleli o swoich prywatnych sprawach, czyli o biletach dla rodziny. Hańba. Bez końca powtarzana jest bardzo niefortunna wypowiedź Błaszczykowskiego. Meritum sprawy w tamtym czasie staje się rzeczą wtórną. Karuzela powtórzeń i podejrzeń kręci się szybko i nikt nie chce jej zatrzymać. Dla niektórych kręci się ona do dziś. W głowach się poprzewracało, mieli grać dla Polski, a najważniejsze było dla nich, żeby na stadionie znaleźli się ich bliscy itd. Kibice i internauci manifestują swoje oburzenie, a media tylko ich cytują. Czemu jednak nie chciały dowiedzieć się do końca, jak było naprawdę? Pytany później, o co w tym wszystkim chodziło, Jerzy Brzęczek nie ukrywał:

Kuba zawalił jedną rzecz, bez dwóch zdań. Gdy po meczu na Euro z Czechami powiedział o biletach, to to uderzyło w niego. Byli tacy, którzy czekali na to potknięcie i się doczekali [...] kadra nie awansowała, a on mówi, że rodzina biletów nie dostała. Powtarzam, Kuba zawalił. Ale nie chodziło do diabła o jego rodzinę, a o kolegów z reprezentacji! Przychodzili do północy, do pierwszej w nocy z pytaniem: Kuba, co z biletami? Będą? Prezes ma przyjechać? Byłem tam i to widziałem. Kuba starał się każdemu pomóc, bo jest kapitanem („Przegląd Sportowy", listopad 2013 r.).

A gdy dziś rozmawiam z Jurkiem na ten temat, słyszę:

To były takie emocje, że Kuba nad nimi nie zapanował. Wracałem z Wrocławia samochodem, zadzwonił i zaczyna mi to mówić. No to teraz będzie nagonka na ciebie – od razu mu to powiedziałem. Zrzucą odpowiedzialność na ciebie, że interesowałeś się biletami, a nie myślałeś o grze. I to był błąd. Kuba o tym wie, ale z drugiej strony pokazał drugą stronę medalu, jak to wszystko wyglądało. Miał tę odwagę.

Zgodnie z zasadą, że kapitan schodzi z pokładu ostatni?... Dziś Kuba najwyraźniej złapał do tej afery dystans: Teraz zrobiłbym to inaczej, poczekałbym kilka dni. Wtedy buzowały we mnie emocje. Moje marzenia legły w gruzach, impreza życia zakończyła się klapą. Mówiłem jednak w imieniu zespołu. Jestem kapitanem i będę robił wszystko, żeby dbać o interes drużyny i jej bronić. Przynajmniej cała krytyka po Euro skupiła się na mnie. Reszta zespołu została uchroniona i lepiej mogła znieść porażkę („Przegląd Sportowy", grudzień 2012 r.).

Jakieś dwa lata po całej „aferze" dostaję od Błaszczykowskiego mema z nim w roli głównej: Kuba w berecie mocno nasuniętym na głowę w roli biletera woła w autobusie autobusie: Bileciki proszę do kontroli. Może zamieścimy go w książce? – pytam. Fajny pomysł – odpisuje.

czerwiec 2014

MD No to bierzemy byka za rogi. O co chodziło w aferze, po której do dziś przez niektórych nazywany jesteś Biletellim? Kawa na ławę...

KB Wiesz, że na mecz z Czechami, po którym ta afera wybuchła, kupiłem jeden bilet? Zresztą nie chodziło o ilość biletów, tylko o to, że przez cały czas my, piłkarze, byliśmy wodzeni za nos przez ówczesne władze PZPN. A moja siła przebicia w tej sprawie była, jak się okazało, dużo mniejsza niż ludzi z PZPN-u. W związku z tym cokolwiek bym wtedy powiedział, cokolwiek by się wydarzyło, byłem na przegranej pozycji. Z drugiej strony, trudno mi było przejść obok tego obojętnie. Przecież my przed każdym spotkaniem turnieju każdego dnia zamiast koncentrować się na grze siedzieliśmy w hotelowym lobby i czekaliśmy... Na co? Na informację, czy będziemy mogli kupić, powtarzam: kupić tyle wejściówek dla naszych bliskich i przyjaciół, ile PZPN nam już wcześniej obiecał. Czy nasze rodziny, które przejechały pół Polski, w ogóle wejdą na stadion...

MD Chcieliście je kupić czy dostać?

KB To za każdym razem jest przekręcane przez media. Uwierz mi, jakby ktoś z dziennikarzy tam wtedy był i widział, jak to wyglądało, to by się złapał za głowę. Od zgrupowania w Austrii prosiliśmy PZPN, by ustalić i zamknąć wszystkie sprawy organizacyjne, w tym te nieszczęsne bilety. Prezes Lato ani razu nie miał czasu, by się spotkać w tej sprawie z radą drużyny. Jak ustalał termin, to za chwilę go przesuwał. W końcu nie wytrzymałem i na dwa dni przed meczem z Grecją, pierwszym na Euro, sam zebrałem drużynę w jednej sali w hotelu w Warszawie, w którym mieszkaliśmy. Lato od rana wiedział, że na niego czekamy i chcemy wszystko ustalić: to, że mamy tyle i tyle wejściówek, że kupujemy je i odbieramy wtedy i wtedy. Potwierdził, że przyjdzie. I nie stawił się, choć był wtedy w hotelu! Jak się okazało, schował się w swoim samochodzie i czekał tam dwadzieścia minut, po czym usłyszeliśmy, że teraz to on już nie może przyjść, bo ma inne ważne spotkanie. I później do ostatniej chwili nie wiedzieliśmy, na czym stoimy, i tak było przed każdym meczem... A przecież mieliśmy pewne ustalenia, a te nijak nie były później realizowane. Nikt nam nie potrafił powiedzieć, czy PZPN na dany mecz przewidział dla nas dwie wejściówki, czy cztery, czy żadnej. Nie powinienem się zajmować takimi sprawami przed tak ważnymi meczami na tak ważnym turnieju, ale drużyna przychodziła z tym do mnie, jako do kapitana. Ludzie z PZPN nie słuchali nikogo ze sztabu kadry, a o wszystkim musiał decydować prezes Lato. No i wyszedłem na kapitana, który nie potrafi załatwić tego, żeby reprezentanci Polski mogli kupić bilety dla swoich bliskich. Powtarzam: kupić!!!

MD Powtarzasz: kupić?

KB Tak, kupić.

MD Powiedziałeś o tym zaraz po przegranym przez was meczu. Przyznasz, że to nie był odpowiedni moment.

KB Na pewno, ale emocje wzięły górę. Powinniśmy to wszystko załatwiać dużo wcześniej, żeby potem myśleć tylko o turnieju. Nie może być tak, że przed najważniejszym meczem z Czechami siedzimy na telefonach. Jeden ma rodzinę w Gdańsku, inny w Szczecinie i do dziesiątej rano nic wie, czy będzie mógł kupić te bilety, czy nie. Przyznam, że nieraz zastanawiało mnie to, jak to jest, że dopiero o dziesiątej rano w dniu meczu dostawaliśmy resztę z tego, co zostało z biletów. I czy to ci, którym one ostatecznie nie były potrzebne, nam je oddawali?

MD Zamkniesz kiedyś za sobą drzwi z napisem „bilety na Euro 2012"?

KB Szczerze? Każdy, kto mnie zna, wie, jakim jestem człowiekiem, i...

MD ...nie każdy cię zna.

KB Jak byłbym złym kapitanem, to bym nim nie był, prawda? Jednak to zaufanie ze strony chłopaków zawsze było duże. Jestem głosem drużyny i muszę jej bronić. Zawsze liczę się z konsekwencjami tego, co zrobię i powiem. Na pewno nie chodziło o pieniądze czy darmowe bilety – a takie oskarżenia padały – tylko o sposób, w jaki to zostało wtedy załatwione. I o to, że mieliśmy coś obiecane i słowo nie zostało dotrzymane. Chodziło też o to, żeby nie dać z siebie zrobić... i że jeśli ja, jako kapitan, coś z kimś ustalam, to nie trzeba podpisywać papierów, prawda? Wystarczy to, o czym się rozmawia. Dałem słowo. Ale jak ktoś tego słowa nie dotrzymuje, to ja nie będę milczał... No i jak widzisz, nie milczę.

Jurek:

Pamiętam, jak kilkanaście godzin przed decydującym meczem z Czechami o pierwszej w nocy Kuba napisał mi esemesa: Mam już tego dość! Zadzwoniłem. Powiedział, że od dwóch godzin co chwila przychodzą do niego piłkarze reprezentacji i pytają, czy prezes może dał znać w kwestii biletów. Bo ich rodziny są już we Wrocławiu, wszyscy przyjechali i czekają w hotelach na informację, a jeszcze trzeba te wejściówki jakoś im przekazać... To po prostu nieprawdopodobne, że reprezentanci kraju w ostatniej chwili, tuż przed najważniejszym meczem na takiej imprezie, musieli się martwić takimi sprawami. Po meczu Kuba nie wytrzymał dał upust swojej frustracji,

Franciszek Smuda do dziś stoi w tej sprawie murem za Błaszczykowskim. Pytany przeze mnie o aferę z biletami, z wyraźnym zniecierpliwieniem odpowiada:

Bilety i związana z nimi medialna afera to nie są żadne wpadki. On po prostu uważał, że w tym momencie musi ten temat publicznie poruszyć, i poruszył. Popieram go w tej sprawie całkowicie. To dobry człowiek i tym dobrym człowiekiem zostanie do końca życia. On się nie zmieni. Jemu sodówa nie walnie, nawet gdyby był multimilionerem.

Kapitan schodzi ostatni... Trzeba stanąć przed mediami i kibicami i przyjąć porażkę na tak zwaną klatę. Tak też stało się i tym razem. Dziennikarze pytali i, co oczywiste, oczekiwali wyjaśnień, o co tak naprawdę chodzi w kolejnych porażkach reprezentacji? Jaka reprezentacja, taki kapitan...

To wtedy po raz pierwszy spotykam Kubę Błaszczykowskiego. Po niepowodzeniu Polaków na Euro 2012 zwyczajowo już, jak to nie tylko w sporcie bywa, nadchodzą zmiany i era nowego trenera reprezentacji, którym teraz zostaje Waldemar Fornalik. To on ma poprowadzić biało-czerwonych do awansu na MŚ 2014 w Brazylii. Dziennikarze natychmiast pytają Blaszczykowskiego o tę zmianę, zwłaszcza że ten uchodził za prawą rękę zdymisjonowanego właśnie Franciszka Smudy. Miałem z trenerem bardzo dobry kontakt i na pewno było mi przykro, gdy kończył swoją pracę z kadrą. W tym, że musiał odejść, było także trochę mojej winy... Jak to – pytają zaskoczeni dziennikarze – przecież był pan jednym z najlepszych polskich zawodników na Euro 2012? To nie ma wielkiego znaczenia. Jesteśmy drużyną i jako zespół nie osiągnęliśmy celu, który wyznaczyliśmy sobie przed turniejem. Łatwo teraz wskazać palcem jedną osobę i przekonywać wszystkich, że to jest właśnie jedyny winny naszego niepowodzenia. Ja tak nie uważam – według mnie każdy powinien uderzyć się we własną pierś (dla „Ruhr Nachrichten", ze strony internetowej JB). Z własnego podwórka wiem, że nieczęsto się zdarza, by o byłych szefach mówiło się dobrze, zwłaszcza że ich następcom mogłoby się to po prostu nie spodobać. Gdybym jednak zapytała Kubę, czemu nie wpisuje się w schemat postępowania „umarł król, niech żyje król", bardzo by się zdziwił. Dobrze mówił o Beenhakkerze, tak samo o Smudzie, a więc o co chodzi?

Fornalik decyduje, że kapitanem zostaje Błaszczykowski. Przed pierwszym meczem z Estonią (14 sierpnia 2012 r.) na konferencję prasową w Tallinie selekcjoner i jego kapitan przychodzą już razem.

Nowy trener stoi przed trudnym zadaniem – zostało mu bardzo mało czasu, żeby wyselekcjonować i przygotować drużynę na rozpoczynające się we wrześniu eliminacje Mistrzostw Świata 2014. Mam nadzieję, że jako zespół pomożemy trenerowi Fornalikowi i wspólnie stworzymy atmosferę, która poprowadzi nas do awansu, mimo że poprzeczka wisi naprawdę wysoko. Zawsze byłem zdania, że po każdym upadku najlepiej od razu wstać i walczyć dalej. Tylko dzięki zwycięstwom w kolejnych meczach będziemy mogli zapomnieć o nieudanym Euro 2012 – mówi dziennikarzom Błaszczykowski („Ruhr Nachrichten", sierpień 2012 r., ze strony internetowej JB).

Ci, nie bez racji, pytają, ale i wyliczają, który to już raz prawy pomocnik staje przed nimi jako kapitan i mówi: Znowu nam nie wyszło, ale musimy zrobić wszystko, żeby... Historia się powtarza i trzeba robić dobrą minę do złej gry. Tyle że tego Błaszczykowski chyba nigdy się nie nauczy. Według niego trzeba robić minę...

adekwatną do gry... no i wyciągać wnioski. Ambitne zadanie, zwłaszcza że dziś to właśnie „mina" wydaje się mieć w mediach pierwszorzędne znaczenie. Jesteś serio – to jesteś zbyt pewnym siebie kapitanem, żartujesz – to bagatelizujesz kondycję polskiej piłki. Jesteś serio – to znaczy, że nie jesteś bratem łatą, żartujesz – to znaczy, że... itd.

Nic też dziwnego, że i tym razem dziennikarze już po pierwszych meczach pytają kapitana o relacje z nowym selekcjonerem:

Jeszcze kilka dni temu czytałem, że piłkarze wchodzą nowemu trenerowi na głowę – mówi im wtedy Kuba i dodaje: nie oceniam pracy selekcjonera, ja jestem od grania. Lepiej zapytać trenera Fornalika, czy jest zadowolony z tego, jak realizujemy jego założenia taktyczne, czy na boisku robimy to, czego od nas wymaga. To nie my, piłkarze, powinniśmy się wypowiadać o trenerze, tylko trener o nas (Sport.pl, październik 2012 r.).

Konkretnie, ale bez sensacji. Tyle że taka postawa nie jest atrakcyjną pożywką dla mediów. Była już sprawa orzełka, walka o bilety, a teraz nic? Tylko granie? Zbliża się mecz polskiej reprezentacji z Czarnogórą (6 września 2013 r.; wynik 1:1). Wszyscy wiedzą, jak ważne to spotkanie. Oglądam je na Stadionie Narodowym razem z Jurkiem Brzęczkiem. Gra zacięta, emocje, ale widowisko przeciętne. W ostatnich sekundach Błaszczykowski strzela gola na wagę zwycięstwa, które przedłuża nadzieje Polaków na awans na mundial w Brazylii... Na stadionie szaleństwo. Za chwilę okazuje się, że nie ma bramki, bo jeden z polskich zawodników był na spalonym. Wracamy z dalekiej podróży. Co robi kapitan, strzelec tego arcyważnego dla naszego awansu gola? Na zapleczu stadionu ogląda z drużyną replay całej sytuacji – i ze stoickim spokojem kiwa głową oraz mówi: arbiter boczny miał rację. Koniec, kropka.

W eliminacjach do MŚ 2014 polscy piłkarze znowu grają z różnym szczęściem, a w konsekwencji walka o brazylijski mundial kończy się ich porażką.

Waldemar Fornalik

(selekcjoner w latach 2012–2013, trener Ruchu Chorzów):
– rozmowa przeprowadzona w grudniu 2014 r.

Nie miałem żadnych problemów z Kubą jako kapitanem. Potrafił dotrzeć do każdego i rozmawiać z każdym. Zresztą sprowadzanie problemu polskiej reprezentacji do osoby kapitana to bzdura. Drużyna, kiedy byłem jej trenerem, rozwijała się, szukaliśmy nowych rozwiązań. Uczestniczył w tym procesie i Kuba, i Robert Lewandowski, i pozostali zawodnicy. To nie jest tak, że w szatni wszyscy się kochają, ale na boisku zawsze interes drużyny jest nadrzędny. Kuba kapitan to profesjonalista. Ja takiego Kubę poznałem i z takim Kubą pracowałem.

W Dortmundzie, gdyby dziś był zdrowy, to byłby kapitanem. Pomnik mu tam budują. Chociaż Borussia Dortmund jest dzisiaj na przedostatnim miejscu w tabeli, to tam nikt nie mówi, że to problem klubu, tylko że to wynik generalnej sytuacji, jaka zaistniała – kontuzje, nieudane transfery itd. U nas w takiej sytuacji jest już krytyka. Dotykało to nie tylko Kuby, ale każdego zawodnika, który przyjeżdżał na reprezentację i coś nie wyszło.

Po przegranych eliminacjach do MŚ 2014 w Brazylii, jak było do przewidzenia, następuje kolejna zmiana na stanowisku selekcjonera polskiej reprezentacji. Zostaje nim 26 października 2013 roku Adam Nawałka. Natychmiast pojawia się pytanie o nazwisko nowego kapitana. Na pierwsze listopadowe zgrupowanie z nowym trenerem Błaszczykowski z drużyną jadą do Grodziska Wielkopolskiego. Selekcjoner na konferencji prasowej potwierdza kontynuowanie przyjętych przez jego poprzednika, czyli Fornalika, zasad, jeśli chodzi o wybór kapitana: jest nim ten, który ma na swoim koncie najwięcej meczów zagranych w reprezentacji. Kuba wysyła wiadomość, że trener właśnie go poinformował, że pozostaje kapitanem reprezentacji.

Jerzy Brzęczek zapytany prawie natychmiast przez dziennikarzy o to, czy jego siostrzeniec powinien po raz trzeci zostać kapitanem polskiej reprezentacji, odpowiada:

Przede wszystkim wybór Kuby jest logiczny. Razem z nim staraliśmy się nie zwracać uwagi na ujeżdżanie, na nagonki, ataki. Kuba robi pewne rzeczy w kadrze, o których nie mówimy. Nie biegniemy z każdą pierdołą do mediów, chwaląc się, co takiego dobrego zrobił. Pozostał na swojej pozycji bez medialnych zabiegów. Nie trzeba było się chwalić, kogo Kuba opieprzył w szatni czy na treningu, kogo postawił do pionu. Jest właściwym człowiekiem na właściwym miejscu. Dziwią mnie opinie wypowiadane przez ludzi, którzy go nie znają. On może sprawia wrażenie grzecznego chłopca, ale gwarantuję, że tak nie jest. Ci, którzy są blisko reprezentacji, czyli piłkarze i poprzedni trenerzy, wiedzą, co Kuba robi dla kadry. Co do wspomnianej „grzeczności" – jego koledzy widzieli go nie raz w akcji, wiedzą, jaki jest i co potrafi. Osobiście nie radziłbym, żeby ktoś z nim się spotkał twarzą w twarz [...] gdy ktoś stanął na jego drodze, to potem tego żałował („Przegląd Sportowy", listopad 2013 r.).

Sytuacja wydaje się klarowna. Wszystko gra. Zadowolony jest selekcjoner i usatysfakcjonowany stary-nowy kapitan.

W jednym z wywiadów dla Sport.pl, przeprowadzonym 13 listopada 2013 roku, ten ostatni tak komentuje ówczesną decyzję Nawałki: To wielkie wyróżnienie, ale kapitanem jest się przede wszystkim poza boiskiem, mecz to niewielki fragment całości. Najważniejsze, co dzieje się w grupie i wcześniej. Każdy z nas daleko zaszedł, ma charakter, osobowość. Kapitan musi wszystko scalić, niczego nie robi na pokaz, tylko działa w środku, żeby drużyna funkcjonowała jak należy; najważniejsze są sukcesy drużyny, awans na wielkie turnieje. One dopełniają karierę każdego zawodnika [...] Teraz chciałbym awansować, a dopiero później pomyślę o następnych krokach. Patrzę, co jest do zrobienia jutro, przyznaję, że brakuje mi sukcesu w międzynarodowej imprezie (Sport.pl, listopad 2013 r.).

Te jednak nie nadchodzą. Czy taka ma być i będzie karma polskiej reprezentacji, ale i jej kapitana Kuby Błaszczykowskiego przez kolejne lata? Na razie równie sfrustrowani jak piłkarze są kibice, którzy coraz częściej i coraz głośniej na stadionach manifestują swoje niezadowolenie. Błaszczykowski nadal schodzi z boiska ostatni i nigdy nie brakuje mu odwagi, żeby stanąć z trybunami twarzą w twarz. Jeden za wszystkich, wszyscy za jednego. No, może w tym wypadku coraz częściej jeden za wszystkich...

W każdej drużynie na świecie pokutuje pogląd, że dobry, a tym samym skuteczny kapitan musi mieć za sobą tzw. szatnię. Czy Kuba ma więc za sobą chłopaków w szatni? Jerzy Brzęczek mówił na ten temat tak:

Zapytajcie chłopaków z kadry, to się dowiecie. Oni wiedzą, co Kuba dla nich robi. Każdy, kto chce sobie poużywać na Błaszczykowskim, niech najpierw zajrzy w statystyki. W trzydziestu dwóch meczach, w których był kapitanem, reprezentacja zdobyła trzydzieści siedem bramek. Przy siedemnastu miał bezpośredni udział (dziesięć strzelił sam i miał siedem asyst). Czterdzieści siedem procent goli strzelonych przy udziale kapitana. Mało?

Brzęczkowi wtóruje inny srebrny medalista olimpijski z Barcelony, Grzegorz Mielcarski:

Nie ma lepszego kandydata na to stanowisko niż Błaszczykowski. Od trzech lat świetnie wypełnia swoją rolę, wcale nie ma miękkiego charakteru; przeciwnie, posiada wszystkie cechy niezbędne do pełnienia tej funkcji: znam go i wiem, że to jest odpowiedni człowiek. Znam też jego ludzką wartość, kapitan nie musi wrzeszczeć na kolegów, przede wszystkim powinien dobrze grać w piłkę (Sport.wp.pl).

Kuba wielokrotnie pytany o to, czy mówi w szatni pierwszy, czy ostatni (w domyśle: czy jak trzeba na przykład, podnosi głos), najczęściej odpowiada tak:

[...] Kapitan najwięcej mówi po porażkach. Po zwycięstwach pytania są łatwe i przyjemne. Za porażki muszę brać większą odpowiedzialność i brać je na klatę. W BVB bardzo długo opaskę nosi Sebastian Kehl (teraz nosi ją Mats Hummels, dopisek MD), który przecież nie zawsze gra w podstawowym składzie. Ale ma największy autorytet, do mikrofonów odzywa się niewiele, więcej mówi właśnie w szatni. (Przegląd Sportowy, listopad 2013 r.).

Twój czas nie przypadł na dobry okres: porażka na Euro 2012, przegrane eliminacje do MŚ 2014; sporo było meczów, po których się tłumaczyłeś – drąży w innej rozmowie dziennikarz.

Patrzę przed siebie, a o zwycięstwach staram się zapominać tak szybko jak o porażkach... – ripostuje Błaszczykowski. Gdyby to jednak było takie proste. W każdym z nas – no może prawie w każdym

– drzemią niezaspokojone ambicje, potrzeba sukcesu, a co za tym idzie – niespełnione marzenia.

Przed rozpoczęciem eliminacji do Euro 2016 drużyna Nawałki rozgrywa mecze towarzyskie. Trzy z nich wygrywa, dwa przegrywa i dwa remisuje.

Na początku stycznia 2014 roku Błaszczykowski zapytany, czy według niego ten rok będzie przełomowy dla reprezentacji – zwłaszcza że on sam chyba ma dość bycia najlepszym w drużynie, która stale przegrywa – odpowiada:

Rok jak wszystkie inne – jest okazja, by znów potwierdzić własne umiejętności. To, co za mną, przestaje się liczyć, istotna jest przyszłość moja i drużyn, dla których gram. Uprawiamy sport zespołowy. Nieważne, kim jesteś i jak grasz, ważny jest wynik. Wielką sztuką jest wyciągać wnioski z niepowodzeń... (Sport.pl, styczeń 2014 r.).

Czy poczuł, że z trenerem Nawałką idzie nowe?

Z każdym trenerem miałem dobry kontakt. W nowych okolicznościach stawiane są nowe cele, a wtedy u każdego ambitnego człowieka wzrasta mobilizacja (Sport.pl, styczeń 2014 r.). Kurs kapitańskiej „dyplomacji" wydaje się być przez Błaszczykowskiego ukończony.

A kiedy indziej dodaje:

Przyznam szczerze, że wolałbym w końcu odejść od obietnic, zapewnień, że teraz na pewno się uda, a zamiast tego wyjść na boisko i to zrobić. Niezależnie od przeciwnika. Potrafimy grać, potrafimy też wygrywać, ale z jednym zastrzeżeniem – musimy dać z siebie wszystko, nie zostawiając rezerwy (Sport.pl, styczeń 2014 r.).

Uczestniczyłam w wielu rozmowach, podczas których życzliwi Kubie ludzie przekonywali go, żeby czasami cofnął nogę, odpuścił walkę o jakąś piłkę. Żeby bardziej uważał, żeby był na boisku wyrachowany, a tym samym unikał kontuzji. Odpowiedź była zawsze taka sama. Mam odpuścić? To po co wychodzić na boisko? U mnie tak nie ma. Albo na sto pięćdziesiąt procent, albo lepiej zostać w domu.

Nadchodzi 25 stycznia 2014 roku, mecz BVB z drużyną FC Augsburg. Błaszczykowski już w trzeciej minucie pada na murawę. I chociaż kontuzja wydaje się kuriozalna, bo doszło do niej bez kontaktu z przeciwnikiem, diagnoza lekarzy brzmi jak wyrok: zerwane więzadła krzyżowe prawego kolana. To jedna z najcięższych kontuzji piłkarskich. W najlepszym razie oznacza co najmniej pół roku przerwy w graniu. Gdy piszę te słowa (marzec 2015 r.), od ostatniego meczu Błaszczykowskiego w barwach narodowych mija ponad rok. Kontuzja wyłączyła kapitana polskiej reprezentacji z występów we wszystkich meczach eliminacyjnych Euro 2016 rozegranych przez Polaków w 2014 roku. W międzyczasie, gdy wydawało się, że Błaszczykowski wraca już do gry, na treningu nadrywa mięsień czworogłowy uda.

– Ta kontuzja Kuby pojawiła się w najgorszym momencie – mówi na konferencji prasowej przejęty Klopp. – To ciężki moment dla nas wszystkich.

Kuba przez kilka dni nie odpowiada na esemesy. Ale piłkarskie życie toczy się dalej.

Wyjazdowym meczem z Gibraltarem (7 września 2014 r.) reprezentacja Polski rozpoczyna eliminacje do Euro w 2016. W składzie nie ma Błaszczykowskiego.

Historyczny, wygrany po raz pierwszy w dziejach polskiej piłki mecz z Niemcami 2:0 odbył się bez niego. Podobnie jak konfrontacja ze Szkocją 2:2 oraz z Gruzją 4:0. Kuba w tym czasie kontynuuje w Dortmundzie ciężką i żmudną pracę nad powrotem do formy. Nie pojawia się na trybunach stadionu we Wrocławiu, kiedy 18 listopada 2014 roku. Polacy w towarzyskim meczu podejmowali Szwajcarów

(2:2). Do tej pory był na każdym meczu reprezentacji i jako kapitan-kibic z trybun wspierał swoją drużynę. Znaleźli się jednak i tacy – w co trudno uwierzyć – którzy zaangażowanie Błaszczykowskiego, jako kapitana i jego chęć wspierania kolegów z reprezentacji określali dbaniem o własne interesy.

W międzyczasie Adam Nawałka odwiedził polskiego pomocnika w Dortmundzie. Kubę trzeba było trochę podbudować – mówił na łamach prasy: – Czekamy na jego powrót, ale nie możemy niczego przyspieszać. Mam w kwestii przewlekłych kontuzji swoje doświadczenia („Przegląd Sportowy", listopad 2014 r.).

Pokonany przez kolejny uraz Błaszczykowski nie ukrywa przed dziennikarzami, że:

Jak wracasz do zdrowia i musisz ostro popracować nad formą, to właśnie rehabilitacja jest najważniejsza. Trudno robić w tym czasie coś innego, wyrywać się z indywidualnego toku treningowego. Oczywiście, że byłbym gotów stawić się na reprezentacji, gdybym dostał powołanie – zarówno przed meczem z Gibraltarem, jak i teraz przed spotkaniami z Niemcami i Szkocją – bo zawsze dla reprezentacji jestem gotów rzucić wszystko. Staraliśmy się jednak znaleźć optymalne rozwiązanie – zarówno dla drużyny narodowej, jak i dla mnie (Pilkanozna.pl, październik 2014 r.).

Co oczywiste, w meczu eliminacyjnym (11 października 2014 r.) na Stadionie Narodowym w Warszawie, kiedy Polska pokonuje Niemcy, po raz kolejny opaskę kapitana w zastępstwie Błaszczykowskiego nosi Robert Lewandowski, który zresztą zdaniem trenera Nawałki świetnie odnajduje się w tej roli. Każdy, kto był wtedy na tym spotkaniu, wie, że polskich kibiców ogarnęło w przenośni i dosłownie szaleństwo. Niemcy raczej pewni zwycięstwa (w końcu do tej pory Polacy nigdy z nimi nie wygrali) z każdą upływającą minutą spotkania wyraźnie tracili rezon. Reprezentacja grała jak natchniona. Mimo że popełniała wiele błędów, to jednak tego wieczoru szczęście najwyraźniej było po naszej stronie.

Swoją nieobecność w kwalifikacyjnym meczu z Niemcami Kuba komentował tak:

Nie robię z tego tragedii, takie myśli mogłyby mi tylko zaszkodzić. To dopiero początek eliminacji Euro 2016 i te najważniejsze spotkania, które będą decydować o miejscu w grupie, są przed nami. Spotkanie z Niemcami to jedno z wielu, które może i powinno doprowadzić reprezentację Polski do celu. Nie mogę myśleć o tym w innych kategoriach, bo zwyczajnie... sfiksowałbym. W ostatnich dniach i tygodniach koncentrowałem się wyłącznie na tym, co dla mnie w tym momencie najważniejsze, czyli na zdrowiu, powrocie do najwyższej formy i na boisko. O niczym innym starałem się w ogóle nie myśleć, a zwłaszcza o rywalizacji z mistrzami świata. Ponieważ naprawdę mógłbym zwariować (Pilkanozna.pl, październik 2014 r.).

Oglądałam tę pasjonującą i zażartą walkę na stadionie z Dawidem, bratem Kuby i jego przyjaciółmi. Kuba też był na tym meczu. Co czuł, kiedy nie mógł w tym tak historycznym momencie być z kolegami na murawie? Jeśli tym razem robił dobrą minę do złej gry, to wzniósł się na aktorskie wyżyny. Tego samego wieczoru, gdy dokładnie analizował to spotkanie w telewizyjnym studiu TVN24, był naprawdę szczęśliwy.

Przed meczem były takie głosy, że możemy ugrać coś fajnego, i tak się stało. Chłopakom trzeba pogratulować. Żeby wygrać taki mecz, trzeba wykorzystywać swoje szanse. Oni też mieli swoje sytuacje, ale ich nie wykorzystali. My mieliśmy dwie sytuacje i zdobyliśmy dwa gole. Potrafiliśmy sobie poradzić z mistrzami świata (Sport.wp.pl, październik 2014 r.).

Błaszczykowski rozluźniony i pełen dobrych emocji to miły widok. Żałuję, że Kuba dzisiaj nie grał – odezwał się w pewnym momencie Dawid, obserwując brata przez szybę studia. Nikt z nas nie skomentował tych słów. Czuliśmy to samo.

Zdaniem Błaszczykowskiego kluczem do tego zwycięstwa była drużyna i jej konsekwencja w grze.

Wygrał cały zespół. Wynik końcowy to jedno, ale pracuje na to cały sztab ludzi. Zawodnicy rezerwowi, którzy walczą na treningach, też pomagają w odnoszeniu zwycięstw. Cieszę się, że chłopaki wygrali – mówił Bogdanowi Rymanowskiemu z TVN24.

Równie zadowolony mógł być ze swoich graczy trener polskiej reprezentacji. Pierwszy etap eliminacji na Euro 2016 nasza drużyna kończy na pierwszym miejscu w tabeli.

Adam Nawałka:

– rozmowa przeprowadzona w siedzibie PZPN w Warszawie 30 października 2014 r.

Jakub Błaszczykowski jako piłkarz należy do grupy zawodników o najwyższym światowym poziomie. Przede wszystkim ma fantastyczną umiejętność gry jeden na jednego. Kuba jest również zawodnikiem, który bardzo ciężko pracuje w defensywie, potrafi się świetnie ustawiać do piłki, doskonale przewiduje, współpracuje z partnerami w tzw. poziomie i pionie. Jest niezwykle zdyscyplinowanym zawodnikiem, jeśli chodzi o taktykę. Jest tak dojrzałym piłkarzem, że błyskawicznie przyswaja sobie wszystkie elementy taktyczne. Ma świetną wyobraźnię przestrzenną. To jest top. Kuba ma świetną motorykę. Szybkość, moc, a to w piłce bardzo ważne. To nie tylko jego cechy wrodzone, ale również wypracowane. Co go wyróżnia, to technika, swoboda operowania piłką. Do tego dochodzi olbrzymie zaangażowanie w pracę, no i doświadczenie.

Od strony piłkarskiej to zawodnik, który może przesądzać o wynikach meczu. Pod względem etycznym, mentalnym – wojownik do samego końca. Ważne jest to, że w pełni kontroluje własny poziom emocjonalny, a nawet gdy wybuchnie, to szybko umie zapanować nad sobą. Inaczej bardzo łatwo można by osłabić drużynę.

A Kuba kapitan? – pytam. – Po objęciu przeze mnie reprezentacji Kuba był kapitanem w dwóch meczach. Kontuzja wyeliminowała go z gry w reprezentacji na dłuższy okres. W czerwcu 2014 roku odbyła się u nas prawie narodowa polemika w sprawie kapitana – chociaż były jasno i klarownie ustalone przeze mnie zasady. Zawodnik, który ma największą ilość występów w reprezentacji, jest kapitanem. Przekazałem wtedy Kubie, że wszystko zostaje po staremu. Jeżeli doszłoby w przyszłości do zmiany mojej decyzji, to Kuba pierwszy zostanie przeze mnie o tym poinformowany.

Natomiast gdyby Kuba Błaszczykowski i Robert Lewandowski mieliby po równo rozegranych spotkań, to musiałbym podjąć decyzję, kogo wyznaczyć kapitanem.

W sytuacji, kiedy dwóch doświadczonych zawodników miałoby taką samą ilość występów w reprezentacji i miałbym dokonać wyboru kapitana – to decyzja nie byłaby trudna. [Żałuję, że przez grzeczność nie zadałam wtedy pytania: a więc kto by nim był? – żałuję, nawet jeśli nie dostałabym na nie odpowiedzi – M.D.]. Jestem przekonany, że reprezentowanie barw narodowych jest najważniejsze, a nie temat opaski kapitańskiej. Poza tym umiejętność dostosowania się do decyzji trenera to również oznaka profesjonalnego podejścia piłkarza do zawodu.

Pamiętam, że podczas tego spotkania zapytałam trenera Nawałkę, jakie wady ma według niego Błaszczykowski piłkarz. Selekcjoner odpowiedział, że nie zna na tyle Kuby, żeby znać jego wady. Po kilku dniach, 4 listopada, nieoczekiwanie ponownie spotykam Adama Nawałkę. Tym razem w Dortmundzie. Selekcjoner przyjechał na mecz fazy grupowej Ligi Mistrzów: BVB grało z Galatasaray, które pokonało 4:1.

Zbiegiem okoliczności poprzedni wieczór spędzamy wspólnie w domu Błaszczykowskich. W trakcie kolacji selekcjoner i jego kapitan są w bardzo dobrych nastrojach. Na drugi dzień po meczu słyszę od Nawałki miłe słowa, że najwyraźniej przynoszę BVB szczęście, bo to drugie spotkanie Ligi Mistrzów, na którym jestem, i drugie, które niemiecka drużyna wygrywa 4:1. Może więc i przyniosłabym szczęście polskiej reprezentacji – zażartował ktoś z boku. Może zrobił to nawet sam selekcjoner.

Niespełna miesiąc później, 5 grudnia 2014 roku, widzę trenera Nawałkę ponownie, tym razem na meczu BVB z TSG 1899 Hoffenheim. To wtedy polski selekcjoner przyjeżdża ze swoją „misją", aby wtedy jeszcze nieoficjalnie odebrać Błaszczykowskiemu opaskę kapitana. W przerwie meczu witamy się serdecznie. Pan Adam, jak zwykle szarmancki, elegancki i uśmiechnięty. Nikt tak nie wiąże szalika w polskiej piłce, jak on. Towarzyszy mu Tomasz Iwan. Zaczyna się konwencjonalny *small talk*. Ale jak tu, skoro już od kilku godzin wiem, że Kuba przestał być kapitanem reprezentacji nie zapytać? Nie o to, dlaczego trener postanowił na stałe zmienić kapitana. O to trenera się nie pyta. Ale o to, dlaczego zrobił to akurat teraz i w tym, a nie innym momencie zdecydował się na tak brutalną z ludzkiego punktu widzenia decyzję? Dlaczego nie poczekał, aż Błaszczykowski wróci do reprezentacji i to na tak ważny mecz eliminacyjny na Euro 2016 z Irlandią? (Przecież jeszcze wtedy nie wiedział, że nie powoła Błaszczykowskiego na to spotkanie?). Kiedy ten już będzie w pełni sił, z pewnością uszanuje decyzję selekcjonera. Zapytałam, ale ponieważ zbliżała się druga połowa meczu, to w tym temacie wymieniamy tylko kilka okrągłych zdań. Po zakończonym spotkaniu na prośbę – czy, jak kto woli, życzenie – Nawałki rozmawiamy jeszcze raz, tym razem w cztery oczy, chociaż na środku VIP Roomu stadionu Signal Iduna Park. Słucham tego, co i z jakim przekonaniem o słuszności podjętej przez siebie decyzji mówi mi Adama Nawałka. I o tym, dlaczego kapitańska opaska znajdzie się już na stałe na ramieniu innego gracza i kto i jak powinien się w tej sytuacji zachować. Nie ma pytania, na które trener by nie odpowiedział. Była to, jak się wydaje, szczera, ale na jego prośbę prywatna, a więc obarczona wymogami poufności rozmowa. Po jej zakończeniu długo jeszcze towarzyszyło mi, nawet jeśli subiektywne, przeczucie kibica – że to jedna z najbardziej zaskakujących decyzji, jaką podjął selekcjoner. Czego zresztą przed nim nie ukrywałam. Nie dlatego, że następcą Błaszczykowskiego został Robert Lewandowski, piłkarz bez dwóch zdań wybitny! Ale jeśli w sporcie obowiązuje kodeks honorowy... Nie ukrywam też, że byłam pod wrażeniem pasji, z jaką Adam Nawałka mówił o wszystkich „za" swojej decyzji, bo słowo „przeciw" chyba się nie pojawiło... Jedno nie ulega wątpliwości: Adamowi Nawałce – i chyba nie zdradzam tu żadnej tajemnicy – zależy na powrocie Kuby do kadry. Zależy mu też z pewnością na dobrej atmosferze w reprezentacji. Ale dlaczego miałoby jej zabraknąć? Przecież trener nie musi z niczego i nikomu się tłumaczyć. To jego decyzja, i tyle. Nawet jeśli raz mówi, że przy wyborze kapitana liczy się liczba rozegranych spotkań, a kiedy indziej, że ważna jest dobra atmosfera w drużynie. Przypadkowo słyszę w jednym z telewizyjnych piłkarskich programów na żywo słowa Kamila Grosickiego, który zapytany o zdanie szatni w sprawie zmiany kapitana odpowiada, że nikt nikogo w tej sprawie nie pytał. Już w drodze powrotnej do Polski zaczęłam się zastanawiać, czy jednak nie powinnam przytoczyć w tym miejscu fragmentów rozmowy z trenerem Nawałką. W końcu byłam tam nie tylko jako kibic, ale jako współautorka książki o Błaszczykowskim. Doszłam jednak do wniosku, że tak bardzo rozmijaliśmy się z trenerem w tak zwanych – jak on to nazywa – wnioskach logicznych, także tych natury czysto ludzkiej, że zostawię ją dla siebie. A na razie powtórzę za jednym z przyjaciół, wybitnym znawcą futbolu, że piłka nożna, zwłaszcza ta na najwyższym poziomie, czasami ma w sobie coś z dramatów Szekspira. Nawet jeśli te rozgrywają się nie tylko na boisku.

Kilka dni później, już po całej sprawie (na razie załatwionej nieoficjalnie między trenerem a jego kapitanem), 9 grudnia 2014 roku, w dniu meczu BVB z Anderlechtem Bruksela, kiedy Błaszczykowski wreszcie po raz pierwszy po kontuzji wchodzi na boisko, w polskich mediach ukazuje się oficjalny komentarz Nawałki:

Na początku mojej pracy z kadrą funkcję kapitana miał sprawować zawodnik mający najwięcej występów w biało-czerwonej koszulce. Obecnie po rozegraniu tegorocznych meczów eliminacyjnych i po głębszej analizie pracy z reprezentacją moim wyborem na kapitana drużyny jest Robert Lewandowski. Zbudowana struktura drużyny narodowej funkcjonuje zadowalająco. Robert w trudnych meczach eliminacyjnych pokazał, że szybko stał się prawdziwym liderem zespołu. Grał odpowiedzialnie i z poświęceniem, zarówno w ataku, jak i działaniach defensywnych. Zawsze jest gotowy do wzięcia ciężaru gry na siebie, stwarzając kolegom okazje do strzelania goli. Pracuje na sukces całej naszej drużyny. Podczas ostatniej kilkudniowej wizyty w Niemczech spotkałem się i rozmawiałem też z Jakubem Blaszczykowskim. Poinformowałem go o mojej decyzji w sprawie kapitana. Oczywiście bardzo liczę na powrót Błaszczykowskiego do kadry biało-czerwonych (Laczynaspilka.pl, grudzień 2014 r.).

W tym czasie wielokrotnie rozmawialiśmy z Kubą o tym, co może się niebawem wydarzyć... Czy po powrocie na boisko nadal będzie kapitanem, czy nie... Rozważaliśmy różne scenariusze. Dziś już wiemy, że klamka w tej sprawie zapadła.

Zaczyna się rok 2015. Kiedy *Kuba* pojawi się na księgarskich półkach, polska reprezentacja będzie miała za sobą kolejny mecz eliminacyjny. Ten arcyważny, rozgrywany w marcu z Irlandią. Wiemy, że Kuba w nim nie zagrał.

Otwartym pozostaje pytanie, czy to eliminacyjne sukcesy biało-czerwonych w 2014 roku przyspieszyły i miały wpływ na decyzję o zmianie kapitana polskiej reprezentacji? A Adam Nawałka chciał jednym zdecydowanym ruchem oddzielić przeszłość od przyszłości?

Tak czy inaczej – żeby trzymać się piłkarskiej terminologii albo przywołać tytuł filmu Woody'ego Allena – *Wszystko gra*. Wszystko w reprezentacyjnych szrankach zostało na nowo poukładane.

Tyle że gdyby bliżej przyjrzeć się sekwencji zdarzeń, to nie sposób nie zauważyć, że „demontowanie" pozycji Błaszczykowskiego jako kapitana rozpoczęło się już w czerwcu 2014 roku. Na wiele miesięcy przed tym, zanim było wiadomo, kiedy ten wróci na boisko. To wtedy sportowa Polska – ale i sam Błaszczykowski – tuż przed towarzyskim meczem reprezentacji z Litwą z jednego z ogólnopolskich dzienników dowiaduje się, że decyzja o tym, że jej stałym kapitanem będzie ktoś inny, już zapadła. Wątek ten podczas naszego październikowego spotkania w siedzibie PZPN podjął sam Nawałka: W czerwcu 2014 roku odbyła się u nas prawie narodowa polemika w sprawie kapitana – chociaż były jasno i klarownie ustalone przeze mnie zasady. Zawodnik, który ma... itd.

A więc co się stało tak naprawdę? Przypadek, pomyłka czy falstart czegoś, co i tak miało nastąpić?

Ponawiam więc pytanie, nawet jeśli tylko kibica: Czy w duchu sportowego fair play nie lepiej byłoby poczekać na właściwy moment i dać kapitanowi, któremu trzech kolejnych selekcjonerów powierzało tę funkcję w reprezentacji, szansę powrotu do pełni zdrowia i to we względnym spokoju? Zamiast szarpać jego ambicję przed całą sportową Polską. Wystawiać na ogień agresywnych pytań i równie nieprzyjaznych komentarzy. Internetowego hejtowania. Czy w jakiejkolwiek drużynie na świecie rezygnowano na stałe z kapitana, zanim ten po wyleczeniu kontuzji na nowo pojawił się w szatni? Tym razem szczerze żałowałam, że nie jestem dziennikarzem sportowym, bo natychmiastowa odpowiedź na to pytanie nie sprawiałaby mi żadnej trudności. Ale sprawdziłam. Podobna sytuacja miała miejsce między innymi w 2010 roku w reprezentacji Niemiec, kiedy selekcjoner Löw odebrał opaskę kontuzjowanemu Michaelowi Ballackowi i kapitanem mianował Philippa Lahma.

Ten zaś publicznie oświadczył, że nie zamierza już jej oddać. Rozgorzała „narodowa" dyskusja, Lahm opaski nie oddał, a Ballack nigdy po kontuzji nie wrócił już do gry w reprezentacji.

Zaskoczyło mnie, że w całym tym zamieszaniu zabrał również głos w sprawie następca Grzegorza Laty na stanowisku prezesa PZPN Zbigniew Boniek, stwierdzając, że: Reprezentacja się zmieniła, a Kuba musi zrozumieć swoją nową w niej rolę. Jeśli będzie rozsądny i dojrzały, będzie musiał pewne decyzje zaakceptować (eurosport.onet.pl, grudzień 2014 r.). Mam, jak wielu, słabość do Zbigniewa Bońka. Kiedyś podziwiałam go jako piłkarza. Cenię, i to bardzo, jego walory medialne, o których zresztą nieraz sama się przekonałam, gdy był moim telewizyjnym gościem. Ale przyznam, że puszczając wodze fantazji, chciałabym zobaczyć reakcję prezesa Bońka na słowa: Zbyszek musi zrozumieć [...] Jeśli będzie rozsądny i dojrzały, to... Przecież to nikt inny, tylko Boniek przez całe lata dla milionów polskich kibiców był synonimem boiskowego *fightera*, indywidualisty w poglądach i grze na boisku. Piłkarza, u którego emocje nieraz brały górę nad chłodną kalkulacją. Był też jak mało który z polskich zawodników godnym podziwu... wojownikiem. Czy mógł o tym zapomnieć?

Zwłaszcza że Błaszczykowski to bez wątpienia godny kontynuator piłkarskiej klasy Bońka. Nie mówiąc o tym, że i Boniek był kapitanem i selekcjonerem polskiej reprezentacji. Błaszczykowski był kapitanem, a selekcjonerem... jak na razie mówi, że w przyszłości trenerem nie chciałby być.

Trzeba uczciwie powiedzieć, że Kuba to w ostatnich latach najlepszy piłkarz reprezentacji Polski. Do momentu kontuzji dawał jej wymiernie więcej nawet niż Robert Lewandowski, choć to napastnik Bayernu – nie ma co do tego wątpliwości – jest lepszym piłkarzem (eurosport.onet.pl, grudzień 2014 r.) – rozbrzmiewały po decyzji Adama Nawałki dziennikarskie głosy. Ale są i tacy, którzy w swoich komentarzach coraz rzadziej wymieniają nazwisko byłego kapitana. Życie.

Na tle tych wszystkich komentarzy i opinii przytaczam, spisane tu co do jednego słowa, wypowiedzi Roberta Błońskiego, dziennikarza „Przeglądu Sportowego", w których na gorąco komentował on odebranie Błaszczykowskiemu opaski kapitana:

Stało się to, o czym było wiadomo właściwie od czerwca [a jednak? – M.D.], kiedy selekcjoner Adam Nawałka podjął pierwsze decyzje, że opaskę kapitana reprezentacji w towarzyskim meczu z Litwą, a potem w eliminacjach do Euro 2016 będzie nosił Robert Lewandowski, a nie kontuzjowany wówczas Jakub Błaszczykowski. Do niedawna selekcjoner wycofywał się ze swojej deklaracji. Teraz ogłosił oficjalnie, po rozmowach z obydwoma zawodnikami – był u wracającego po kontuzji Kuby, był u Roberta w Monachium, powiedział im o swojej decyzji, i to wydaje się naturalna kolej rzeczy. To jest nowa reprezentacja, to jest drużyna, która już odkreśliła grubą krechą i zapomniała o fatalnym Euro 2012, o jeszcze gorszych eliminacjach i o kadencji Waldemara Fornalika. I o tym wszystkim, co w ostatnich latach wiązało się z kryzysem polskiej piłki. Teraz nastały nowe czasy. Polacy wygrali z Niemcami, są liderem w eliminacjach grupy ME 2016, a prowadzi je do francuskich finałów Robert Lewandowski, największa gwiazda polskiej reprezentacji, najlepszy piłkarz, najbardziej rozpoznawalny zawodnik świata. I jeśli można mieć pretensje o wyniki w poprzednich wielkich turniejach Euro 2012 i w eliminacjach do mundialu 2014, to trzeba podkreślić, że jedynym, który wówczas nie zawodził, był kapitan. Kuba dawał na boisku przykład, co to znaczy nosić opaskę, miał najlepsze liczby i statystyki, jeśli chodzi o strzelane bramki i asysty. I ta prawa polska strona to była wizytówka reprezentacji Franciszka Smudy i Waldemara Fornalika. Mam nadzieję, że Kuba teraz, wracając do drużyny Adama Nawałki, której symbolem są gole Milika, zwycięstwo z Niemcami i to, że drużyna bramek nie traci, znowu bardziej pomoże. Bo to bardzo ważny piłkarz, to jest skrzydłowy, jakiego nie ma ta reprezentacja, i było widać w meczach tych najważniejszych, że chociaż następcy Kuby spisywali się całkiem przyzwoicie, to jednak nie reprezentowali tego poziomu, co skrzydłowy Borussii Dortmund. Bardzo się cieszę, że po kontuzji, po tym roku gehenny i po jeszcze kolejnej kontuzji Kuby Błaszczykowskiego – najpierw więzadła w kolanie, potem problemy z mięśniem – dwudziestodziewięcioletni piłkarz wraca do gry. Liczę, że w marcu, w tym najważniejszym meczu eliminacji z Irlandią w Dublinie, zobaczymy starego dawnego Kubę, który za reprezentację dałby się pokroić i który schowa osobisty uraz i ambicję do kieszeni. A na boisku zobaczymy zawodnika, który strzela gole, asystuje. Najlepiej, gdyby były to gole: pierwszy Kuby z podania Roberta, drugi Roberta z podania Kuby.

Wszystko się zgadza. Poza jednym: jak można było oczekiwać od Błaszczykowskiego, którego koledzy z drużyny i kibice szanowali i nadal szanują między innymi za ambicję, że ten nagle schowa ją do kieszeni? Publicznie przyklepie nie tyle co, ale w jaki sposób z nim postąpiono? Jak można oczekiwać tego od kogokolwiek, a zwłaszcza od byłego kapitana polskiej reprezentacji...?

Ciekawe światło na funkcję kapitana jako takiego rzuca Eldo:

Eldo:

Trzeba się uśmiechać i rozdawać piękne spojrzenia. Być lwem, który wygra spektakl w cyrku. Jeśli masz przekonanie o swojej racji jako kapitan, to nie działasz egoistycznie: moje, ja, tylko działasz dla dobra wspólnego. Jak to odbywa się we wszystkich wspólnotach. Tak samo we wspólnocie jedenastu facetów, którzy wychodzą na boisko, żeby osiągnąć określony sukces. Jeśli masz mocną osobowość, a Kuba taką ma, to w szatni zrobisz wszystko, żeby w te piętnaście minut między jedną połówką a drugą przetłumaczyć paru piłkarzom, którzy zapomnieli, po co się gra i o co się gra. Po to jest kapitan. Musi rzucać szafkami, przeklinać. Domyślam się, że jak Kuba czasami ogląda swoje mecze, jest przerażony tym, co robi na boisku, i jaką agresję jako zawodnik, sportowiec wkłada w swoją pracę. Kuba nigdy nie był dyplomatą, tylko kapitanem. Kapitan jest od tego, żeby wziąć faceta wyższego o głowę od siebie i „oddziaływać" na niego tak, aby ten grał najlepiej, jak potrafi. Wydaje mi się, że w samej reprezentacji powinien być też piłkarz od PR (i nie chodzi tutaj o osoby zajmujące się PR-em w PZPN), który przy okazji tych swoich kolegów medialnie „układa". Bo w momencie, kiedy jesteś dwadzieścia minut po meczu i wylatujesz do dziennikarzy, którzy by cię zeżarli żywcem, to musisz być politykiem. Musisz być Ławrowem, a nie wszyscy potrafią tacy być. I wtedy to najczęściej ty obrywasz po głowie, że nie umiesz taki być. Nie każdy dyplomata może być kapitanem i nie każdy kapitan może być dyplomatą. Moim zdaniem kapitanem powinien być Błaszczykowski. A dyplomatę powinni znaleźć innego.

PS 8 grudnia 2014 roku, dwa dni po meczu BVB z Hoffenheimem, w trakcie spotkania z Jürgenem Kloppem. Ten, chociaż nie zna jeszcze decyzji polskiego selekcjonera, zaczyna temat Błaszczykowskiego w kontekście jego bycia kapitanem:

– Ostatnio mówiłem waszemu selekcjonerowi, że świetnie znam jego trzech piłkarzy: Kubę, Lewego i Piszcza, i że z całą pewnością znam ich lepiej niż on. I dla mnie bez dwóch zdań kapitanem jest Kuba, to on daje z siebie drużynie jako takiej najwięcej.

W tej samej chwili przypomniałam sobie towarzyski mecz BVB ze Śląskiem Wrocław 6 sierpnia 2014 roku, w trakcie którego Jürgen Klopp na kilka minut symbolicznie przekazał Błaszczykowskiemu opaskę kapitana BVB. Kuba jako kapitan niemieckiej drużyny...

3 czerwca 2014 roku

– rozmowa przeprowadzona tuż przed odlotem Błaszczykowskiego z Dortmundu do Gdańska na mecz towarzyski Polska–Litwa.

Reprezentacja Polski pod wodzą selekcjonera Adama Nawałki szykuje się do rozegrania w Gdańsku towarzyskiego meczu z Litwą (6 czerwca 2014 r.). Media po raz pierwszy „sprzedają" informację, że Błaszczykowski nie będzie już na stałe jej kapitanem. Mniej więcej w tym samym czasie Justyna Kowalczyk, wybitna polska narciarka, dwukrotna mistrzyni olimpijska, decyduje się na wywiad prasowy, w którym opowiada między innymi, że od lat walczy z depresją, że przeszła załamanie nerwowe i ma za sobą zawód miłosny. Wokół słynnej biegaczki rozpoczyna się medialny taniec „życia i śmierci". Sensacja goni sensację. Komentarzom, często brutalnym, nie ma końca. Co to ma wspólnego z Błaszczykowskim? To, że naszą kolejną rozmowę tuż przed jego odlotem do Gdańska zaczynamy właśnie od Justyny. Kuba jest tą historią poruszony...

MD Nie ma zmiłuj, nie ma przebacz, taki jest dzisiejszy świat...

KB Ale od tego jesteśmy my, ludzie publiczni, którym nie powinno być wszystko jedno, jak traktowani są ci najlepsi spośród nas. Jesteśmy po to, żeby się odezwać i powiedzieć głośno, że to jest po prostu podłe...

MD Nieźle jesteś nakręcony...

KB Bo mnie to ruszyło. Widzę materiał o Justynie w telewizji. Biegnie, nagle się potyka, zrobiła jeszcze pięć kroków i upada. To były zdjęcia z amatorskiej kamery i to bardzo słabe jest. Masakra. W sytuacji, gdy ona ma problemy z depresją. To nie mogli pokazać, jak wygrywa, jak zdobywa medale? A nie tak, jak to dzisiaj zilustrowali. Przecież muszą być w telewizji ludzie, którzy powiedzą: nie, nie możemy tego puścić. Z naszej strony powinno iść wsparcie dla Justyny, a nie medialne podkopywanie. Człowiek o takim charakterze jak ona, który całe życie walczy ze swoją słabością i jeszcze potrafi się do niej przyznać, wart jest szacunku. A nasza rola? To przede wszystkim pamiętać, ile zrobiła dla kibiców, ile dała nam radości, ile zdobyła medali, ilu z nas miało gęsią skórkę, gdy zwyciężała.

Zbyt dużo jej sportowo, ale i emocjonalnie zawdzięczamy, żeby ją teraz kopać.

MD Życie rozdaje po równo, z jednej strony w głowę, z drugiej medal...

KB Przypominasz sobie olimpiadę w Soczi? Justyna startowała ze złamaną stopą... i te komentarze, które wtedy temu towarzyszyły? Dziennikarz często nie wie, jaki jest powód twojej słabszej postawy, gorszego dnia, a jedyna rzecz, jaką zrobi, to skrytykuje. Dostęp do internetu sprawia, że nie ruszając się z domu, możesz każdemu przykopać. Bezkarnie zaatakować. Kiedyś tego nie było. A teraz ci wszyscy hejterzy tylko w ten sposób mogą komuś dorównać, że napiszą obraźliwy komentarz czy ubliżą.

MD O co chodzi z tobą? Od kilku dni gazety piszą, że nie będziesz już kapitanem polskiej reprezentacji?

KB Powiem szczerze, że nie wiem.

MD Jesteś kontuzjowany, to bierze się następnego zawodnika, to chyba oczywiste...

KB No tak.

MD W listopadzie miną cztery lata, odkąd pierwszy raz zostałeś kapitanem.

KB Nie liczyłem.

MD Sam widzisz, od czego też są dziennikarze. *(śmiech)* A w zeszłym roku, 2013, w listopadzie, Adam Nawałka, obejmując reprezentację, mówił, że nadal będziesz jej kapitanem, bo spełniasz wszystkie warunki, żeby nim być. Masz w reprezentacji największą liczbę rozegranych spotkań...

KB Tak, trener wtedy powiedział, że kapitanem zostaje ten, kto ma najwięcej spotkań.

MD Powiedział dokładnie, cytuję: Uważam, że Kuba zawsze bardzo dobrze wywiązywał się z obowiązków kapitana, i będzie nim nadal. I jeszcze dodał: Osobiście uważam, że był takim kapitanem, jakim powinien być. O co więc teraz chodzi?

KB Nie wiem. I nie jest to dla mnie łatwa sytuacja, bo jak wiesz, ambitny jestem i to mnie dotyka. Wychodzę z bardzo ciężkiej kontuzji. Zobaczymy, jak to się skończy, ale gdybym nie miał już dłużej być kapitanem, to mnie to nie załamie, ale da mi jeszcze większego powera.

MD Wiem, wiem, to ta twoja filozofia, że co nas nie zabije, to wzmocni. Tyle że pewne rzeczy w sporcie są chyba policzalne. Jak czytam, że we wszystkich bramkach, jakie padły w meczach reprezentacji, kiedy byłeś jej kapitanem, jest czterdzieści siedem procent twojego udziału, to zaczynam się zastanawiać… Na tym samym stadionie, na którym jutro gracie towarzysko z Litwą, spotkaliście się w zeszłym roku z Danią i pamiętam…

KB Sierpień chyba [14 sierpnia 2013 r. – M.D.]?

MD … jak wtedy grałeś, jak szarpałeś. Zaliczyłeś asysty. A teraz…

KB Poznając życie, także to piłkarskie, na takie sytuacje stałem się już bardziej odporny. Nigdy z nikim się nie układam. Nigdy tego nie robiłem, bo i tak zawsze na końcu wyjdą umiejętności. Trzeba robić swoje. Najwięcej mogą o mnie powiedzieć sami trenerzy, przecież to od nich słyszałem, że nie widzą innej możliwości, niż żebym był kapitanem. Wymierną wykładnią tego, kto zostaje kapitanem, jest też szatnia, a nie decydują o tym na przykład ci, którzy w tej szatni nigdy nie byli.

MD Kiedy przeczytałeś, że nie będziesz kapitanem, to co poczułeś?

KB Mam taki charakter, że każdego rodzaju porażkę najpierw muszę sam przetrawić. Oczywiście, że zaczęło mnie zastanawiać, o co w tym chodzi. Dziś, kiedy rozmawiamy po kilku dniach od tego newsa, podchodzę do tego ze spokojem. Dopóki trener sam mi tego nie zakomunikuje, to nie mam bólu głowy...

MD Kiedy mówisz o Smudzie, Fornaliku czy Nawałce, zawsze mówisz: trener. To taki profesjonalny kod, szacunek?

KB Szacunek dla trenera. W Niemczech niektórzy mówią do trenera po imieniu, a my, chłopaki z Polski, mówimy: trener.

MD Trener zdecyduje, będzie tak, jak chce trener – słyszę od ciebie. Nie za bardzo trzeba poskramiać własny charakter?

KB Mówisz o tym, co się teraz dzieje? Po prostu czekam i chcę wiedzieć, jak jest naprawdę. Czekam, aż dojdzie do jakiejś rozmowy. To wyraz szacunku dla trenera, że zanim coś skomentuję, poczekam, co on sam powie. Chociaż po tym, co się teraz wydarzyło, to w pewnym sensie można powiedzieć, że mleko się wylało. Nie do końca czułem wsparcie. Gdzieś tam go zabrakło. A prasa rozdmuchała to do takich rozmiarów, do jakich rozdmuchała.

MD Za co można cię nie lubić?

KB To chyba kwestia mojego charakteru. Można zobaczyć jakiś mój wywiad, w którym akurat odpowiadam zdawkowo, i na jego podstawie wyrobić sobie o mnie opinię, że jestem gbur. A przecież nie z każdym dobrze się rozmawia. U nas jest inny wizerunek kapitana niż na Zachodzie. Czasami czytam wypowiedzi ludzi, którzy wcześniej grali w piłkę, a dziś kreślą obraz kapitana tyrana. Kogoś, kto potrafi wstrząsnąć szatnią, potem na boisku wybije piłkę, sam sobie dośrodkuje, jeszcze doleci do piłki i proszę, strzeliliśmy. Terminator.

MD To o tobie jest? *(śmiech)*

KB Jakby człowiek to wszystko poskładał, to nie ma takiego piłkarza na świecie, który by spełnił wymogi tych wszystkich ekspertów.

MD Definicja dobrego kapitana?

KB Ważną rzeczą w byciu kapitanem jest to, żeby jak wygrywamy, dać się cieszyć sukcesem wszystkim, którzy na to zasłużyli. A jak przegrywamy, to wyjść samemu na środek i solo tłumaczyć się z porażki, na przykład przed mediami.

MD No to w ostatnich latach miałeś dużo tłumaczenia...

KB No, jak trzeba było, to się tłumaczyłem...

MD Kiedy pierwszy raz usłyszałeś, że zostajesz kapitanem, to...?

KB Rozpierała mnie duma. Wyprowadzanie drużyny narodowej na boisko to jeden z najpiękniejszych momentów w mojej karierze. Ogromne wyróżnienie, że mogłem i nadal mogę to robić. To dla mnie spełnienie marzeń. Moment zastanowienia się, że jednak warto było walczyć o marzenia. Nie dawać się słabościom. Mój charakter także jako piłkarza został wypracowany przez to, co przeszedłem w życiu. Bycie kapitanem to taka mała „zapłata" za to wszystko.

MD No to teraz być może spełnienia marzeń będziesz musiał szukać gdzie indziej...

KB Podchodzę do tego z dystansem. Zacząłem zagłębiać temat. Może jutro się dowiem, o co w tym wszystkim chodzi? [W Gdańsku Błaszczykowski po rozmowie z selekcjonerem usłyszy, że nadal jest kapitanem reprezentacji – M.D.]. Czy o to, że jestem teraz kontuzjowany i dlatego kapitanem został następny zawodnik, i to oczywiste, czy też jest to czekanie na odpowiedni moment, żeby „wbić" mi nóż w plecy? Po prostu.

MD Gdyby jednak okazało się, że nie będziesz kapitanem?

KB Musiałaby się odbyć męska rozmowa z trenerem. Sam fakt, że to najpierw wyszło w mediach, zanim ja się dowiedziałem... Po pierwsze, coś jednak zrobiłem dla reprezentacji i chyba moje rozstanie z opaską kapitana powinno wyglądać inaczej. Po drugie, trener powtarzał, że zawsze o wszystkim dowiemy się pierwsi... Tak czy inaczej, na pewno grałbym w reprezentacji... Ale ciężko byłoby mi ponownie zaufać ludziom, którzy w takim momencie, w jakim się teraz znajduję, tak ze mną postępują... Grałbym tak, jak potrafię najlepiej. To wszystko.

MD Nie było jeszcze takiego przypadku, żeby tak jak w waszej, jednej rodzinie było dwóch kapitanów. Ty jeszcze jesteś kapitanem, a Jurek już nim był [Brzęczek był kapitanem reprezentacji Polski w latach 1997–1999 i kapitanem reprezentacji olimpijskiej w 1992 r.].

KB Dużo wcześniej, nim zostałem kapitanem, Jurek mówił mi, że pewnego dnia ja też nim będę. ...

MD Chyba już kiedyś cię o to pytałam... ale zapytam raz jeszcze. Czy jak wchodzisz zdenerwowany do szatni w przerwie meczu, to mówisz: ku..., panowie, co jest? Wtedy chyba odpowiedziałeś, że czasami bez „panowie". Mnie to rozśmieszyło, ale może to też cecha dobrego kapitana...?

KB Wszystko zależy od sytuacji. Jeżeli jest tak jak w Warszawie w trakcie meczu z Ukrainą (22 marca 2013 r.), że już podnosiliśmy się i przed przerwą dostaliśmy bramkę na 1:3, to reaguję bardzo ostro. Wtedy latało prawie wszystko. Nie potrafiłem zrozumieć, jak to możliwe, żeby w momencie, kiedy przejmujemy kontrolę nad meczem, dać sobie strzelić bramkę. A przecież wcześniej rozmawialiśmy o tym, żeby wystrzegać się kontry. Tyle że jak już jest po wszystkim, to są inne emocje. Adrenalina opada i próbujesz sobie z tym poradzić.

MD Brałeś pod uwagę, że możesz nie być kapitanem?

KB Nic nie trwa wiecznie. Wcześniej miałem taki charakter, że bym walczył i by mnie to denerwowało. Teraz nie wyzwala to we mnie aż takich emocji. Tylko to, że to się dzieje akurat w tak trudnym dla mnie momencie, nie daje mi spokoju. Po co udawać, że jest inaczej.

MD Zapytam, chociaż wiem, że to cienka czerwona linia: ty i Robert Lewandowski. Obaj do sprawy bycia kapitanem podchodzicie ambicjonalnie…

KB Każdy z nas ma teraz w piłce swoje pięć minut. Niech wykorzystuje je, jak chce.

MD Gdzie będziesz jutro siedział na meczu?

KB Nie wiem, gdzie dostanę bilet. *(śmiech)*

MD Jaki będzie wynik?

KB Liczę na to, że wygramy.

Polska 6 czerwca 2014 roku wygrała z Litwą 2:1.

EPILOG

„Nie żałuj, nigdy nie żałuj, że mogłeś
coś zrobić w życiu, a tego nie zrobiłeś.
Nie zrobiłeś, bo nie mogłeś".

LEM

Kiedy Eric Cantona żegnał się z futbolem, a był wtedy u szczytu swojej kariery, powiedział dziennikarzom: Nie mogłem już znaleźć płomienia. Futbol był całym moim życiem, dziecięcą pasją. Jeśli gaśnie płomienny żar, to po co to przeciągać? By pojechać do Emiratów po trzysta milionów euro? To mnie nie obchodziło. Tak mówił piłkarz, który przez kibiców Manchester United został w 2001 roku wybrany na najlepszego piłkarza ubiegłego stulecia. Kuba miał wtedy szesnaście lat. Czy już wtedy wiedział o istnieniu dwadzieścia lat od siebie starszego Cantony? Przy najbliższej okazji zapytałam. Wiedział.

22 lutego 2015 roku

MD Piłka to największa miłość?

KB Nie wyobrażam sobie życia bez piłki.

MD Kiedyś na moje pytanie, co jest takiego w piłce, odpowiedziałeś...

KB ...że powietrze... *(śmiech)*

MD Pisaliśmy naszą książkę prawie rok. A ty nigdy nie dałeś mi do zrozumienia, że nie znam się na piłce... to fajne.

KB Książkę zaczęliśmy pisać ponad dwa lata temu, bo chyba nie chodzi o to, kiedy podpisaliśmy umowę, prawda? I zawsze kiedy rozmawialiśmy o piłce, to twoja spostrzegawczość była duża. Nie oglądałaś meczu jak zwykły kibic, ale podchodziłaś do tego bardziej analitycznie. A czemu ten zawodnik nie biegnie w tę stronę, tamten nie zrobił tak? Inne pytania zadawałaś... To ważne. Twoja spostrzegawczość i ponadprzeciętny nos do typowania wyników mnie zdumiewają.

MD Żartujesz?

KB Nie.

MD W tym czasie twoja piłkarska sytuacja się zmieniła... prawie rok walczyłeś z kontuzjami, nie jesteś już kapitanem polskiej reprezentacji, a BVB rundę jesienną 2014 zakończyło na przedostatnim miejscu w Bundeslidze. [Kiedy oddajemy tekst do druku, jest na dziewiątym miejscu w lidze, gra w finale Pucharu Niemiec, ale odpadła z Ligi Mistrzów po meczach z Juventusem w 1/8 finału – M.D.]. Jak z tym wszystkim sobie poradziłeś?

KB Nie poradziłem. Chociaż trzeba było się dostosować do sytuacji. Szukałem pozytywów w tym, że jestem w domu, a nie w hotelu, że jestem z córkami, z żoną.

MD Wytrzymałeś rok bez grania...

KB Nie chcę o tym pamiętać, bo to rzeczywiście nie było dla mnie łatwe. Nie sprawiało mi przyjemności siedzenie na trybunach, wolałem zostać w domu, gdzie się nie czuje atmosfery meczu, zapachu boiska. Starałem się tego unikać. Być od tego jak najdalej. Bo inaczej emocje i chęć pomocy chłopakom wygrywają ze zdrowym rozsądkiem i człowiek zaczyna wariować. Brakuje cierpliwości.W początkowych fazach rehabilitacji próbowałem się od tego odizolować.

MD Powiedziałeś o zapachu murawy – to jednak coś więcej niż tylko powietrze w piłce.

KB Zapach murawy jest specyficzny. Jak ktoś gra w piłkę, to wchodząc do szatni, a szczególnie do magazynu, gdzie są buty, od razu go poczuje. Na początku to jest dla ciebie nowe, ale potem staje się czymś uzależniającym. Ten zapach kojarzy mi się tylko z jednym: ze sportem, z bieganiem, z piłką. Poza tym, jak byłem na meczu, to potem zawsze schodziłem do szatni, do chłopaków...

MD Obserwowałam cię wtedy, jak przechodziłeś przez boisko. Wielki stadion, kibice i ty sam. O czym wtedy myślałeś?

KB Jak schodziłem na dół, to tylko jedna myśl przelatywała mi przez głowę: kiedy to samo zrobię w korkach. Nie w butach, tylko w korkach. Bo że to nastąpi – tego byłem pewien.

MD Opowiadał mi Łukasz Piszczek, że po meczu Polska–Niemcy nie chciałeś wejść do chłopaków do szatni. Powiedziałeś: nie chcę przeszkadzać.

KB To nie było tak, że powiedziałem: nie chcę wam przeszkadzać. Tylko: nie chcę wam przeszkadzać w waszym zwycięstwie.

MD Ale to było też twoje zwycięstwo, twoja drużyna.

KB W tym meczu nie brałem udziału i pewne rzeczy już czułem. Za dużo sygnałów odbierałem, które dawały mi do myślenia. Ale wszedłem. Pogratulowałem.

MD Nie jesteś już kapitanem. Mamy luty 2015 roku, niedługo mecz z Irlandią, jesteś bardzo ambitny.

KB Bardziej mnie to wszystko bolało, kiedy ukazywały się różne teksty w gazetach... Ale jak później człowiek sobie to poukładał w jedną całość, że najpierw coś jedna gazeta napisała, później wiceprezes, a później prezes powiedział, dopiero na samym końcu trener mi to zakomunikował i to jeszcze, jak wiesz, w dniu, w którym miałem wrócić do grania, to... Ale ja już to gdzieś wcześniej sam ze sobą przerobiłem. Emocje odeszły na bok. Chociaż łatwiej jest zrozumieć coś takiego, jak człowiek wie, że popełnił błąd, dużo ciężej, jak wie, że przecież nic złego nie zrobił. To nie jest lekkie. Zwłaszcza że to był bardzo trudny okres w moim życiu. Leżałem na łopatkach i wielu podchodziło i mnie „kopało". Nie mogłem się bronić grą, bo nie grałem. Ale też nie jestem typem, który będzie się nad sobą rozczulał, użalał i płakał. Po prostu karawana jedzie dalej...

MD Nie zadałeś w pewnym momencie pytania: dlaczego? Ja bym takie pytanie zadała.

KB Nie.

MD Bo?

KB Nie muszę się z decyzją trenera zgadzać, ale muszę ją szanować.

MD Być może pojawi się zarzut, że nie rozmawialiśmy w tej książce o Robercie Lewandowskim. Jeśli będziesz grał w Dublinie, wyjdziecie razem na boisko.

KB Ale to nic nie zmieni. To nie jest żadna tajemnica, że nie mamy już ze sobą wspólnego języka. Nie mamy ze sobą kontaktu. Mieliśmy, ale nasze drogi się rozeszły. Jeszcze z nim na ten temat nie rozmawiałem.

MD Nie?

KB Nie.

MD Uważasz sprawę bycia kapitanem za zamkniętą?

KB W reprezentacji nie grasz dla prezesa czy dla trenera. Grasz dla kraju, kibiców i siebie samego. Mimo tego, że są tacy, którzy mówią, że jak mają opaskę, to gra im się lepiej. Czy będę miał opaskę na ręce, czy nie, i tak będę dawał z siebie sto procent.

MD „Myliłem się" to często używane przez ciebie słowo?

KB Rzadko. Jeżeli tak mówię, to gdy jestem już pewien, że zrobiłem błąd. Albo że uwierzyłem w coś, co było nieprawdą.

MD Na przykład?

KB Na przykład w to, że selekcjoner powiedział mi, że nic się nie zmienia. Tak mówił przez parę miesięcy. Pamiętasz, że zawsze mówiłem ci, że podchodzę do tego z dystansem. Nawet jak był u nas w listopadzie w domu i ty wtedy też byłaś, to cały czas ci mówiłem, że mam takie wrażenie, że coś się zmieni. Chociaż jak go wtedy odwoziłem do hotelu, to powtarzał: Kuba, pamiętaj, nic się nie zmienia, wszystko jest OK. Może wtedy trochę mu uwierzyłem...

MD Podczas tej kolacji u was w domu wyglądało na to, że macie ze sobą świetny kontakt.

KB Nie wiem, co trener miał na myśli, kiedy przyjeżdżał do Dortmundu i wbijał mi do głowy, że nic się nie zmienia. Dzwonił do mnie jego asystent i mówił to samo. Nie wiem, może trener sądzi, że mi w ten sposób pomógł, że nie powiedział mi wcześniej, ale dopiero kiedy miałem wrócić po dziesięciomiesięcznej przerwie na boisko?! Dlatego dalsze pytania nie mają sensu. Powiedział mi i OK. Ja nie takie ciosy przyjmowałem w życiu, przeżyłem, i żyję dalej. Jestem pewny, że marcowy mecz z Irlandią będzie bardzo ciężki. Mało tego, doświadczenie i intuicja podpowiadają mi jedno: obojętnie, co będzie, i tak po tym meczu najwięcej po łbie dostanę ja.

MD Ty?

KB Bo jak przegramy, to będzie, że wróciłem i spieprzyłem atmosferę. Moja wina, na sto procent. A jak wygramy, to powiedzą: no i tak do tej pory wygrywali. To wszystko jedno, jestem czy mnie nie ma.

MD A jak nie będziesz grał?

KB No to wtedy będą głosy: to teraz zobaczymy, jak będzie bez Błaszczykowskiego.

MD Czy w ciągu tego roku dowiedziałeś się czegoś nowego o swoim trenerze?

KB Którym?

MD Kloppie.

KB Tak, że ważną rzeczą jest to, żeby nie stracić pewności siebie. A jak trener nie ma wyników, to w pewnym sensie ją traci. Próbuje to czy tamto, i nic pomaga, a wcześniej obojętnie, co by nie zrobił, to wszystko mu wychodziło. Pamiętasz mecz, w którym przegraliśmy 0:3 w Madrycie, a wrociliśmy do Dortmundu i w prawie rezerwowym składzie wygrywamy 2:0? To pokazuje, jak piłka jest nieobliczalna. Jak szybko wszystko może się zmienić. To nie tak, jak niektórzy sugerują, że nagle trener nie ma pojęcia o trenowaniu. Chociaż z drugiej strony w Polsce już by go ocenili...

MD Jego stosunek do ciebie w czasie kontuzji się zmienił?

KB To zależy od sytuacji, bo, jak ci powiedział, raz jestem do zniesienia, a raz nie. *(śmiech)* Staję się też bardziej doświadczonym zawodnikiem i trener wie, że może na mnie liczyć, kiedy drużynie trzeba dać coś więcej, także poza boiskiem.

MD Czego nauczyła cię piłka?

KB Żeby walczyć i się nie poddawać. Życie mnie tego nauczyło, ale piłka również. Poza tym piłka nauczyła mnie pokory.

MD Kuba, kończymy naszą książkę i jeszcze raz zapytam: dlaczego zdecydowałeś się na nią akurat teraz?

KB Bo może jak ją ktoś przeczyta, to sobie pomyśli: kurczę, to ja nie będę tego robił swoim dzieciom. Jestem dorosłym facetem, który nie ma już problemu z prawdą. Jak byłem młodszy, to mimo tego, że to nie był mój problem, było mi wstyd. Nie potrafiłem sobie tego wszystkiego w głowie poukładać.

MD Dowiedziałeś się przy okazji czegoś o sobie?

KB Z reguły najwięcej dowiadujesz się o sobie od ludzi, którzy nigdy z tobą nie rozmawiali. *(śmiech)* Ale czy ja się czegokolwiek od kogoś o sobie dowiedziałem? Powiem ci, że pierwszą osobą, która mi mówiła, kim jestem i jaki jestem, jesteś ty.

MD Często myślisz o mamie?

KB Często. Tak sobie czasami rozmawiamy. Przecież nie jesteś w stanie mimo upływu czasu zapomnieć o kimś, kto był dla ciebie najważniejszy w życiu.

MD Jak wychodziłeś z domu, to mama mówiła: Uważaj na siebie?

KB No właśnie ona nigdy tak nie mówiła, mówiła: Tylko żebyś tam znowu czegoś nie nawywijał.

PS 16 stycznia 2015 roku w wywiadzie dla niemieckiego dziennika „Die Welt" Kuba zapytany, jak to jest opowiedzieć komuś całe swoje życie, odpowiedział: To ciekawe doświadczenie.

PS 2. 23 marca 2015 roku Kuba Błaszczykowski po raz pierwszy po trwającej niemal rok walce o powrót na boisko rozegrał pełne dziewięćdziesiąt minut w oficjalnym meczu Borussii. BVB wygrało z Dynamem Drezno, a polski pomocnik zaliczył asystę przy bramce Ciro Immobile.

Wkrótce Adam Nawałka rozesłał powołania na mecz eliminacji Euro 2016 z Irlandią w Dublinie. Pominął w nich Błaszczykowskiego, jednoznacznie podkreślając, że zdecydowały o tym wyłącznie względy sportowe.

W międzyczasie Kuba zagrał jeszcze w meczach Borussii z Hamburger SV, 1.FC Köln, Juventusem Turyn i Hannoverem 96. W tym ostatnim znów spędził na boisku pełne dziewięćdziesiąt minut – swój błąd przy golu dla rywali naprawił bardzo szybko, wypracowując dwie bramki kolegom z zespołu. Dortmundczycy wygrali 3:2.

W dniu, w którym polskie media obiegła informacja, że selekcjoner polskiej reprezentacji nie znajdzie w kadrze miejsca dla byłego kapitana, Błaszczykowski na swoim profilu na Facebooku zamieścił utwór Fokusa *Przetrwasz*.

Fokus, *Przetrwasz*

Przetrwasz, zamknij się, słuchaj
Masz siłę ducha, styl, który wybucha, patrz
To otucha, milcz, kiedy nie ma tarcz.
Ktoś do ucha mówi ci, że nie ma tego złego, walcz.

KONIEC

kwiecień 2015

Autobiografia
Andrzej
Iwan
SPALONY

WOJCIECH KOWALCZYK, KRZYSZTOF STANOWSKI
Kowal
PRAWDZIWA HISTORIA

Żelisław Żyżyński, Paweł Hochstim

ZASYPANY

Krzysztof Stanowski

SZAMO